ESQUEMA PONZI

FABIO CRES

ESQUEMA PONZI

COMO TIRAR DINHEIRO DOS INCAUTOS

IMPRESSÃO

Esquema Ponzi: como tirar dinheiro dos incautos

Copyright © 2014 Armada Press
Todos os direitos reservados.

Autor: Fabio Cres

Blog: http://armada-de-papel.blogspot.com.br
Twitter: @armadapress
Email: armadapress@yahoo.com.br
Facebook: www.facebook.com/armadapress

Este livro, incluindo todas as suas partes, é protegido por Copyright e não pode ser reproduzido sem a permissão do autor.

Impresso por CreateSpace

ISBN: 1502869160
ISBN-13: 978-1502869166

Disponível também em versão eBook para Kindle e demais plataformas.

ÍNDICE

	Prefácio	1
	Introdução	4
I	O Mago das Finanças	7
II	Ponzi, o Escroque	21
III	A Vida Depois do Fim	39
IV	Ponzi Leva a Fama	47
V	Anatomia de um Esquema Ponzi	59
VI	Mecanismos de Difusão de Fraudes	82
VII	Ponzi não é Pirâmide	104
VIII	Bolhas Especulativas	118
IX	Dona Branca, Madoff e Outros	134
X	Mais Esquemas Ponzi	147
XI	Avestruz Master, Ponzi Mestre	166
XII	Fazendas Reunidas Ponzi S/A	189
XIII	Ponzi e Instabilidade Financeira	207
XIV	Ponzi e Finanças Públicas	218
XV	Evitando Fraudes	227
	Referências Bibliográficas	240
	Sobre o Autor	252

NOTA DE ESCLARECIMENTO

As opiniões, as informações, os dados e as conclusões constantes e expressos neste livro são de exclusiva responsabilidade do autor e em hipótese alguma representam a opinião de seus empregadores, clientes, parceiros ou de instituições a que o autor pertença ou tenha pertencido.

As opiniões, as informações, os dados e as conclusões constantes e expressos neste livro foram obtidos ou trabalhados a partir de documentos impressos, artigos acadêmicos, entrevistas pessoais, artigos e reportagens publicados em jornais, revistas, sítios da Internet e livros, todos publicamente disponíveis, cujas referências são apresentadas ao final do livro.

O autor não está a recomendar, apontar, indicar ou promover quaisquer empreendimentos ou produtos, assim como não está a recomendar, apontar, indicar ou promover quaisquer oportunidades de investimento em quaisquer ativos financeiros ou não financeiros, tangíveis ou intangíveis, a vista ou a termo.

PREFÁCIO

Em São Paulo, nos anos 90, estávamos, eu e meus colegas de uma firma de engenharia, em meio a válvulas, cálculos de perda de carga e balanços de energia, animados com uma possibilidade de investimento. Pequenos anúncios vinham sendo publicados nos jornais, divulgando a oportunidade de ganhar um bom dinheiro. Mais ainda, aos poucos, surgiam relatos de pessoas que haviam sido bem-sucedidas com o negócio e que se preparavam para voltar a investir volumes ainda maiores. A empresa responsável pelo anúncio estava instalada em uma sala de uma galeria na Avenida Paulista, coração financeiro da maior cidade da América Latina. A proposta de investimento considerava a compra de um *kit* de produtos químicos, uns poucos saquinhos com produtos químicos em pó. O investidor em sua casa promoveria a mistura e diluição em água para a produção de espuma. A empresa garantia a recompra da espuma no estado em que viesse, alegando não poder fazer por si própria, pagando um valor que representava um fantástico ganho para o investidor, principalmente considerando a velocidade com que a conversão podia ser feita e a aparente ausência de risco no negócio.

A empresa anunciava e seguia ampliando sua base de investidores. Estive pessoalmente na galeria para entreolhar para a sala na qual o negócio das espumas estava instalado. Viam-se poucos móveis, alguns saquinhos pequenos de reagentes, nenhuma movimentação. Não tive coragem ou ganância suficiente para entrar no negócio.

Dias depois, soubemos que os empresários estavam desaparecidos, que a sala da empresa seguia fechada e que investidores se reuniam para tentar reaver seus recursos. Os fraudadores fugiram levando seu negócio para outra praça. Não se sabe o quanto foram capazes de levar. Esse foi um caso

PREFÁCIO

clássico de Esquema Ponzi. Não foi o primeiro, nem o último. Esquemas Ponzi pipocam aqui, ali e acolá a todo momento. Daí a dificuldade de encerrar este livro, pois há sempre novas histórias para contar.

Muitos anos depois, ainda não havia sequer pensado em escrever qualquer livro sobre esse assunto quando um amigo veio com uma dica de investimento. Ele estava entusiasmado com um negócio novo no qual ele havia investido. Tratava-se da Avestruz Master e de seu programa de investimento em criação de aves. Eu já havia ouvido falar desse negócio, mas, com o depoimento de alguém próximo, meu interesse cresceu. Resolvi, então, ir até o escritório de captação que a Avestruz Master mantinha na cidade em que eu morava. Apesar de bem localizado, o escritório era despojado, sem enfeites, pôsteres e outros acessórios que fizessem referência à criação de avestruzes. Analisando em retrospecto, parecia que estavam prontos para bater em retirada. Depois de uma pequena espera, fui convidado a entrar para outra sala onde estavam instaladas três ou quatro estações de atendimento. Lá, foram apresentadas a mim as condições de investimento do negócio. Eu poderia comprar aves com três, seis, oito e quinze meses de idade em contratos com duração de três, seis, dez e três meses, respectivamente. No primeiro caso, uma ave custaria 1.680 reais e no segundo caso, 2.300. A folha impressa não trazia qualquer detalhe que revelasse sua origem, nem ao menos o logotipo da empresa. Nela, a atendente anotou a expectativa de quanto eu poderia receber ao final dos contratos: 2.260 e 3.712 reais, respectivamente. A rentabilidade prometida, ainda que de forma velada, era muito boa: 10,4% e 8,6% ao mês. Voltei animado, fazendo as contas.

Se escolhesse o contrato de três meses, poderia repeti-lo algumas vezes e logo dobraria o investimento inicial em menos de um ano, e então poderia deixar no negócio somente os recursos ganhos. Por outro lado, temia que o esquema desmoronasse antes que eu pudesse recuperar meu investimento inicial. Meu amigo seguia feliz, ampliando seus gastos em viagens e bens de consumo. Decidi não entrar. Alguma coisa parecia estranha e o risco de o esquema ruir logo após minha entrada nele era grande. Fui pesquisar sobre avestruzes e, já que suspeitava de algo, sobre fraudes de investimento. Foi então que me deparei com a história de

Charles Ponzi, com o uso da expressão Esquema Ponzi e com os variados ativos utilizados na fraude. Minhas dúvidas foram resolvidas quando percebi que inúmeras vezes avestruzes haviam sido usadas nessa modalidade de fraude. Importaram a fraude com avestruzes, pensei. Por isso resolvi iniciar a pesquisa para escrever este livro.

Entendo ser importante comentar que, apesar do subtítulo deste livro (Como tirar dinheiro dos incautos), é possível participar de um Esquema Ponzi, como investidor, sem perder dinheiro. Meu amigo conseguiu. Tendo entrado logo nas primeiras rodadas, ele pôde retirar parcelas de seu investimento inicial, até que todo o valor inicialmente aplicado havia sido resgatado. Quando o esquema quebrou, ele perdeu o rendimento que, contratualmente, lhe pertencia, mas esse ainda pode ser um sentimento reconfortante perto das histórias tristes de outros investidores. Assim, há como ganhar dinheiro participando de um Esquema Ponzi. Um investidor pode cinicamente participar, ciente dos riscos, seguro de sua capacidade de identificar o momento de saída, antes que o promotor decida encerrar o esquema. O *timing* correto para isso é bem difícil de ajustar, e deve haver equilíbrio nas proporções de medo e ganância subsidiando a tomada de decisão. Pode-se sair bem, com lucros, mas o resultado mais corriqueiro, o resultado esperado é que até mesmo o participante esclarecido sofra perdas. Melhor ficar de fora.

O autor.

INTRODUÇÃO

Esquemas Ponzi são oportunidades de investimento oferecidas, de tempos em tempos, quando há condições favoráveis, quando há um interesse muito acerbado em fazer fortuna, o que, convenhamos, sempre está presente. Na maioria das vezes, tem como objeto elementos corriqueiros como bois, avestruzes, terrenos, minhocas, camarões ou espuma, qualquer coisa capaz de servir para construir uma oferta de investimento com retorno extraordinário. Por vezes, o objeto se constitui na capacidade reconhecida de administrar grandes fundos, em um conhecimento especial acerca de uma transação financeira ou em uma experiência superior no mercado de valores mobiliários. São, na verdade, objetos utilizados apenas como veículos em um processo de transações financeiras que, à medida que se desenvolve, reforça a noção originalmente proposta de que aquela oportunidade de investimento é, de fato, altamente bem-sucedida e rentável. Ou mesmo, quando for o caso, reforça a noção de que o administrador financeiro tem de fato muito conhecimento e habilidade para fazer uma gestão superior à média do mercado.

No primeiro capítulo, o livro conta como nasceu a fraude de investimento que deu nome a todas as demais fraudes com características similares. Foi em 1920, na cidade de Boston, que Charles Ponzi, italiano de Parma que vivia nos Estados Unidos como imigrante, criou, em apenas seis meses, grande alvoroço em torno de uma ideia de investimento. Ele acreditava poder ou dizia poder arbitrar operações entre taxas de câmbio de inúmeras moedas e cupons resposta internacional. As relações de troca entre as moedas estavam se alterando rapidamente, resultado do descompasso criado pela Primeira Guerra Mundial no padrão-ouro. A

União Postal Universal, organismo internacional responsável pela emissão dos cupons, não conseguia acompanhar o ritmo dessas variações cambiais, uma vez que o valor de troca era efetivamente impresso no cupom. Charles Ponzi afirmava ser capaz de obter 400% de retorno em cada operação, para o que ele mantinha uma rede de colaboradores na Europa responsável por adquirir e enviar os cupons para os Estados Unidos. Para financiar suas operações, Ponzi passou a vender notas promissórias com 100% de retorno e vencimento em três meses. Pagando em dia e em sua totalidade as primeiras notas, ele viu o interesse por sua ideia de investimento crescer rapidamente. Em agosto de 1920, as filas de investidores no centro de Boston eram enormes e Ponzi passou a viver como um homem rico, com grande luxo e fausto. Sua popularidade atingiu níveis fantásticos. Era admirado e ovacionado por onde passava. Porém um dia seu esquema ruiu. Ponzi passou de mago das finanças para um simples escroque, condenado a muitos anos de prisão.

Os capítulos II e III tratam da fase de declínio e dos últimos anos do financista italiano. No capítulo seguinte, o livro mostra como o uso da expressão que leva seu nome foi se firmando ao longo dos anos. Além da fascinante história de Ponzi, o assunto envolve outros aspectos relacionados a esse tipo de fraude.

Os capítulos V e VI apresentam a estrutura e as características sempre presentes em um Esquema Ponzi, bem como em outros tipos de fraude, indicando como se dão aspectos como a fraude por afinidade, os atributos do operador da fraude e a atitude das autoridades responsáveis pela fiscalização. Fraudadores criam estratégias sofisticadas de *marketing*. Charles Ponzi não era tão sofisticado quanto seus seguidores da atualidade, mas certamente era muito conhecedor de *marketing*. Ele demonstrava segurança e confiança na frente dos investidores, elaborando planos futuros de grandiosidade, enquanto alucinadamente vasculhava gavetas, procurando recursos para honrar os compromissos e manter seu negócio rodando.

O senso comum classifica uma operação desse tipo como pirâmide financeira. Mesmo que muito utilizada pela imprensa e por pessoas do meio financeiro ou jurídico, essa classificação é equivocada. Para desfazer esse equívoco, o livro discute no Capítulo VII as diferenças entre esquemas Ponzi e pirâmides financeiras. Cada uma dessas fraudes tem um modelo de engajamento e de rentabilidade próprio. Ambas as fraudes também não são bolhas especulativas, pois o que se passa com estas são outros processos. Por fim, resta ainda saber como esses casos se comparam com aqueles de programas de *marketing* multinível.

O Capítulo VIII discute bolhas especulativas. A correspondência entre bolhas especulativas e Esquemas Ponzi se dá, principalmente, pelo senso de urgência experimentado quando ambas as condições estão em atividade, impelindo o investidor para a ação; nesse caso, investir no esquema ou no ativo principal da bolha. Em um aspecto formal, esse assunto foi apresentado no livro porque, constantemente, se dá pela imprensa e por especialistas em finanças certa associação entre ambos.

Nos quatro capítulos seguintes são apresentados inúmeros casos notórios da fraude, com destaque para os casos da Avestruz Master, de Dona Branca, de Bernard Madoff e da utilização de animais como objeto de investimento na fraude, tais como avestruzes, bois e minhocas.

Por fim, os capítulos XIII e XIV tratam dos efeitos devastadores que Esquemas Ponzi podem provocar em uma economia, com destaque para o contágio entre bancos, e das evidências de correlação em situações legais e ou oficiais, administradas pelo Estado, como, por exemplo, certos modelos de previdência social e certas condições de financiamento do *déficit* público.

O último capítulo tem a pretensão de ajudar o leitor a evitar a participação em investimentos fraudulentos variados.

CAPÍTULO I

O MAGO DAS FINANÇAS

Não há nada mais enganoso do que um fato óbvio.
(Arthur Conan Doyle)

Carlos Pietro Giovanni Guglielmo Tebaldo Ponzi, nascido em 1882, na cidade de Parma, na Itália, foi um dos milhões de europeus que imigraram para "fazer a América", mas foi, seguramente, um dos poucos que se notabilizaram por conduta reprovável de grandes proporções. Chegou em 1903, desembarcando inicialmente nos Estados Unidos, e de lá se dirigiu para Montreal, no Canadá. Por 14 anos, vagou de cidade em cidade, pulando de um emprego para outro. Trabalhou como lavador de pratos, garçom, balconista, caixeiro-viajante, operário de fábrica, intérprete de italiano e em outros serviços de pouca expressão. Em 1917, fixou residência em Boston e adotou o nome de Charles Ponzi. Lá também passou por uma série de empregos até que foi contratado como escriturário na *J. R. Poole Company*, uma empresa de comércio exterior. Ponzi recebia um salário de 25 dólares por semana e sua principal função consistia em responder correspondência estrangeira. Casou-se, no ano seguinte, com Rose Guecco, também imigrante italiana. Pouco mais de um ano depois, Charles Ponzi seria o pivô de uma aventura financeira de grandes proporções. A dramática sucessão de eventos desencadeada resultou em grande estrago, ao final da qual um grande número de pessoas sofreu prejuízo financeiro e um punhado de bancos foi à bancarrota.

O que Charles Ponzi fez foi colocar em marcha um esquema de enriquecimento rápido, no qual ele oferecia aos investidores a chance de dobrar o capital investido em 90 dias. Os fatores críticos que permitiram a Ponzi alcançar grande e rápido sucesso em sua empreitada se fundamentam em elementos da personalidade do próprio Charles Ponzi, nas características únicas da oportunidade de investimento por ele criada e nas circunstâncias em que se encontravam as economias norte-americana e mundial. Em poucos meses, pessoas, aos milhares, formavam filas que serpenteavam pela cidade, para entregar a Ponzi suas economias, resultado de muito trabalho e abnegação.

A Primeira Guerra Mundial acabou oficialmente no dia da assinatura do Armistício, 11 de novembro de 1918. Esses eventos em Boston se deram quase dois anos depois. Durante o ano de 1919, as nações envolvidas discutiram, nas negociações do Tratado de Versalhes, as restrições e reparações de guerra a qual a Alemanha se submeteria, tendo sido obrigada a assumir financeira e politicamente a responsabilidade sobre seus atos. Naturalmente, as consequências da guerra foram devastadoras: perdas humanas; separação de famílias; anexações de extensões de terra; destruição de bens públicos e privados; utilização de armas químicas, como o gás mostarda; devastação de áreas agrícolas produtivas; e inutilização de portos, aeroportos, estradas, pontes e de outras obras de infraestrutura.

Após a guerra, a devastação que imperava na Europa transbordava tanto em termos políticos como em termos econômicos para além de suas fronteiras, alcançando uma dimensão mundial, provocando grave instabilidade econômica. Para a compreensão da história de Charles Ponzi, as consequências econômicas da guerra são as mais relevantes.

Esquema Ponzi: como tirar dinheiro dos incautos

O Momento Econômico

O início da guerra, em 1914, marcou o período no qual o padrão-ouro se exauriu. Com isso, surgiram desencontros nos balanços de pagamentos dos países, afetando as liquidações de obrigações internacionais. O sistema monetário denominado padrão-ouro foi instituído pela Inglaterra em 1816 e constituiu-se no primeiro sistema monetário e financeiro organizado internacionalmente. Nele, a unidade monetária de um país era definida com relação às reservas de ouro e de outras moedas conversíveis em ouro.

Além disso, as autoridades monetárias do país obrigavam-se a transacionar o metal a um preço fixo em relação à sua própria moeda, isto é, obrigavam-se a garantir a conversão de sua moeda em ouro. Para tanto, deveria haver livre movimentação do metal através das fronteiras e controle da quantidade de moeda em circulação, mantendo estreita correlação com a quantidade de ouro estocado no banco central do país. Desse modo, a moeda corrente de um país equiparava-se ao ouro, pois o sistema compreendia a conversibilidade interna e externa das moedas pelo metal a um preço fixo. A adoção do padrão-ouro fez de Londres o centro do sistema internacional de pagamentos.

Já independente de Portugal, o Brasil orbitava na esfera de influência econômica e política da Inglaterra quando adotou o sistema em 1833. À medida que os demais países europeus e os Estados Unidos adotaram o sistema, ainda nas últimas décadas do século XIX, ia se consolidando a organização da economia mundial em torno do sistema proposto pela Inglaterra.

Em conformidade com o padrão-ouro, o saldo da balança comercial de um país, isto é, a diferença entre os recursos gastos com a importação de bens e serviços e os recursos ganhos com a exportação de bens e serviços, era compensado pela redução ou ampliação das reservas de ouro. Quando um país tinha saldo positivo em sua balança comercial, gerava um *superávit* no balanço de pagamentos, que seria liquidado com a ampliação das reservas de ouro. Contrariamente, quando um país importava mais do que exportava, obtinha um saldo negativo na balança comercial, resultando em um *déficit* no balanço de pagamentos, o qual exigia a redução das reservas do metal. Essas variações em reservas de ouro eram transmitidas para a economia interna por meio da redução ou do aumento na quantidade de moeda em circulação, o que, em última análise, afetava o nível de preços internos. No caso de *déficit* comercial, ocorria a queda dos preços internos, que após um determinado tempo decorrido acabava resultando em maior competitividade dos produtos do país no mercado exterior, estimulando as exportações e reduzindo as importações, de tal modo que as reservas em ouro do país eram restabelecidas nos níveis anteriores. Por outro lado, quando um país obtinha *superávit* comercial, aumentavam as reservas de ouro, aumentando, também, a quantidade de dinheiro em circulação. A ampliação da base monetária gerava inflação, elevando o nível de preços internos. O equilíbrio era, então, restabelecido com a perda de competitividade externa dos produtos do país. As exportações eram reduzidas, enquanto as importações cresciam, fazendo com que o montante de ouro depositado no banco central fosse sendo restabelecido até que novo equilíbrio fosse encontrado e o *superávit* comercial, finalmente, eliminado. Essas relações entre saldo comercial e preços internos ocorriam diretamente, dado que, no sistema do padrão-ouro, a relação de preços entre o ouro e a moeda nacional era fixa. Assim, ficava estabelecida a taxa de câmbio entre duas moedas, denominada paridade de cunhagem, que aceitava somente pequenas variações para acomodar o custo de embarque e transporte do metal entre duas nações.

> *O Padrão-Ouro: a exaustão do sistema: A Primeira Guerra Mundial marcou o final da plena utilização do sistema. A partir de 1914, o Reino Unido passou de credor líquido a devedor líquido e, na década de 20, o dólar americano era a única moeda conversível em ouro, fazendo com que o sistema fosse sendo abandonado até que entrou em colapso durante a Grande Depressão da década de 30. Após a Segunda Guerra Mundial, os encontros de Bretton Woods levaram à elaboração de critérios e regras cambiais, reorganizando o sistema internacional de pagamentos. A libra esterlina, principal moeda durante a era do padrão-ouro, cedeu espaço para o dólar como a principal moeda de reserva.*

Esquema Ponzi: como tirar dinheiro dos incautos

Os países envolvidos na guerra passaram a suspender a convertibilidade de suas moedas em ouro, o que balançou o sistema de pagamentos internacional. Esses países também proibiram exportações de ouro com a intenção de proteger suas reservas do metal. Embora, em um primeiro momento, o abandono da conversibilidade e a proibição das exportações de ouro constituíssem medidas unilaterais, limitadas aos países que haviam participado ativamente no conflito, a economia mundial foi afetada como um todo, principalmente no que se refere às incertezas nas relações cambiais.

Nos anos em que a guerra ocorreu, os Estados Unidos passaram por um processo inflacionário significativo. Em 1914 e 1915, a inflação registrada pelo Índice de Preços ao Consumidor foi modesta, de apenas 1% ao ano. Entretanto, nos anos seguintes, os preços internos subiram consideravelmente. Em 1916, o índice de preços registrou uma inflação de 7,9%. Nos dois anos seguintes, a inflação ao consumidor indicava remarcação de preços da ordem de 17,4% e 18,0% ao ano. Quando Charles Ponzi era o assunto preferido nas rodas financeiras e sociais de Boston, o processo inflacionário começava a perder força, mas os índices de inflação eram ainda significativamente altos. Em 1919, a inflação pelo índice de preços ao consumidor foi de 14,6% ao ano e, no ano seguinte, de 15,6% ao ano.

Nesse ambiente inflacionário, as pessoas lutavam para manter seu padrão de consumo. Para piorar sua condição, não havia instrumentos financeiros que compensassem a perda de poder de compra da moeda. A insatisfação era grande com o mais comum instrumento financeiro disponível, os títulos de guerra, os *Liberty Bonds*, que pagavam juros de 5% ao ano. Desse modo, a compra desses títulos rendia uma taxa de juros real negativa. Descontentes, as pessoas buscavam oportunidades de investimento que atenuassem as perdas financeiras. Essas aspirações não passaram despercebidas por um elevado número de oportunistas e visionários que criavam oportunidades de investimento com a promessa de grandes e rápidos retornos, infestando não só Boston, mas todo o Nordeste norte-americano. Seu principal argumento apontava para o contraste entre o baixo retorno de investimentos oferecidos pelas instituições financeiras e os enormes lucros obtidos por essas mesmas instituições. Cooperação entre os investidores era a solução proposta por eles, pois permitiria uma divisão mais equitativa dos lucros dos empreendimentos, deixando de fora banqueiros gananciosos e evitando, de quebra, os impostos devidos ao fisco.

> *You Buy a Liberty Bond: Liberty Bonds eram títulos de guerra emitidos pelo governo dos Estados Unidos com o objetivo de angariar recursos para apoiar a causa aliada na Primeira Guerra Mundial. A campanha de vendas era agressiva e contava com a colaboração de artistas famosos. Estes faziam aparições públicas para promover o título, repetindo o bordão: "Compre o título porque essa é a coisa mais patriótica a ser feita."*

A União Postal Universal

A União Postal Universal (UPU) viu seu cupom resposta internacional ocupar a posição central na euforia financeira provocada por Charles Ponzi. Com sede em Berna, na Suíça, a UPU foi estabelecida em 1874 a partir das resoluções do Tratado de Berna, sendo uma das mais antigas organizações internacionais, perdendo apenas, nesse quesito, para a União Internacional de Telecomunicações (UIT).

Em julho de 1948, a União Postal se tornou uma agência especializada das Nações Unidas e conta, atualmente, com 190 países-membros. Tinha apenas 60 países-membros nas primeiras décadas do século XX. Praticamente todos os países, naquele tempo, participavam e acatavam as deliberações da organização. A missão institucional da UPU consiste em fomentar a cooperação entre os serviços postais dos países-membros, estabelecendo as regras sobre as trocas postais internacionais.

Em 1906, foi criado o cupom resposta internacional, para facilitar a comunicação postal mundial, uma vez que permitia o pagamento antecipado do retorno de correspondência enviada a outro país. O cupom podia ser trocado livremente entre países-membros, e seu preço era fixado em 28 centavos de franco suíço ou em valor equivalente nas moedas dos países participantes do programa. A União Postal determinava também o

Esquema Ponzi: como tirar dinheiro dos incautos

valor de troca do cupom de resposta como sendo equivalente em 25 centavos de franco suíço, que poderiam ser trocados por produtos postais (selos), em quantidade equivalente conforme a moeda do país onde a permuta ocorresse. A diferença (3 centavos de franco suíço) revertia para a UPU de modo a remunerar a impressão do cupom e os serviços prestados pela organização.

Desse modo, a fixação do valor de troca, em cada um dos países-membros, refletia a intenção de uniformizar o valor do cupom, o que era favorecido pelo câmbio fixo entre as várias moedas nacionais, garantido, por sua vez, pela vigência do sistema do padrão-ouro.

Com os desarranjos na economia mundial, causados pela Primeira Guerra Mundial, muitas moedas nacionais sofreram fortes oscilações de valor. A lira italiana e a coroa austríaca, por exemplo, sofreram acentuada desvalorização. À medida que a frequência dessas variações foi aumentando, a União Postal Universal passou a ter dificuldades em acompanhá-las, deixando de atualizar os valores de troca em cada país. Por esse motivo, surgiram oportunidades de arbitragem entre algumas moedas e os cupons de resposta internacional, dado que as relações cambiais governando o sistema dos cupons de resposta internacional não mais refletiam as condições do pós-guerra.

Cupom de resposta internacional: Os cupons de resposta internacional são ainda produtos ativos da UPU. Em 2002, eles sofreram uma reformulação gráfica, passando a ser confeccionados em papel da mesma qualidade que o papel utilizado na confecção de cheques bancários, favorecendo o processamento em máquinas de leitura óptica.

Cada país determina seu próprio preço de venda, em conformidade com o montante de postagem requerida para o envio de documento postal de primeiro peso, não registrado, com prioridade e por via aérea. Ao longo de 2013, o cupom podia ser comprado no Brasil por 7 reais e no Canadá por 5,50 dólares canadenses. Considerando a taxa de câmbio vigente na data, em torno de 2 reais por dólar canadense, torna-se evidente a possibilidade de arbitragem. Naturalmente, as agências postais se previnem contra a ação especulativa, limitando a quantidade de cupons trocados em um dia, permitindo a troca unicamente por selos ou até, como faz a Suíça, exigindo que a postagem internacional se dê no mesmo dia da troca.

Ponzi tem uma ideia

Trabalhando no escritório de exportação, Charles Ponzi era responsável por lidar com a correspondência trocada com o exterior, isto é, com correspondência internacional. Recebeu, em um dia de agosto de 1919, uma carta da Espanha contendo um cupom de resposta internacional, o que lhe fez perceber a oportunidade de arbitragem. Ponzi notou que o cupom de resposta internacional havia sido adquirido por um preço extremamente baixo em pesetas, a moeda espanhola de então. Aplicando a taxa de câmbio vigente no momento entre a moeda espanhola e a moeda norte-americana, ele concluiu que o cupom teria custado apenas um sexto do valor pelo qual poderia trocá-lo nos Estados Unidos. Por conseguinte, com um determinado valor em dólares, poderia ganhar com a transação de cupons de resposta internacional em outros países, e se pudesse trabalhar com um grande número de cupons, ficaria rico em pouco tempo. Ponzi começou, então, a planejar o negócio: recursos em dólares deveriam ser trocados em moedas estrangeiras, usados para comprar elevado volume de cupons nos países em que o câmbio fosse favorável, sendo os cupons, ao final, enviados aos Estados Unidos para, finalmente, serem resgatados em dinheiro, finalizando o ciclo de investimento.

Naquele momento, lucro rápido, fácil e ilimitado era tudo que ele conseguia enxergar. O plano era simples, parecia infalível e perfeitamente legal, mas faltavam-lhe recursos para comprar uma quantidade adequada de cupons.

Ponzi teria partido para a ação realizando um pequeno investimento como teste. Converteu certa quantidade de dólares em liras italianas e, por meio de seus contatos na Itália, adquiriu certo número de cupons. O capital investido por Ponzi nessa operação de prospecção era modesto, mas sua expectativa de retorno era superior a 400% por operação. O tempo necessário para completá-la dependia da velocidade em que se daria a transferência dos recursos para a Itália e do trânsito da correspondência, já que era necessário que os cupons lhe chegassem às mãos, em Boston. Também esperava haver alguma demora ou prazo regimental exigido pelos Correios dos Estados Unidos para completar o resgate dos cupons.

Ponzi ficou desconsolado quando seu teste revelou que os cupons não podiam ser trocados por dinheiro, apenas por outros selos. Além disso, os custos de transação se mostraram elevados e consumiram praticamente a totalidade do lucro por ele esperado. A interposição de taxas bancárias no envio do capital para os países nos quais as compras de cupons seriam realizadas, a demora na transferência dos recursos, as idiossincrasias das instituições postais de cada país e o risco de oscilações nas taxas de câmbio, no decorrer da operação, contribuíam para a redução da expectativa de lucro a ser alcançada pela arbitragem com os cupons de resposta internacional.

Uma oportunidade de arbitragem decorre de imperfeições na precificação de ativos. Pode ser explorada com a assunção de posições, isto é, com a compra e a venda desses ativos, da qual resulta lucro certo e determinado. Agentes econômicos, ao tomarem conhecimento de uma oportunidade de arbitragem, passam a explorá-la em volume e frequência cada vez maiores, reduzindo as margens de lucro da operação e fazendo desaparecer a imperfeição na precificação.

Com efeito, outro risco a que se sujeitaria Ponzi era o de que sua operação fosse reproduzida por outros agentes, pois estes passariam a competir com ele, reduzindo as margens de lucro ou fazendo com que a União Postal Universal percebesse a utilização especulativa de seus instrumentos, tomando providências no sentido de dirimir as discrepâncias cambiais.

Apesar do insucesso do investimento realizado como teste, Ponzi se manteve otimista quanto à oportunidade de lucrar com o esquema. Entusiasmado, contava a todos sobre o negócio dos cupons, vangloriando-se da sua visão de negócios. Seu entendimento era de que a transação com valores maiores reduziria a relevância dos custos de transação. Passou, então, a angariar fundos, tomando recursos emprestados de familiares, de amigos e de conhecidos, os quais foram convencidos por ele da excelente oportunidade de investimento.

A *Securities Exchange Company*

O número de investidores na inovação proposta por Ponzi começou a crescer. Lentamente no início e mais vigorosamente na medida em que ele expandia a oferta de títulos. Nos últimos dias de 1919, o grupo de pessoas que havia emprestado dinheiro a Ponzi contava 15 investidores, representando um montante de 870 dólares para aplicação no seu negócio postal. Foi então que Ponzi resolveu se estabelecer para captar mais recursos, abrindo a *Securities Exchange Company*. Nos documentos de constituição da empresa, Ponzi figurava em todos os cargos, de presidente a *office-boy*. Nos primeiros dias, Ponzi recebeu a visita de um representante da Câmara de Comércio local. Tendo ouvido de Ponzi uma descrição detalhada do investimento que este pretendia fazer, o visitante expressou sua convicção de que os planos de Ponzi seriam bem-sucedidos. Em seguida, um agente dos Correios esteve na *Securities Exchange Company* e, depois de conhecer melhor o negócio, disse que achava que poderia ser ilegal resgatar cupons de reposta internacional em grandes quantidades, ao que Ponzi respondeu ser esta uma questão irrelevante, pois os cupons seriam resgatados no exterior, longe da jurisdição do governo dos Estados Unidos.

Sustentando ter pleno controle da operação e garantindo obter nela um lucro superior a 400%, Ponzi prometia aos investidores 50% de rentabilidade sobre o investimento em 90 dias, aventando ainda a possibilidade de cumprir a promessa em menor prazo. Se tudo corresse bem, dizia, retornaria o capital investido mais os juros prometidos em apenas 45 dias, mais que dobrando o capital investido em 90 dias.

Como resultado do alarde da oferta de investimento proposta por Ponzi, filas de investidores sequiosos por se livrarem de suas situações financeiras aflitivas e por enriquecerem rapidamente foram se formando na porta do número 27 da *School Street*, onde se localizava a empresa. Ponzi contratou Ettore Giberti, também imigrante italiano e seu primeiro investidor, como vendedor. Ao final de janeiro de 1920, mais de 1,2 mil dólares haviam sido entregues a Ponzi por novos investidores. Em fevereiro, 17 novos investidores entraram no negócio, trazendo mais de 5,2 mil dólares para Charles Ponzi. O investimento era formalizado por meio de notas promissórias assinadas por Ponzi e sem qualquer outra garantia.

Depois de 45 dias, Ponzi passou a recomprar as notas promissórias, pagando seus investidores iniciais como havia prometido. Satisfeitos, muitos escolheram reaplicar capital e juros por outros 45 dias, renovando o investimento. Esses primeiros investidores desempenharam papel significativo na difusão dos negócios da empresa, recomendando a amigos e conhecidos. À medida que a novidade se espalhava, crescia o interesse, a curiosidade e a surpresa entre os habitantes daquela região dos Estados Unidos. Em março, a arrecadação de Ponzi quintuplicou em relação ao mês anterior: 28,7 mil dólares. No mês seguinte, 471 investidores compraram mais de 141 mil dólares em notas promissórias.

O crescimento exponencial da movimentação em torno da *Securities Exchange Company* tornava-se facilmente perceptível. Em poucas semanas, surgiram longas filas que se estendiam por vários quarteirões. Milhares de pessoas desejavam comprar as notas promissórias que Ponzi emitia sem limitações de valores mínimos ou máximos. Em moeda corrente de 1920, pessoas de várias classes sociais investiam desde poucos dólares até quantias superiores a 50 mil dólares. O *frenesi* criado ganhou proporções descomunais em maio de 1920, quando mais de duas mil pessoas emprestaram perto de meio milhão a Charles Ponzi. Nessas condições, ele não mais podia lidar sozinho com a multidão de investidores sem contratar auxiliares. Ficara muito difícil para ele pegar dinheiro tão rapidamente quanto era oferecido. Assim, contratou perto de uma dúzia de funcionários para contar, empilhar e guardar dinheiro, além de verificar, escrever e pagar as notas promissórias vencidas. Como secretária, contratou Lucy Mell, que, em pouco tempo, passou a ter maiores responsabilidades, assumindo a função de gerente-geral dos negócios da empresa. Ponzi e seus novos funcionários não tinham mais onde colocar dinheiro, que terminava socado em armários e gavetas e até mesmo em cestos de lixo. A oferta de dinheiro era torrencial.

Em junho, 7.824 investidores procuraram os escritórios da *Securities Exchange Company*, deixando lá cerca de 2,5 milhões de dólares, a preços correntes daquele ano. A cada dia, em média, Ponzi recebia 500 mil dólares em novos investimentos e pagava 200 mil dólares, honrando as notas promissórias em seu vencimento. Ponzi passou a depositar os fundos recebidos em alguns bancos, abrindo várias contas com nomes fictícios. Separou parte dos recursos a sua disposição e fez investimentos, adquirindo uma parcela significativa do capital social de um banco. Com a transação, Ponzi, que era o maior correntista e o maior acionista desse banco, preparava o terreno para assumir seu controle.

Ponzi no Topo do Mundo

O negócio que começara modestamente e praticamente sem nenhum capital expandiu-se rapidamente durante o primeiro semestre de 1920. Em seis meses, milhões de dólares haviam sido entregues a Ponzi, que começou a viver de modo pródigo. De lavador de pratos, ele se transformou em uma das figuras mais respeitadas em Boston. Vestia-se bem, com os mais finos ternos, camisas de seda, e usava bengalas com cabo de ouro. Comprou *Locomobiles*, modelos de automóveis de luxo, e contratou um motorista japonês para dirigi-los. Presenteava sua esposa com joias, com vestidos e com outros mimos luxuosos. Ponzi adquiriu uma mansão de 13 cômodos com sete quartos de dormir, ar-condicionado e piscina aquecida. A mansão, que teria custado 35 mil dólares, localizava-se em Lexington, cidade próxima a Boston, onde moravam as famílias mais abastadas da região. Mandou trazer sua mãe, Imelda, da Itália em acomodações de primeira classe e contratou uma ama francesa para acompanhá-la. Envolveu-se em obras de caridade, tornou-se membro do exclusivo *Kiwanis Club* e sua esposa recebia amigos em chás e jantares organizados em sua mansão. Ponzi era tido como herói não só pela comunidade de imigrantes italianos, mas por boa parte da população de Boston. A admiração por Ponzi era explícita: "Ponzi, o italiano que inventou o dinheiro", diziam. As pessoas o aclamavam por onde passava. Chegou a ser indicado como candidato para as próximas eleições locais. Chamado de "o mago das finanças", Charles Ponzi desfrutava de um estilo de vida que nunca antes pudera experimentar, mas do qual se considerava merecedor e para o qual se preparara desde sempre.

> *Kiwanis Club: Fundado em Detroit, em 1915, o Kiwanis Club era um clube restrito a homens de negócios, atraídos pela oportunidade de se relacionar com seus pares. O clube existe até nos dias atuais, mas passou por um aggiornamento ao longo das décadas. Em 1962, o Kiwanis Club se internacionalizou e, em 1987, passou a aceitar mulheres como associadas. Mais ainda, modificou sua missão institucional, indicada no novo lema "servindo as crianças do mundo".*

Ganhando Notoriedade

Visto como o homem que fazia dinheiro facilmente, capaz de transformar um dólar em um milhão em um piscar de olhos, Ponzi começava a atrair grande atenção para si e para seu negócio. A imprensa começou a acompanhar e dar destaque ao caso, alternando ceticismo e admiração. Em editorial, o *New York Evening* disse: "quem quer que tenha dito que o povo da Nova Inglaterra é conservador, o disse antes do advento de Charles Ponzi. Hoje em dia, Boston só quer ficar rico logo com Ponzi, o criador de fortunas, o Rei Midas moderno que dobra seu dinheiro em 90 dias. Eu disse Boston? Engano meu. Deveria ter dito a Nova Inglaterra inteira, do Maine ao Lago Champlain, da fronteira canadense a Nova Jersey."

Mesmo duvidando da legalidade dos métodos de Ponzi, o jornal destacava o fato de que com uma ideia simples, de aparente consistência, Ponzi fazia maravilhas com seu conhecimento de regulamentação postal internacional e de moedas estrangeiras.

A imprensa seguia demonstrando a cada dia maior incredulidade. Cobrindo o caso, o *Rochester Times Union* estampou: "um homem sem educação em finanças mostra à *Wall Street* e aos grandes financistas mundiais quanto eles são mesquinhos; estourando ou não a bolha de Ponzi, o povo americano tirará seu chapéu para um camarada tão esperto como ele". Na mesma linha, expressava admiração o *Washington Post*: "Ponzi posiciona-se como o principal fique-rico-logo financista da época." Naquele momento, Ponzi não era apenas famoso, era também milionário e reconhecido, recebendo de investidores um milhão de dólares por semana. A sorte de Charles Ponzi acabou com a atitude editorial do *Boston Post*, jornal que tomaria a liderança no ataque às suas operações.

> *O Inventor do Dinheiro: A multidão seguia Ponzi por todo lado, saudando-o: "Ponzi, você é o maior italiano que já existiu!". Recusando modestamente o elogio, Ponzi retrucava: "Não, não! Colombo e Marconi fizeram muito mais. Colombo descobriu a América e Marconi inventou o rádio!". Em resposta, a multidão dizia: "Mas você, Ponzi, você inventou o dinheiro!".*

A *Old Colony Foreign Exchange Company*

A verdade é que o negócio de Ponzi prosperava e, como não poderia deixar de ser, parecia uma boa ideia que poderia ser copiada. Assim, foram surgindo outras empresas, operando com o mesmo modelo de negócios por todo o Nordeste dos Estados Unidos. Entre elas, merece destaque a *Old Colony Foreign Exchange Company*, de propriedade de Charles M. Brightwell, também sediada em Boston e oferecendo aos investidores a chance de dobrar o capital investido em seis meses, em concorrência direta e explícita com a *Securities Exchange Company* de Ponzi. Houve outras empresas copiando o modelo de negócios, mas a *Old Colony Foreign Exchange Company* foi aquela para a qual foi dado maior destaque pela imprensa. Talvez por esse motivo, muitos articulistas, jornalistas e acadêmicos ainda hoje em dia enganam-se atribuindo a Charles Ponzi a propriedade da empresa de Brightwell. O surgimento de cópias e concorrentes indicava que o ponto alto de Ponzi poderia ter chegado. Daí em diante, seria uma carreira ladeira abaixo, para momentos menos gloriosos.

CAPÍTULO II

PONZI, O ESCROQUE

Aquele que engana sempre encontrará aqueles que se deixam enganar. (Niccolo Machiavelli)

Era verão nos Estados Unidos. A economia seguia aquecida em Boston e região. Charles Ponzi era o assunto do momento em todas as conversas, o tempo todo. Com a movimentação financeira e as longas filas de investidores, o aparente sucesso do esquema de enriquecimento rápido passou a atrair grande atenção. Autoridades municipais, estaduais e federais, incomodadas com o *frenesi* em torno de Ponzi, passaram a se perguntar o que estava acontecendo. Editores e jornalistas dos periódicos locais, regionais e até nacionais também foram migrando da admiração à desconfiança.

Nos últimos dias de julho, o jornal *Boston Post* publicou um artigo no qual demonstrava que o negócio com os cupons de resposta não era sustentável, isto é, que o negócio de Ponzi não era financeiramente possível. Segundo o jornal, Ponzi não poderia estar tirando recursos das transações com os cupons porque a quantidade de cupons resposta resgatados, nos Estados Unidos, naquele período, não era suficiente para compor o volume de recursos que ele vinha transacionando. Nesse artigo, Clarence W. Barron, conhecido financista da época, mostrava-se cético com relação aos meios utilizados por Charles Ponzi. Barron entendia que Ponzi não lucrava com o negócio dos cupons, questionando a legitimidade do investimento na *Securities Exchange Company*.

A Primeira Corrida de Investidores

Os comentários de Barron provocaram duas fortes e decisivas reações: o estabelecimento de uma auditoria pelas autoridades e o início de uma corrida de investidores para resgatar o seu dinheiro. Em 27 de julho, o governo norte-americano decidiu auditar os livros contábeis de Ponzi. Também o então governador do Estado de Massachusetts, Calvin Coolidge, determinou ao procurador-geral do Estado, J. Weston Allen, que fizesse uma auditoria completa nas atividades de Ponzi, dando-lhe carta branca para as ações necessárias, caso evidências de malversação de recursos fossem encontradas. Enquanto isso, mais de 400 investidores fizeram fila em frente à *Securities Exchange Company*, esperando a empresa abrir. Temendo perder suas economias, os investidores exigiram a quebra de contrato e a devolução do capital investido.

Charles Ponzi enfrentou essa primeira onda de resgates com elegância e otimismo. Declarou aos jornais que pagaria todos os investidores que o procurassem. Oferecendo cachorros-quentes e café para os investidores que se amontoavam do lado de fora dos escritórios de sua empresa, ele, de fato, pagou a todos aqueles que desejavam a restituição com cheques do *Hanover Trust Bank*.

A tranquilidade de Ponzi, reforçada pela receptividade demonstrada com a distribuição de comida e bebida, causou uma impressão positiva, fazendo com que um bom número de investidores mudasse de ideia. Naquele dia, Ponzi garantia a todos que tinha 12 milhões de dólares em bens, sendo 4 milhões nos Estados Unidos e o restante no exterior. Especuladores se infiltraram entre os investidores para comprar notas promissórias com deságio, esperando receber, de Ponzi, o principal e os

50% de juros no vencimento das notas. Segundo estimativas do próprio Ponzi, ele pagou naquele dia mais de um milhão de dólares até o horário de encerramento das atividades.

No dia 30 de julho, uma sexta-feira, ainda havia uma pequena fila de investidores esperando a abertura da empresa. Contando a história de sua vida, sobre como chegou da Itália com pouco mais de dois dólares no bolso, sobre seu trabalho de lavador de pratos em restaurantes, Ponzi se esforçava para capitalizar no fato de ter, até aquele dia, honrado todas as notas e restituído os valores a todos os investidores. Assim, ele conseguiu convencer muitos a desistir da retirada. Em sua argumentação, ele minimizava a importância do artigo do *Boston Post*. Aproveitava para deixar escapar a informação de que teria outro negócio para ganhar dinheiro, muito melhor que o negócio dos cupons, no qual ele repartiria os lucros igualmente com seus investidores. Ponzi também aventava que fundaria um banco em Nova York, pois só uma cidade de grande porte poderia comportar suas novas operações. Em represália às declarações de Barron, Ponzi anunciava que seus advogados processariam o financista por difamação, exigindo uma reparação de 5 milhões de dólares.

Além de ter suportado bem a corrida de investidores, Ponzi ainda prestou todo seu apoio à investigação realizada pelos auditores federais. Com isso, passou a declarar que estava confiante de que nada de errado seria apontado pela auditoria. Nesse ponto, ele recuperou um pouco de seu prestígio. Admiradores ainda o perseguiam, espremendo-se para pegar em suas mãos e demonstrar sua confiança.

Mesmo tendo Ponzi honrado seus compromissos, o jornal *Boston Post* não deu trégua a ele. O jornal verificou com a União Postal Universal os registros de distribuição e resgate de cupons de resposta internacional, descobrindo que a união havia emitido apenas pouco mais de um milhão de cupons no período de um ano, totalizando algo em torno de 58 mil dólares, uma quantia muito aquém daquela movimentada por Ponzi. Em Nova York, o número de cupons resgatados equivalia a 370 dólares. Representantes dos Correios dos Estados Unidos também contribuíram para desmascarar as atividades da *Securities Exchange Company*, declarando oficialmente que "não há negócio algum, tal qual Ponzi declara estar conduzindo, em curso em qualquer lugar do mundo, seja com cupons de resposta internacional ou com ordens de pagamento, em qualquer taxa de câmbio".

A cada dia, a falta de consistência nas operações do mago das finanças ficava mais evidente. As atenções passaram a se concentrar na saúde financeira da comunidade do norte de Boston, uma área de grande concentração de imigrantes italianos, para a qual Ponzi direcionara, desde o início de suas atividades, a publicidade de seu negócio. Tendo que atender simultaneamente seus investidores e os servidores públicos encarregados da auditoria, Ponzi se esforçava para manter a operação do negócio. Enquanto pagava aos primeiros, confidenciava aos auditores que sua operação lhe permitia pagar comissões de 10% aos seus agentes espalhados por vários países. Como medida de precaução, os auditores exigiram que Ponzi não mais aceitasse novos investimentos até que o exame dos livros contábeis fosse encerrado.

A Segunda Corrida de Investidores

Ponzi sabia que tinha sobrevivido à corrida dos milhões, mas que sua tranquilidade poderia não perdurar para sempre. Era preciso obter da auditoria um parecer favorável. Na segunda-feira, dia 2 de agosto, W. H. McMaster deu uma entrevista para o jornal *Boston Post*, complicando mais ainda a situação de Charles Ponzi. McMaster, que tinha trabalhado para Ponzi como relações públicas, revelou ao jornal detalhes das operações de Ponzi. Segundo McMaster, Ponzi teria pagado cerca de 3,5 milhões de dólares nos dias anteriores, mas necessitaria de pelo menos o dobro dessa quantia para pagar as notas promissórias que venceriam nos próximos dias. Mais ainda, apontou a incoerência das decisões de investimento de Ponzi. O ex-empregado manifestou não entender por que Ponzi depositava seu dinheiro em bancos, que lhe pagavam um rendimento de apenas 5% ao ano, quando tinha a sua disposição um negócio que rendia muito mais. Essas declarações, juntamente com a proibição de tomar novos empréstimos determinada pelos auditores, geraram uma nova onda de ansiedade entre os investidores. Em 3 de agosto, deu-se uma nova

Esquema Ponzi: como tirar dinheiro dos incautos

corrida à empresa de Ponzi. A multidão, enfurecida e desesperada, se espremia entre corredores para entrar na *Securities Exchange Company*. Cansados da longa espera em fila, alguns investidores tentaram arrombar as portas para recuperar seu dinheiro. A polícia mandou reforços para conter e enfileirar mais de 500 investidores. Devido ao elevado número de pessoas querendo resgatar seus investimentos, Ponzi invadiu o *Bell in Hand*, um *pub* localizado nas proximidades, transformando-o, temporariamente, em um ponto de atendimento. A ordem dada aos funcionários era pagar as notas promissórias no menor tempo possível. A rapidez no processamento das restituições era tamanha que eles mal podiam verificar a autenticidade e os valores expressos nas notas. Enquanto desembolsava enormes quantias, Ponzi sorria largamente. Confiante como sempre, Ponzi declarava ter 7,5 milhões de dólares em outros bancos, gabando-se de seu mais recente e mais lucrativo plano de investimento, uma operação de 100 milhões de dólares que envolveria o sistema bancário. Ele afirmava que, passada a auditoria, o público estaria investindo 5 milhões de dólares por dia em seus negócios. Na verdade, sua aparente confiança escondia o fato de que sua capacidade de honrar as notas promissórias e de restituir os valores investidos minguava a cada minuto. Para Ponzi, aquele dia tinha de acabar logo, e quando acabou ele tinha tomado emprestado do *Hanover Trust Bank* um montante da ordem de 255 mil dólares, que foi registrado com nome fictício.

Os dias que se seguiram foram de total insensatez. A imprensa denunciava a farsa e o gasto desnecessário de recursos públicos com uma auditoria em uma empresa cujas operações eram claramente fraudulentas. Ponzi tropeçava nas palavras, na vã tentativa de impressionar auditores, imprensa e a opinião pública afirmando que seus negócios eram sólidos, declarando que a margem de lucro do negócio era dividida em 50% para investidores, 50% para pagar custos operacionais, 200% para seus agentes internacionais e os 100% restantes ele guardava para si. Aos auditores, declarava ter se esquecido de indicar outros ativos de que dispunha, os quais provariam que sua condição financeira era de total solvência. Surgiram teorias conspiratórias. Ganhava corpo a ideia de que Ponzi estaria a serviço da propaganda bolchevista, aliado a Lenin e Trotsky. Eles teriam disponibilizado altas somas de dinheiro para as operações da *Securities Exchange Company*, com o objetivo de desestabilizar os Estados Unidos, atacando o coração do capitalismo. No dia seguinte, a corrida de investidores foi diminuindo, permitindo que Ponzi fosse menos condescendente com os auditores. Ele havia disponibilizado aos auditores suas obrigações, mas se opôs fortemente quando o procurador-geral J. Weston Allen sugeriu que seus ativos fossem também auditados. Diante da recusa de Ponzi, os auditores nada mais podiam fazer, pois a auditoria tinha caráter voluntário, isto é, agia com o consentimento de Ponzi. Na quinta-feira, 5 de agosto, apenas 27 investidores esperavam em fila a abertura da empresa. Outros apareceram no decorrer do dia. O balanço do dia indicou apenas 255 notas promissórias restituídas, a maioria delas vencidas. Ponzi havia superado a crise por mais um dia sem demonstrar qualquer fraqueza. O *New York Times* reportou que a opinião pública estava pendendo favoravelmente para Ponzi em detrimento ao que afirmavam seus críticos e antagonistas.

Uma Nova Investigação

Embora estivesse vencendo o jogo das aparências até aquele momento, Ponzi tinha sua condição financeira em frangalhos. O comissário dos bancos, Joseph C. Allen, deu início a uma nova investigação, com papel relevante no desfecho do caso. Atuando dentro de sua esfera de competência, Allen queria saber como andavam as operações do *Hanover Trust Bank*. Como o banco operava as várias contas de Ponzi, inclusive em vários outros bancos, o comissário tinha a expectativa de que os saldos dessas contas fechassem negativos, já na segunda-feira, dia 9 de agosto.

Tendo a corrida de investidores praticamente sido encerrada, Ponzi se recusava a indicar aos auditores quais eram e onde estariam seus ativos, rejeitando o plano do procurador-geral do Estado de determinar com precisão os valores exatos em disponibilidade e os bens da *Securities Exchange Company*. Robert Lansing, ex-secretário de Estado, foi consultado pelo procurador-geral. As autoridades envolvidas no caso, embora agindo de modo desencontrado, pareciam estar chegando a uma conclusão sobre como resolver o imbróglio, na medida em que a auditoria lhes proporcionava um quadro mais claro da situação financeira de Ponzi. Firme no propósito de assegurar a continuidade de suas operações, Ponzi avisou a imprensa que reabriria normalmente no dia seguinte, no domingo, 8 de agosto. Aproveitou para insinuar um pouco mais de seu novo plano, uma nova empresa de nome *Charles Ponzi Company*, que compraria indústrias e navios cargueiros. Embora ainda fosse seguido por um grande número de investidores, por curiosos e pela imprensa, Ponzi conseguiu sumir de vista por algumas horas, gerando rumores de que teria fugido. Ele reapareceu horas depois, explicando que havia buscado isolamento para planejar em paz a nova empresa.

Na segunda-feira, 9 de agosto, a empresa foi definitivamente fechada quando, no começo da tarde, o comissário dos bancos reportou que as contas estavam negativas e ordenou ao *Hanover Trust Bank* interromper o pagamento de quaisquer cheques assinados por Charles Ponzi ou por quaisquer de seus representantes. O banco desrespeitou a ordem que havia sido verbalmente transmitida pelo comissário e só interrompeu o pagamento dos cheques quando, depois de uma hora, recebeu a ordem por escrito. A ação do banco no decorrer dessa uma hora deixou Ponzi no vermelho em mais 440 mil dólares, além de acelerar a própria falência da instituição financeira, pois o comissário, em represália, decretou uma intervenção na instituição 48 horas depois que as contas de Ponzi ficaram descobertas. A descontinuidade dos pagamentos de cheques selou o fim da caminhada de Charles Ponzi. Um processo de falência estava para ser instaurado, motivado por uma petição inicial assinada por três titulares de notas promissórias.

Ponzi ainda não havia entregado os pontos. Se, de um lado, Allen decretava que Ponzi tinha ido à bancarrota, o italiano, do outro lado, sustentava que era solvente, pois ainda tinha um certificado de depósito no valor de 1,5 milhão de dólares, depósito que o procurador-geral do Estado havia congelado.

> *Personalidades envolvidas na investigação: Ponzi esteve em boa companhia mesmo nos momentos mais difíceis. O governador do Estado de Massachusetts, Calvin Coolidge, que decretou a primeira*

auditoria nas contas de sua empresa, tornou-se presidente dos Estados Unidos em 1923. Robert Lansing, o ex-secretário de Estado consultado sobre o caso, foi o responsável pela compra das Ilhas Virgens e pela retirada tácita dos Estados Unidos da Liga das Nações.

O *Hanover Trust Bank*

Quando Charles Ponzi passou a operar com o *Hanover Trust Bank*, ainda em 20 de maio, sua intenção era de que o banco fosse o braço operacional de seus negócios, recolhendo recursos investidos e pagando as notas promissórias no vencimento. Essa decisão foi crucial, pois, ao utilizar um banco formalmente estabelecido, entrou na esfera de competência de mais um órgão estatal, o comissariado de bancos, órgão supervisor encarregado da regulamentação e adequação das atividades bancárias. As investigações de Joseph C. Allen sobre as contas do *Hanover Trust Bank* progrediram de modo decisivo para a decretação da falência da *Securities Exchange Company*. Para Allen não interessava o negócio de cupons de resposta internacional. Ele não participava da discussão sobre trocas e emissões desse instrumento postal, mas mantinha-se atento às operações de Ponzi realizadas através do *Hanover Trust Bank*, preocupado com o risco de um abalo no sistema bancário, com o contagio de uma situação falimentar para toda a rede bancária. Em 15 de julho, Charles Ponzi teria dobrado o capital investido no banco para 400 mil dólares. Os administradores da instituição, em atenção às leis vigentes, reportaram o fato à autoridade supervisora. O evento representava a existência de uma ligação de Ponzi com o sistema bancário e, em consequência, permitia que uma investigação das transações de Ponzi fosse instaurada.

Por meio dessa investigação, Allen descobriu que Charles Ponzi havia adquirido 38% do capital social do *Hanover Trust Bank* e que teria tentado obter o controle do banco, o que foi, posteriormente, confirmado por William S. McNary, tesoureiro da instituição. Os administradores do banco perceberam, em julho, que as atividades de Ponzi eram incomuns, mas não quiseram deixar de lucrar com o relacionamento, decidindo manter a discrição. Segundo McNary, a movimentação de Ponzi indicava a fraude: os depósitos eram efetuados em várias contas-correntes com diferentes nomes; a única origem de depósitos eram fundos recebidos dos investidores; e as retiradas eram utilizadas apenas para pagar notas promissórias no vencimento ou para gastos pessoais de Ponzi. Essa movimentação deixava claro que Ponzi em nada investia, pois não mantinha relações com outros agentes que não seus investidores e não recebia aportes do exterior. Das atividades que lhe proporcionavam o aludido lucro astronômico não se via rastro algum. Diante disso, o *Hanover Trust Bank* tomou medidas que entendeu suficientes para proteger a saúde financeira do banco, obrigando Ponzi a aceitar a unificação das contas. Assim, qualquer nota promissória apresentada para resgate ou cheque apresentado para pagamento poderiam ser pagos com saldos de qualquer uma das contas.

Outra medida importante foi decidida em 22 de julho. O banco emitiu um certificado de depósito no valor de 1,5 milhão de dólares em nome de Charles Ponzi, o mesmo certificado que Ponzi, posteriormente, alegaria ter sido congelado pelo procurador-geral do Estado, enquanto ainda lutava para afastar o encerramento de suas atividades e a decretação de insolvência. O certificado foi emitido pelo banco com a restrição de ser pagável apenas em 30 dias, representando uma forma de alongar os créditos de Ponzi na instituição. Essas medidas não foram suficientes para impedir a falência do banco, o que aconteceu poucos dias depois da decretação de insolvência de Ponzi. Durante a corrida de investidores para resgatar seus investimentos, o banco teria desembolsado 5,9 milhões de dólares. O que era originalmente um certificado de depósito de 1,5 milhão de dólares acabou tornando-se o ativo de maior valor entre aqueles que concorreram para restituir aos investidores parte do principal investido, não sem antes ter sido desdobrado em três certificados de depósito no valor de 500 mil dólares cada. O desdobramento se deu em 10 de agosto, quando os funcionários do banco tentaram, desesperadamente, cobrir os saldos negativos nas contas de Ponzi. Como o saldo das contas de Ponzi teria ficado negativo em quase 442 mil dólares, o tesoureiro do banco preparou os três certificados com data retroativa, lançou o saldo negativo contra um dos certificados, criando então um novo certificado de depósito de pouco mais de 58 mil dólares. Não se sabe por qual motivo o banco teria abandonado a prudência e revisto suas próprias medidas de segurança operacional. O poder de convencimento exercido por Ponzi e o descumprimento, por uma hora, das ordens do comissário dos bancos podem ser explicações para as escolhas dos dirigentes da instituição bancária naquele ponto da história. Mais importante é que o desdobramento do certificado de depósitos original em três certificados menores e a posterior reversão de um deles comprometeram o banco, qualificando-o como cúmplice de Charles Ponzi. Ao tornar parte desses recursos disponível para saque antes de decorrer o prazo previamente estabelecido em 30 dias, o *Hanover Trust Bank* violou a legislação bancária estadual. Consequentemente, o que Ponzi tinha de ativos no banco era constituído por dois certificados de depósito no valor de 500 mil dólares cada e um terceiro certificado valendo alguns dólares a mais que 58 mil dólares.

A Ficha Policial de Ponzi

No dia seguinte, 11 de agosto, o jornal *Boston Post* dá um duro golpe na já combalida imagem de Ponzi, ao trazer à tona detalhes de sua vida pregressa. O jornal informou que Ponzi já havia sido condenado criminalmente antes de se estabelecer em Boston, tendo cumprido pena de reclusão na Penitenciária São Vicente de Paula, em Montreal, como resultado de um processo em que foi acusado de falsificação de assinaturas em cheques. Na verdade, ele teria organizado, em 1908, uma operação financeira similar ao esquema posto em funcionamento nos Estados Unidos. Contando com a ajuda de Joseph Zarrossi, proprietário de uma pequena fábrica de charutos, localizada em um bairro de imigrantes italianos, Ponzi abriu um banco, o *Zarrossi & Company*, do qual foi um dos dirigentes. O banco, recém-aberto, anunciava que pagaria a maior taxa de juros da cidade, fazendo com que toda a colônia de imigrantes italianos depositasse suas economias na instituição. Tal como em Boston, Ponzi pagou os juros prometidos com os recursos captados de novos depositantes. Além disso, o banco fazia transferências de dinheiro para o exterior. Transferência de recursos é um produto fortemente demandado por imigrantes, mas as transferências realizadas pelo *Zarrossi*

& *Company* nunca chegavam ao destino. Quando o banco foi, finalmente, fechado pelas autoridades supervisoras do sistema bancário canadense, Zarrossi fugiu para o México, supostamente com uma polpuda quantia de dólares canadenses. Charles Ponzi, por sua vez, entendeu como melhor opção utilizar seu poder de convencimento para imputar toda a culpa em seu sócio fugitivo, o que conseguiu fazer com relativo sucesso por algum tempo. Ele teria escapado de qualquer punição se não tivesse, em um momento de fraqueza, tomado um cheque em branco da *Canadian Warehousing Company*, falsificado a assinatura do responsável pela conta e o preenchido com o valor de 423,68 dólares canadenses. Por esse deslize, ele foi preso e condenado a três anos de prisão, sendo liberado por bom comportamento após um ano e oito meses de cárcere.

Como se não bastasse o episódio desmerecedor passado no Canadá, o jornal revelou ainda outra condenação, completando a ficha policial de Ponzi. Durante 1911 e 1912, Ponzi teria sido preso nos Estados Unidos, em Atlanta, por violação das leis de imigração dos Estados Unidos. Nesse caso, ele teria se envolvido com a imigração ilegal de cinco italianos, através da fronteira do Canadá para os Estados Unidos. Passando de mago das finanças para um simples escroque ordinário, Ponzi, no calor dos acontecimentos, admitiu as histórias publicadas pelo *Boston Post*, contando também que teria sido preso uma vez ali mesmo em Boston, mas que, por se tratar de uma contravenção de pequenas proporções, havia sido dispensado na audiência preliminar pelo juiz local.

> *O cliente sempre tem razão: Ponzi recebeu o investimento de 45 mil dólares de um grupo de vendedoras da mais elegante loja de vestuário feminino de Boston, onde sua esposa costumeiramente comprava depois que os negócios do marido decolaram. Quando a primeira corrida para resgatar os investimentos aconteceu, todas, com exceção de uma única vendedora, confiaram nos avisos e, precavidamente, recuperaram seu capital. Essa única vendedora, que era especialmente favorecida com as comissões de compra da Senhora Ponzi, recusou-se a retirar seu dinheiro e acabou perdendo 5,2 mil dólares, a poupança de toda uma vida.*

Ponzi vai à Falência

Em meio ao vaivém de declarações e retratações, entre elas a insinuação de estar em missão secreta a serviço do governo bolchevista, a situação de Ponzi ia se deteriorando a cada dia. Com a intervenção no *Hanover Trust Bank*, Allen passou a controlar totalmente os negócios de Ponzi, incluindo seus ativos e passivos. Em 12 de agosto, Ponzi foi detido pelas autoridades federais com base na acusação de fraude postal e solto, horas depois, quando Morris Rudnick, um corretor imobiliário, providenciou títulos públicos no valor de 35 mil dólares, suficientes para cobrir a fiança federal estabelecida em 25 mil dólares e a fiança estadual estabelecida em 10 mil dólares. No dia seguinte, Ponzi, temendo por sua segurança, pediu a Rudnick que retirasse as fianças e se entregou às autoridades para nova detenção. Preocupado com a reação de sua esposa, Ponzi pediu aos amigos que a poupassem das más notícias. Assim, no momento em que Rose Ponzi recepcionava amigos na mansão de Lexington, Ponzi utilizou as poucas ligações permitidas pela polícia para telefonar aos vigilantes de sua residência recomendando-lhes manter jornalistas, investidores e curiosos afastados.

Investidores, então, começaram a entregar as notas promissórias às autoridades, que por sua vez as levavam ao escritório do procurador-geral do Estado, cada vez mais ciente da dimensão alcançada pelo negócio dos cupons de resposta internacional. Em um primeiro levantamento, as obrigações de Ponzi somavam 7 milhões de dólares. Consultado na prisão, Ponzi contestava, afirmando que não devia mais que 4 milhões de dólares. Investidores, tendo tomado conhecimento de que as autoridades estavam recolhendo as notas e elaborando listas de credores, passaram a se apresentar em números cada vez maiores. A situação de Ponzi ficaria ainda pior. As autoridades estaduais estavam preparando uma acusação de estelionato: tomar propriedade alheia com a intenção de privá-la permanentemente de seu proprietário legal. Novas prisões ocorreram. Três pessoas envolvidas com a cópia da *Securities Exchange Company*, Charles M. Brightwell, presidente da empresa rival de Ponzi, a *Old Colony Foreign Exchange Company*, e seus funcionários Raymond e Frederick Myers foram presos e, igualmente, acusados de estelionato. Suas fianças, porém, foram bastante superiores àquelas estabelecidas para Ponzi, tendo sido fixadas em 50 mil dólares. Henry T. Neilson, que teria trabalhado como agente de negócios para Ponzi, também foi preso, acusado de ter extraído 500 dólares de um investidor.

A prisão de Ponzi eliminou quaisquer dúvidas que ainda restavam sobre a legitimidade do esquema. O debate passou, então, a ser dominado pela busca da fortuna que se pensava que Ponzi teria escondido em algum lugar. A pergunta do momento era onde estaria e de quanto seria a fortuna de Ponzi. Na noite de sábado, as autoridades vasculharam, sem sucesso, a casa de Lucy Mell. Na segunda-feira, 16 de agosto, foi descoberta uma diminuta porção da fortuna de Ponzi: 9.926 dólares, guardados em um cofre de uma casa de depósitos. Outros 1.155 dólares foram devolvidos por um agente de Ponzi. Encontrou-se 300 garrafas de vinho italiano na residência de Ponzi durante uma extensiva busca, na qual as autoridades depositavam grandes esperanças de descobrir valores, títulos, dinheiro e joias em quantidade. Dias depois, em 25 de agosto, as autoridades retiraram Ponzi da prisão, fazendo-o circular com elas por inúmeros bancos, verificando saldos, cofres e caixas de depósito. A busca resultou de uma solicitação do próprio Ponzi, ao afirmar que teria ativos suficientes para restituir os recursos aos investidores e que, portanto, todas as acusações que pesavam sobre ele eram infundadas. Mais uma vez, o saldo da busca pela fortuna de Charles Ponzi foi decepcionante: 12 mil dólares em dinheiro, 2 mil dólares em *Liberty Bonds*, além de 100 mil marcos alemães, que valeriam pouco mais de mil dólares. A procura pela fortuna de Ponzi rendeu cenas curiosas, boataria e acusações. Pensava-se que ele teria utilizado "laranjas" para esconder seus bens. Uma autoridade teria declarado que suas descobertas apontavam para o fato de que um montante significativo do dinheiro de Ponzi teria sido repassado a pessoas proeminentes na vida política de Boston, resultando em desconfiança mútua entre os políticos, embora a alegação nunca viesse a ser comprovada.

A cena burlesca continuava a dominar a vida de Boston. Julgamentos se sucediam nas esferas federal e estadual, nas jurisdições civil e criminal, entremeados com audiências de falência. Ponzi era processado, Ponzi processava. Em 1º de outubro, na corte federal, Ponzi negociou com os promotores, admitindo a culpa em um indiciamento. Na corte estadual, ele enfrentaria mais de 50 acusações. Em algumas delas, Ponzi figurava não como autor, mas como cúmplice. Seus amigos, parentes e ex-funcionários não foram de grande ajuda em sua defesa. Seu cunhado testemunhou nunca ter visto mais do que dez cupons de resposta juntos. Lucy Mell não conseguiu lembrar-se de 250 mil transações denominadas em lira italiana, as quais compunham parte relevante da defesa de seu ex-patrão.

Só em 16 de outubro Ponzi foi oficialmente declarado insolvente pelo juiz James D. Olmstead, responsável pelo processo falimentar. Corria um rumor de que Ponzi teria tido dois sócios ocultos, Louis Casullo e John Dondero, os quais teriam fornecido as poucas centenas de dólares necessárias para iniciar as atividades da *Securities Exchange Company*. Louis Casullo teria, prudentemente, viajado para a Itália com cerca de 1 milhão de dólares e John Dondero teria também desaparecido, saindo da cidade com o porta-malas do carro cheio de dinheiro. Julgando as evidências sobre a existência ou não de outros sócios, Olmstead concluiu que Ponzi havia agido sozinho. Tal decisão simplificaria o processo de liquidação judicial, dado que havia um único e conhecido responsável pelas atividades e pela derrocada da *Securities Exchange Company*.

Em uma decisão que surpreendeu a muitos, Olmstead entendeu que o investimento no negócio dos cupons de resposta consistia em tomar emprestado a altas taxas de juros, com isso sujeitando os investidores ao indiciamento pelo crime de usura, uma vez que a legislação vigente definia usura como emprestar valores inferiores a 300 dólares a uma taxa de juro superior a 3% ao ano. Para alívio dos investidores, o procurador-geral do Estado manifestou seu desinteresse em prosseguir com essa acusação.

Outra batalha teve início entre os investidores, agora credores, divididos entre os que, efetivamente, lucraram com o negócio e os que terminaram lesados, estes últimos representados pelos liquidantes da empresa. O litígio entre investidores e liquidantes se estendeu por anos. Henry V.

Cunningham liderou os trabalhos de liquidação da *Securities Exchange Company*. Em sua opinião, os fundos resgatados antes da quebra da empresa eram preferenciais, isto é, pertenciam à coletividade de investidores. Desse modo, as pessoas que haviam obtido qualquer lucro em transações com Ponzi deveriam restituir, à massa falida, principal e juros recebidos. Mesmo os investidores que, por sorte ou *timing* apurado, escaparam de perder dinheiro corriam risco de serem obrigados judicialmente a devolver os recursos. Constava do relatório dos auditores que a parcela mais significativa entre os ativos disponíveis para redistribuição entre os credores seria constituída dos recursos pagos aos investidores durante as corridas aos escritórios da empresa de Charles Ponzi. Assim, para Cunningham, a Lei de Preferências em Falências, em vigor na ocasião, deveria ser aplicada. Em fevereiro de 1921, os liquidantes declararam que os 5 milhões de dólares pagos durante as corridas de investidores que aconteceram nos dez dias anteriores ao fechamento da *Securities Exchange Company* seriam recuperados para redistribuição igualitária entre os investidores, não cabendo qualquer distinção entre restituições ou pagamentos de notas promissórias vencidas. Em resposta a essa declaração, alguns investidores entregaram voluntariamente os valores recebidos. Os liquidantes sabiam que seria necessária uma medida judicial como forma de obrigar todos os investidores a reverterem seus recursos em favor da massa falida. Para alcançar esse objetivo, decidiram seguir a estratégia de promover uma série de ações judiciais contra um pequeno número de investidores. Em abril, a Suprema Corte decidiu em favor da tese sustentada pelos liquidantes, entendendo que a corrida de investidores, iniciada quando a notícia de que Ponzi estava insolvente se espalhou, tinha sido promovida por investidores temerosos de que lhes restassem apenas créditos contra um devedor insolvente, estabelecendo a busca de preferência com respeito aos demais credores. Para a Corte, depois de 2 de agosto de 1920, as vítimas não mais se dividiriam entre aquelas que temiam a fraude e aquelas que confiavam no contrato assumido – todas compunham um único grupo com o mesmo propósito: livrar-se dos efeitos da insolvência de Ponzi. Em ações isoladas, juízes ordenaram investidores a devolver as somas recebidas, nesses casos, compostas do investimento original e do juro recebido, acrescidos ainda de juros de 6% ao ano. Em outras ações, juízes decidiam de modo diametralmente oposto, concluindo que os investidores que obtiveram seu investimento original não haviam afetado o estado de falência. Alguns investidores foram judicialmente obrigados a repor os recursos transacionados na conta da massa falida. Seu resultado final dependia da situação individual de cada um deles nas transações com Ponzi. A possibilidade de serem obrigados a restituir juros e principal constituiu-se em mais um pesadelo na dura realidade em que se transformara o esquema de enriquecimento rápido que, um dia, pensaram ter descoberto.

> *Pulitzer para o jornal Boston Post:* Além dos investidores que participaram das primeiras rodadas ou que conseguiram retirar a tempo suas economias do esquema de Ponzi, muitos lograram prestígio com os eventos daquele verão de 1920. Merecidamente, o periódico Boston Post foi um deles. O jornal ganhou em 1921 o já prestigiado Prêmio Pulitzer de Jornalismo na categoria Serviço Público "por sua exposição das operações de Charles Ponzi em uma série de artigos que levou à sua prisão", conforme palavras registradas pelo Prêmio.
>
> O jornal matinal de maior circulação àquela época, nos Estados Unidos, teve seu esforço reconhecido, acertando onde agentes dos correios, policiais e agentes de crédito falharam. Segundo avaliação feita naqueles anos, a entrevista com Clarence W. Barron foi decisiva para a compreensão da fraude que vinha sendo praticada. Barron declarou que Ponzi estava obviamente pagando um grupo de investidores com o dinheiro recebido do grupo que havia mais recentemente investido com ele.

O Resumo da Ópera

O balanço final das operações de Charles Ponzi indicou que o volume de dinheiro que passou por suas mãos teria sido suficiente para adquirir uma grande quantidade de cupons de resposta, algo em torno de 180 milhões deles. No entanto apenas dois cupons foram comprados por Ponzi. Tampouco poderia ele ter comprado essa quantidade de cupons, pois a utilização de cupons de resposta internacional era bastante limitada. Segundo os Correios dos Estados Unidos, em seis anos, as cem nações emissoras do instrumento postal teriam vendido apenas o equivalente a 379 mil dólares. Se Ponzi tivesse efetivamente transacionado os cupons, ele teria encontrado outros problemas como o tempo necessário para adquirir elevado volume de cupons; o número relativamente baixo de países emitindo cupons (apenas 35 nações); e a revisão de preços de cupons realizada por algumas dessas nações.

O jornal *Boston Post* noticiou também que o total de cupons de resposta internacional emitidos em 13 anos somava menos de 1,4 milhão de dólares, uma quantia bastante aquém daquela investida com Ponzi. Os Estados Unidos eram o maior usuário do instrumento postal, tendo sido resgatados 53 mil cupons entre setembro de 1919 e agosto de 1920, equivalendo a um valor aproximado de 3,2 mil dólares. Todas essas informações expunham o absurdo das supostas operações de Ponzi. Na verdade, Charles Ponzi nunca adquiriu ou resgatou quaisquer cupons, tampouco tinha agentes espalhados nos vários continentes. Seu negócio prosperou porque ele utilizava o dinheiro dos investidores mais recentes para pagar os investidores mais antigos. Seu esquema estava fadado a entrar em colapso mais cedo ou mais tarde, pois cada dólar que tomava emprestado representava uma obrigação maior para ele.

Junto aos vinhos, marcos alemães e títulos públicos, encontrados na busca, estavam 45 dólares que ele teria recebido como dividendo de cinco ações da companhia telefônica. No total, contando bens, como casa e automóveis, os ativos de Charles Ponzi somavam 1,6 milhão de dólares. Sua casa, seus carros e toda a sua mobília foram vendidos em benefício dos credores, em um processo de liquidação lento e desgastante. Também compunham esse montante os certificados de depósito no *Hanover Trust Bank*, cuja recuperação para os liquidantes em benefício dos credores constituiu-se em outra fonte de ansiedade e estresse. Para poder destacar os certificados do processo falimentar do banco, os liquidantes foram obrigados a litigar judicialmente contra a instituição ou aquilo que sobrara dela. A sentença final da Suprema Corte foi favorável à massa falida, mas somente decidida em 1924, quatro anos depois dos eventos daquele verão de 1920. Resumindo, Ponzi deixou de honrar notas promissórias em um valor total de 6,4 milhões de dólares, tendo tomado de seus investidores 4,3 milhões de dólares. Durante todo o período em que Ponzi operou, aproximadamente 15 milhões de dólares passaram por suas mãos.

Em dezembro de 1921, os investidores receberam 10% do capital investido, como primeira parcela do total recuperado com os bens de Ponzi. O restante foi pago em outras quatro parcelas. O acerto final do processo de liquidação deu-se apenas em dezembro de 1928, mais de sete anos depois do auge da *Securities Exchange Company*. Somando-se as cinco parcelas, os investidores receberam 37 centavos para cada dólar investido, isto é, apenas 37% do seu capital inicial, um resultado muito aquém da promessa de Ponzi, que garantia que tornaria rico quem com ele investisse. A quantidade de investidores prejudicados na contratação das notas promissórias da *Securities Exchange Company* somou 10.876 pessoas, entre elas milhares de trabalhadores de baixa renda e centenas de cidadãos de posses que se acotovelaram para emprestar dinheiro a Charles Ponzi, muitos deles vindos de outras cidades de Massachusetts e de New Hampshire.

Ponzi abalou o sistema bancário da região, levando cinco bancos à falência, além do *Hanover Trust Bank*, no qual o próprio Estado de Massachusetts mantinha fundos da ordem de 125 mil dólares. Henry Chmielinski, presidente do *Hanover Trust Bank*, líder da comunidade polaca de Boston, terminou financeiramente arruinado e jamais conseguiu se recuperar. A grande preocupação com o estado de solvência do sistema bancário da região levou os agentes econômicos a valorizar o conservadorismo nos negócios, conforme expressou uma peça publicitária de um banco, veiculada no calor dos eventos relacionados com a queda de Ponzi, em agosto de 1920: "Uma maçã podre apodrece aquelas em que encosta. O mesmo é válido para homens em suas transações com homens e instituições."

CAPÍTULO III

A VIDA DEPOIS DO FIM

Você só vive uma vez, mas se você fizer isso direito, uma vez é suficiente. (Mae West)

Em Novembro de 1920, depois de admitir sua culpa na acusação de fraude postal, Ponzi foi sentenciado a cinco anos de prisão e mandado para a cadeia do Condado de Plymouth. Em agosto de 1922, tendo prestado 20 meses da sua pena, ele se tornou elegível para liberdade condicional. Porém pendia sobre ele um indiciamento em 22 acusações na esfera estadual. A essas acusações veio se juntar novo indiciamento federal, fazendo com que sua liberdade condicional fosse adiada. Com isso, ele cumpriu três anos e meio de sua pena que originalmente era de cinco anos. Logo depois de deixar o sistema prisional em liberdade condicional, foi novamente sentenciado a mais nove anos de encarceramento pelas autoridades do Estado de Massachusetts, resultado do processo criminal em que figurava como réu de uma acusação de estelionato. Entretanto Charles Ponzi respondia em liberdade no julgamento dessa ação criminal. Foi então que ele desapareceu de Boston.

Vendendo Terras na Flórida

Ponzi ainda era interno do sistema prisional federal quando uma bolha especulativa aquecia o mercado imobiliário na Flórida. Entre 1921 e 1926, o preço dos imóveis em Miami havia subido mais de 500%. Em 1923, uma área de Palm Beach teria sido comprada por 800 mil dólares. Dois anos mais tarde, depois de ser dividida em lotes, seria revendida por 4 milhões de dólares. Essa e outras muitas histórias passaram a atrair grande interesse. O entendimento de que a oferta de residências teria de acompanhar o forte crescimento populacional que se verificava naqueles anos foi o estopim para o surgimento de um movimento especulativo que transformou mais de 75 mil pessoas, quase um terço da população de Miami, em corretores imobiliários.

E foi para a Flórida que Ponzi se dirigiu, chegando a Jacksonville num dia de setembro de 1925. Ponzi passou a usar o nome de Charles Borelli, na tentativa de evitar a associação com fraude, dificultando que as autoridades de Massachusetts o encontrassem. O disfarce não durou muito tempo. Descoberto e exposto pela imprensa, Ponzi, então, declarava que estava na Flórida para poder recuperar sua fortuna, realizando operações de loteamento de terras que permitiriam que ele pagasse os investidores de Boston. Na verdade, Ponzi chegou tarde demais para conseguir algum lucro com a bolha especulativa, a qual já ia perdendo sua força. Além disso, quando ele chegou à Flórida, as autoridades estavam começando a investigar as transações com o intuito de desencorajar a onda especulativa.

Ponzi, sua esposa e o casal Calcadonio Alviati se associaram em uma empresa de investimento imobiliário. Em janeiro de 1926, Alviati foi condenado a seis meses de prisão, por violação da *Blue Sky Law*, lei que proíbe a oferta pública de valores mobiliários sem registro. Em 10 de fevereiro do mesmo ano, Ponzi foi mais uma vez preso, um episódio no qual ele conseguiu se esconder da polícia por mais de 36 horas. Tendo conseguido pagar as fianças estipuladas em 5 mil dólares para ele e em 500 dólares para sua esposa, o casal foi liberado para responder ao processo em liberdade. Em abril, Charles Ponzi foi sentenciado a um ano de trabalhos forçados. Porém, mediante o pagamento de uma fiança de 1,5 mil dólares, ele foi autorizado a esperar em liberdade a decisão sobre a apelação que tinha feito à Corte de Justiça. As acusações pesando sobre as esposas de Ponzi e de Alviati foram retiradas pelos promotores.

> *Blue Sky Laws: Além da regulamentação de mercados de capitais, supervisionada pela Securities and Exchange Commission, cada Estado norte-americano tem sua regulamentação para o mercado mobiliário, chamada coloquialmente de "Blue Sky Law", cujo objetivo é proteger o público de operações fraudulentas.*

> *Em regra, essas leis exigem o registro de ofertas públicas, das corretoras de valores e de corretores individuais, além de empresas oferecendo consultoria de investimentos. A origem do nome remonta às sentenças proferidas pelo juiz McKenna em 1917, em casos de fraude financeira.*

As operações imobiliárias de Ponzi não se assemelhavam àquelas de Boston. A qualidade das terras negociadas era questionável. Uma parte significativa delas era composta de áreas pantanosas, inapropriadas para a edificação de residências. A operação em si era economicamente adequada e sustentável. Nela prevalecia a crença de que os preços dos imóveis continuariam a subir indefinidamente. O grupo comprava terras a 40 dólares o hectare, loteava-as em 56 unidades, vendendo cada unidade por 10 dólares, obtendo, assim, um lucro superior a 500 dólares por hectare. A ilegalidade do negócio decorreu da promessa de uma rentabilidade previamente definida. O grupo de Ponzi vendia notas promissórias com uma promessa de retorno de 200% em dois meses, retendo ainda o direito contratual de pagar as notas tanto em dinheiro como em terras. Os anúncios e folhetos distribuídos pelo grupo traziam informações imprecisas. Esses papéis afirmavam que os terrenos se localizavam nas proximidades de Jacksonville, quando na realidade se situavam a mais de 100 quilômetros a oeste dessa cidade.

Solto com o pagamento de fiança, Ponzi aproveitou para também desaparecer da Flórida, fato que deu origem a uma busca policial envolvendo troca de informações entre as polícias de vários Estados, em comunicações que traziam as últimas informações sobre Ponzi, sua descrição física e sua foto. Em 26 de junho de 1926, um telegrama de Houston solicitava as Medidas Bertillon de Ponzi, indicando que a busca havia chegado ao fim. Ponzi fora detido no Texas, ao tentar embarcar em um cargueiro cujo destino era a Itália. Ponzi seguia ganhando a cada solavanco mais e mais conhecimentos jurídicos. Do Texas, ele mandou um telegrama para o presidente dos Estados Unidos, Calvin Coolidge, solicitando ser deportado. A Itália e o Canadá seriam os destinos prováveis da esperada deportação. Coolidge ignorou a solicitação. Naquele momento, pendia sobre Ponzi uma ordem de prisão em Boston, outra em Jacksonville. Terminou sendo mandado de volta para a prisão em Boston, onde a Corte de Apelação Criminal já havia negado sua liminar de *habeas corpus,* determinando que ele cumprisse a pena a que fora condenado na condição de um ladrão comum, apesar de notório. A Flórida, ao que tudo indica, preferiu esquecê-lo. Assim, em fevereiro de 1927, Charles Ponzi começou a pagar a sua pena pela condenação estadual em Massachusetts.

Medidas Bertillon: Ao final do Século XIX, as forças policiais começaram a desenvolver técnicas de identificação de suspeitos, principalmente aquelas passíveis de serem arquivadas para posterior comparação. Essas técnicas foram altamente influenciadas pela crença de que uma correspondência entre aparência e caráter era válida. A tomada de Medidas Bertillon é uma dessas técnicas.

Alphonse Bertillon foi um criminologista francês que afirmava que a identificação de pessoas requeria maior elaboração do que a simples classificação por fotografias do rosto (mug shot), o método mais comumente empregado. Ele mediu centenas de detalhes corporais e compilou as medições em índices por tipo e tamanho de orelha, formato do nariz, comprimento dos braços, tamanho de testa e assim por diante. A técnica foi amplamente empregada nos Estados Unidos, nas primeiras décadas do século XX, até que as enormes bases de dados se revelaram muito complexas para serem aproveitadas. O surgimento de outras técnicas de identificação, como a datiloscopia (classificação de impressões digitais), fez com que as Medidas Bertillon fossem definitivamente abandonadas.

Deportação para a Itália

Apesar de Ponzi ter vivido nos Estados Unidos por muitos anos, sua condição de imigrante obstava seus planos de fazer fortuna. Conforme a legislação vigente naqueles anos, indivíduos condenados por crimes envolvendo depravação moral seriam deportados. Em 1927, enquanto Ponzi ainda estava na prisão, aos cuidados do Estado de Massachusetts, a autoridade de imigração norte-americana decretou sua deportação com base no argumento de que ele agira com depravação moral e que a deportação seria adiada até que ele fosse posto em liberdade, o que estava previsto para 1934. Ponzi protestou com recursos legais sem sucesso. Naturalmente, já não desejava a deportação, já que teria cumprido a pena; diferentemente de sua petição ao presidente, quando foi preso no Texas, pois naquele momento uma deportação para o Canadá ou para a Itália poderia significar ficar em liberdade.

Sua argumentação era de que a classificação depravação moral seria adequada a crimes contra a castidade e não ao crime de estelionato. Em maio de 1932, tendo cumprido dois terços da pena mínima, Ponzi foi libertado por bom comportamento.

Em junho do mesmo ano, teve outro pedido de desconsideração da ordem de deportação negado. Sua deportação para a Itália ocorreu em 11 de julho de 1934. Partindo do porto de Boston a bordo do navio *Vulcania*, Ponzi tinha ainda um grande número de admiradores, que encheram o cais para lhe desejar uma boa viagem.

Por 14 anos, desde os eventos de 1920, Charles Ponzi lutou para obter um perdão completo das autoridades federais. Em julho de 1935, ele escreveu ao Consulado dos Estados Unidos na Itália, solicitando autorização para retornar ao país, pedido este que foi negado. Ponzi nunca mais retornaria aos Estados Unidos.

Rota Roma-Rio de Janeiro

A ligação aérea entre Europa e América do Sul começou a ser construída nos anos de 1929 e 1930. Foi quando a exploração comercial da rota se iniciou. Em 1933, a companhia de aviação alemã *Lufthansa* passou a oferecer serviço regular, com voos ligando Stuttgart, na Alemanha, a Natal, no nordeste brasileiro. Para completar a travessia transatlântica, o voo fazia uma escala técnica, em pleno Oceano Atlântico, a bordo do navio *Westfalen*.

Depois, em 1939, Mussolini concentrou as várias empresas aéreas italianas em uma única, criando as Linhas Aéreas Transcontinentais Italianas (LATI), passando a realizar, regularmente, o transporte de pessoas, cargas e correio aéreo entre a Itália, o Brasil e a Argentina. O voo partia de Roma e fazia uma escala em Sevilha, na Espanha, permitindo a conexão com voos provenientes de Lisboa. De Sevilha, partia para Cabo Juby, atualmente Tarfaya, no Marrocos, e depois seguia para Vila Cisneiros, no Saara Ocidental. De lá, levava cerca de três horas e meia para alcançar a Ilha do Sal, sobrevoando, nesse trecho, mais de mil quilômetros de mar. Nessa ilha do Arquipélago de Cabo Verde, realizava uma parada técnica. As aeronaves recebiam manutenção preventiva para enfrentar o trecho de mais de nove horas de voo sem um pedaço qualquer de terra firme, os 3.086 quilômetros que separam a Ilha do Sal e o Recife, no Brasil. Natal, conhecida, naquele tempo, como Porto Natal, funcionava como escala no retorno à Europa, antes que o aeroplano enfrentasse a imensidão do Atlântico. Em suas escalas finais, o voo vindo de Recife chegava ao Rio de Janeiro, de onde se permitia uma conexão para Buenos Aires, completando uma perigosa e desconfortável jornada de quatro dias.

LATI e Cabo Verde

A companhia de aviação italiana realizou obras de infraestrutura na Ilha do Sal. Uma pista de aviões de 1.200 metros foi construída a partir do zero, além de hangares, oficinas, entrepostos, estação de rádio, estação meteorológica, alojamentos, cantina e enfermaria. Cabo Verde se beneficiou com a construção das instalações da LATI, associação que

Esquema Ponzi: como tirar dinheiro dos incautos

representou a última expressão da maior riqueza daquele conjunto de ilhas, sua localização privilegiada entre três continentes – África, Américas e Europa –, riqueza esta extensivamente explorada no comércio de escravos.

Os anos seguintes de Ponzi estão intimamente ligados a essa aventura atlântica italiana. Estando de volta a Roma, Ponzi conseguiu um emprego na LATI e foi designado para o posto de representante local da nova empresa de aviação italiana no Brasil, instalando-se definitivamente no Rio de Janeiro em 1939.

Em 1941, após o ataque japonês à Pearl Harbor, os Estados Unidos entraram oficial e efetivamente na Segunda Guerra Mundial. O Brasil só passaria a lutar ao lado das Forças Aliadas em agosto de 1942. Nesse meio-tempo, Getúlio Vargas fazia um jogo de claro/escuro, no qual alternava ações de demonstração de simpatia pelos países do Eixo com ações de interesse no alinhamento das Forças Aliadas: enviou telegrama de felicitações pelo aniversário de Adolf Hitler, em abril de 1941 e, em dezembro do mesmo ano, autorizou os Estados Unidos a instalar a Base Aérea de Natal, denominada *Parnamirim Field*. A tensão internacional se intensificou; a declaração de guerra por parte dos Estados Unidos aos países do Eixo expandiu as zonas de batalha e de exclusão; e as relações diplomáticas da Itália com os países sul-americanos se deteriorou, levando Mussolini a interromper os serviços da LATI em 19 de dezembro de 1941.

O Fim no Rio de Janeiro

Desempregado, Charles Ponzi continuou a viver no Rio de Janeiro. Há registros de que ganhava algum dinheiro com lições de inglês, outros de que passou a ser beneficiário do sistema brasileiro de previdência social. Em maio de 1948, ele passaria a viver em um asilo de caridade. Estando parcialmente cego e com seu lado esquerdo paralisado, Ponzi morreu de trombose cerebral aos 67 anos, em janeiro de 1949. Seus biógrafos contam que Ponzi teria deixado entre seus pertences, em seu leito de morte, quantia equivalente a 75 dólares, supostamente, suficiente para cobrir os custos de seu funeral.

O homem que experimentou por alguns meses um estilo de vida reservado aos muito ricos morreu na pobreza. Sua vida foi caracterizada por um grande momento de glória cercado de inúmeros momentos de fracasso.

CAPÍTULO IV

PONZI LEVA A FAMA

Riqueza é como água do mar: quanto mais se bebe, maior a sede; e o mesmo se dá com a fama. (Arthur Schopenhauer)

A visão que Ponzi tinha de seu negócio, sua motivação, suas crenças nunca puderam ser determinadas com exatidão. Ele foi bem-sucedido em uma fraude ingênua, um golpe de mestre, próprio de uma mente com grande poder de persuasão, mas não desapareceu antes que as coisas se complicassem para ele. Os fatos parecem indicar que ele realmente acreditava no que dizia, em suas ideias megalomaníacas, em derrotar o *establishment*, repartir os benefícios com o pequeno investidor e constituir um conglomerado de empresas. Alguns de seus biógrafos reportam que ele teria deixado um manuscrito, um rascunho para um livro, no qual explicava suas escolhas e detalhava sua aventura. Esses biógrafos, porém, divergem sobre o nome proposto por Ponzi para o livro, sobre o período no qual ele o teria escrito e sobre a efetiva publicação do material. Para alguns deles, Ponzi teria escolhido o título "A Queda do Senhor Ponzi". Segundo outras fontes, o nome seria "A Ascenção do Senhor Ponzi". As divergências tornam-se mais relevantes com relação ao período em que Ponzi teria escrito suas memórias, que poderia ter sido durante seus anos de cárcere ou depois de sua deportação. Com relação à efetiva publicação do livro ou não, há uma versão de que o material teria sido descoberto depois que ele morreu.

Outra versão se sustenta em detalhes plausíveis e naturais ao modo de ser de Charles Ponzi. Em 1934, antes de sua deportação, ele teria contratado um editor para publicar o livro. Essa primeira edição, de conhecimento de alguns biógrafos, tem Roma e Nova York como o local da publicação e registra direitos autorais nas datas 1935-1937. Como o editor não recebeu qualquer adiantamento ou pagamento posterior da parte de Ponzi, ele teria destruído a matriz de publicação depois de se convencer de que o trabalho não seria pago. Esses detalhes conciliam em parte as divergências dos biógrafos, pois a única edição pode ter se perdido no tempo e Ponzi ainda teria mantido seu manuscrito até sua morte na esperança de um dia voltar a publicá-lo.

Independentemente da questão das memórias e de seu conteúdo, a construção da compreensão da figura de Ponzi pode ser obtida em outras fontes. Suas ações, naqueles meses de 1920, revelam que ele estava muito ocupado com o volume de capital que recebia dos investidores, adquirindo propriedades, fazendo planos para aquisição de bancos, sem deixar de aproveitar o recém-conquistado estilo de vida milionário.

Acusado de estelionato e de fraude postal, Ponzi protestou, argumentando que os ricos queriam puni-lo porque ele estava dando aos pequenos a oportunidade de receberem bons rendimentos. Sua defesa, seja por meio de declarações públicas, seja por meio dos depoimentos nas audiências judiciais e de falência, versava sobre a interposição de interesses hostis. Para ele, sua empresa expunha as "altas finanças" que se apropriavam da rentabilidade dos investidores, ficando com a maior parte, uma divisão injusta entre capital e trabalho. A falsificação de notas promissórias também constou de sua defesa, sustentando que centenas de notas teriam sido adulteradas, aumentadas em até dez vezes o valor com a inclusão de zeros. Notas promissórias de 100 dólares se transformaram em notas de mil dólares; notas de 50 dólares, em notas de 500 dólares, o que teria contribuído significativamente para o esgotamento de seus recursos. Em 1922, Ponzi ainda se defendia em julgamentos, declarando que não havia lhe restado um único centavo e que ainda acreditava na legitimidade de suas operações.

Por outro lado, logo na preparação das primeiras audiências judiciais, seus advogados consideraram como linha de defesa a alegação de que Ponzi sofreria de "demência financeira", uma doença responsável por um comportamento doentio em situações em que dinheiro e riqueza estão em jogo. Essa contradição dificulta ainda mais o difícil exercício de entender Charles Ponzi. Glória, poder e riqueza eram certamente com o que sonhava. Ele alcançou fama e imortalidade, tornando-se conhecido como um grande fraudador, por vezes, classificado de esperto, em outras vezes, classificado de ingênuo, mas inexoravelmente associando seu nome a um esquema fraudulento de investimento.

A suspeita de que complexo de grandeza ou demência financeira eram elementos presentes na personalidade de Ponzi é reforçada por certas evidências, apontando para o fato de que Ponzi, no mínimo, não sabia quando parar. Por duas vezes, ele teria alcançado a fortuna que desejava ou, ao menos, teria alcançado uma condição social e financeira superior àquela do grupo social a que pertencia. Isso aconteceu em Montreal e em Boston.

Entretanto, em ambas ocasiões, Ponzi ficou até o fim para pagar a conta de suas aventuras. Seus supostos associados de Boston, caso tenham existido de fato, Louis Casullo e John Dondero, desapareceram de cena em tempo oportuno, cada qual com seu quinhão. Ponzi ficou e enfrentou a crise, acreditando que seria capaz de alinhavar um grande negócio, no qual faria muito dinheiro, mais que o suficiente para recompensar aqueles que lhe confiaram seus recursos. O elemento indicador dessa conclusão se encontra no fato de que, enquanto auditores vasculhavam a *Securities Exchange Company*, ele falava com banqueiros, negociando a fusão de sua empresa com o *Bank of America*, um dos maiores bancos dos Estados Unidos, sediado na Califórnia. Ponzi poderia ainda estar considerando outras estratégias de saída. Uma delas seria vencer as batalhas judiciais com a contratação de advogados de primeira linha, capazes de livrá-lo de qualquer condenação. Os registros indicam que Ponzi teve acesso a uma equipe qualificada para sua defesa, mas que esta equipe nada pôde fazer por ele. Há a possibilidade de que a saída esperada por ele contemplasse a benevolência comprometida de juízes corruptos. Essa possibilidade não se verificou nas ações de Ponzi, pois não há registros de tentativas de suborno. Também não se verificou nas sentenças proferidas contra ele, uma vez que estas foram sempre bastante rigorosas. Ele, certamente, contava com seus investidores, aqueles com o saldo positivo no negócio, que, satisfeitos com o bem que lhes fizera, se aglutinariam em seu favor, pressionando as autoridades.

Por fim, como uma última estratégia de saída, Ponzi poderia pretender rolar um volume ainda maior, envolvendo um número ainda maior de investidores e bancos, de tal forma que a única saída para as autoridades fosse promover uma ampla recuperação de perdas (*bailout*), transferindo recursos dos cofres públicos para investidores privados, em uma movimentação que poderia liberá-lo de qualquer acusação e lhe permitir manter parte dos recursos transacionados em seu bolso. Talvez seu entendimento fosse de que seria necessário para que essas saídas pudessem se materializar que ele operasse seu esquema por mais alguns meses, trabalhando a opinião pública, participando de novos e insuspeitos negócios e aprofundando mais suas relações com pessoas-chave na sociedade local.

Uma fraude somente será bem-sucedida se forem trabalhadas suas partes fundamentais: tirar o dinheiro das pessoas e escapar com esse dinheiro. Sem esta segunda parte, pouco adianta a primeira parte funcionar a contento. Desse modo, um fraudador competente planeja suas ações desde o início, montando um jogo de ilusões para tirar o dinheiro de suas vítimas e preparando sua estratégia de saída para quando seu, quase sempre inevitável, desmascaramento for iminente. Nesse sentido, Charles Ponzi foi um grande fraudador pela metade, um gênio na primeira parte da fraude, mas um fracasso na segunda.

Esquema Ponzi: como tirar dinheiro dos incautos

Verbete: Esquema Ponzi: Função: nome, Etimologia: Charles Ponzi, fraudador americano [sic] (nascido italiano) falecido em 1949: esquema fraudulento de investimento no qual alguns dos primeiros investidores são pagos com o dinheiro investido pelos investidores que entram mais tardiamente no esquema, de modo a encorajar mais e maiores riscos. (Merriam-Webster Online).

Levando a Fama

A repercussão do caso rendeu a Ponzi a notoriedade que procurava. Esperando tornar-se um milionário e assim viver até o resto de seus dias, Ponzi, seguramente, gostava da fama e de circular nas altas rodas sociais. Ele acabou alcançando esses objetivos, mas não com a desejada associação aos Rockefellers, Morgans, Mellons, Vanderbilts, Whitneys, Du Ponts, McCormicks e a outros tantos milionários de outrora e de então.

Ele consegui a associação de seu nome a um determinado tipo de esquema fraudulento que oferece enriquecimento rápido. Mesmo quando Ponzi estava no auge, o jornal Washington Evening Star vaticinava que o italiano teria seu lugar na História: "quer ele se aposente como um milionário ou venha a ser finalmente identificado como um fraudador, Ponzi deve ser lembrado como uma figura notável e dele há de se dizer que, qualquer que fosse sua jogada, ele certamente jogou bem".

Nos anos seguintes, novos esquemas foram surgindo nos Estados Unidos. Em 1922, os periódicos reportavam que certo "Ponzi de Chicago" teria obtido de forma duvidosa 4,5 milhões de dólares de trabalhadores de um matadouro, totalizando mais de 6 mil investidores seduzidos pela possibilidade de obter grandes dividendos em seus investimentos na operação. Seu nome era Bischoff e sua defesa sustentava poder restituir dez centavos por cada dólar investido. Bischoff não teria operado sozinho. O *New York Times* reportou que a polícia revistou os escritórios de Leslie Harrington, denominado, pelo periódico, como o "Segundo Ponzi de Chicago". Em Ohio, ainda em 1922, Susan e George Kraus, acusados e sentenciados por fraude financeira, na qual obtiveram recursos da ordem de 300 mil dólares, foram também comparados a Charles Ponzi. Um jornal local apelidou Susan de "Mulher Ponzi de Pomeroy". No ano seguinte, Nab Montgomery foi chamado de "Financista da Escola Ponzi". Acusado de ter fraudado milhões de dólares, Montgomery foi preso em Los Angeles no momento em que embarcava em um voo para o México.

Também Joseph B. Marcino, alegadamente envolvido com fraudes bancárias, foi apelidado de Ponzi. Marcino chegou a ser procurado por Chicago e por todos os Estados Unidos, além do México e de portos da América do Sul. Mais tarde, em 1926, surgiria Paul Cuomo, conhecido como o "Ponzi de Jersey City". Por suas mãos passaram 3 milhões de dólares, resultado de operação fraudulenta iniciada cinco anos antes. Além de remunerar seus investidores com juros cinco vezes superiores aos juros praticados no mercado, Cuomo era também italiano e sua operação envolvia liras italianas, tudo contribuindo para a direta associação com o nome de Charles Ponzi.

O nome do mago das finanças de Boston serviu por muitos anos de referência a inúmeros casos de fraude, nos Estados Unidos ou no exterior. Logo em 1923, jornais noticiavam o andamento de esquemas de enriquecimento rápido em Londres, dando aos seus operadores o nome de "Ponzis Ingleses", que prometiam a mesma rentabilidade que Ponzi oferecia: "50% em 45 dias".

Em 1924, o *New York Times* noticiou uma crise bancária na Áustria. A quebra em cascata de instituições financeiras resultou das operações de Camillo Castiglioni, o homem mais rico do país, falido após a crise. Ele fugiu para a Itália. Seus bens foram arrestados pelo processo de falência, incluindo sua coleção de arte que contava com obras de Ticiano, Tintoretto, Rembrandt e Correggio. Na cobertura do caso, a imprensa norte-americana apelidou Castiglioni de "Ponzi do Pós-Guerra".

Em 1927, o *Washington Post* trouxe em suas páginas o caso do "Ponzi Francês", Raoul-Henri Rochette. O mensageiro de um café provinciano tornou-se milionário em Paris, promovendo um esquema de fraudes com ações no qual ele comprava jornais para publicar alterações de volumes e cotações dos preços de ações que, na realidade, não tinham valor algum.

Esquema Ponzi: como tirar dinheiro dos incautos

Em 1937, o *Washington Post* destacou o caso de William R. Parmelee, acusado de desfalque e apelidado pelo promotor de justiça como o "Ponzi Pós-Depressão". A associação de fraudadores com Charles Ponzi deu-se até mesmo em um caso passado no Brasil. Em 1952, com Charles Ponzi já falecido há alguns anos, o tenente reformado Luís Felipe de Albuquerque Jr. acabou sendo denominado por jornais norte-americanos de "Ponzi do Brasil". Ele fazia transações no mercado de carros usados do Rio de Janeiro e fugiu deixando notas promissórias em um montante equivalente a 5 milhões de dólares. Na ocasião de seu desaparecimento com o dinheiro de suas vítimas, Albuquerque Jr. mandou publicar uma nota na imprensa dizendo que todos os débitos seriam quitados no futuro. Sua mensagem de conforto às vítimas alcançou seu objetivo. As vítimas relutaram em litigar judicialmente. Apenas três delas prestaram queixa e cumpriram os procedimentos legais, requeridos pelo processo judicial.

Em 1964, um ex-funcionário da empresa Standard & Poor's foi indiciado criminalmente por ter tomado 127 mil dólares de nove pessoas, utilizando o falso pretexto de investimento, uma violação da legislação regendo o mercado de capitais. Como o esquema envolvia instrumentos postais, os promotores de justiça se referiram às violações da lei como "Situação Tipo Ponzi". Em 1973, o *Wall Street Journal* comparou uma transação com contratos de opções de *commodities* com o caso Ponzi, proclamando que a "transação constituía uma variação do velho Princípio Ponzi".

A associação do nome de Ponzi com fraudes financeiras se verifica até nos dias de hoje, confirmando a reputação construída ao longo de mais de 90 anos. Um artigo do New York Times, em 1986, foi em grande parte responsável pela continuidade da associação do nome de Ponzi a fraudes financeiras. Teve o mérito de direcionar essa associação a um único tipo de fraude, com características bem definidas e presentes na aventura de Charles Ponzi. Nesse artigo, o jornal declara que a jogada ingênua de Ponzi havia lhe garantido um lugar entre as mais infames personalidades, predizendo que qualquer esquema financeiro no qual se paga os investidores iniciais com fundos fornecidos pelos investidores que tenham mais recentemente entrado no negócio seria, então e para sempre, conhecido como "Esquema Ponzi". De fato, em meados de 2005, os jornais tratavam como Esquema Ponzi o caso de Frank T. Devine, um membro do Partido Republicano que amealhou 4 milhões de dólares de 80 pessoas, entre 1993 e 2004. O acusado abusava de sua posição de destaque político, manipulando e ludibriando investidores. Embora houvesse pagado a alguns poucos investidores os juros prometidos, Devine admitiu ter ainda embolsado 2,8 milhões de dólares.

A simplicidade do esquema montado por Ponzi, aliada à repercussão obtida e ao volume de dinheiro movimentado, ligou para sempre seu nome a essa forma particular de fraude. Na tentativa de explicar o esquema, o juiz Anderson que presidiu um dos julgamentos de Charles Ponzi afirmou que o esquema consistia simplesmente na fraude de pagar os primeiros investidores com a contribuição dos investidores que mais recentemente haviam aderido ao esquema. O juiz que presidiu o processo falimentar da *Securities Exchange Company*, James D. Olmstead, explicou o esquema de modo muito mais claro ao resumir a explicação de que se tratava de um esquema no qual Ponzi roubava Pedro para pagar Paulo.

Humanizando Charles Ponzi

O final de Charles Ponzi corresponde ao mal provocado por ele, principalmente a partir do ponto de vista de suas vítimas. O fraudador enganou seus investidores e pagou por seus crimes. Imaginar milhares de investidores depositando suas economias e esperanças em uma oportunidade de investimento, cinicamente preparada para fazer o dinheiro circular, enquanto uma parcela do volume de dinheiro era desviada para deleite e enriquecimento do promotor do investimento, imputa a Charles Ponzi a imagem que outra não poderia ser senão a de um vil, cínico e calculista fraudador. Por outro lado, o final de Charles Ponzi parece ter sido rigoroso demais quando se considera sua inabilidade em realizar a segunda parte da fraude, isto é, de escapar com o dinheiro, ou se considerada a possibilidade de que ele, de fato, não entendia seus atos como sendo mal-intencionados. ZUCKOFF, um dos biógrafos de Charles Ponzi, esforça-se por mostrar a veracidade dessa última análise, humanizando o personagem. O autor sustenta que Ponzi teria sido um indivíduo de boa índole, mas exageradamente descontrolado e irresponsável, que foi vítima de uma batalha não declarada entre classes sociais, materializada na disputa entre ele, o representante das classes operárias, e o editor do *Boston Post*, Richard Grozier, representante da classe dominante.

Segundo o biógrafo, Ponzi era muito mais um sonhador que um patife, um homem infantilizado com a mente povoada por pensamentos contraditórios. Com relação aos eventos anteriores a 1920, constantes da ficha policial de Charles Ponzi, o biógrafo sugere que o italiano teria sido vítima de seus sócios e de xenofobia. Em Montreal, Ponzi teria sido o bode expiatório, escolhido para satisfazer à necessidade pública de efetivamente punir alguém pela fraude financeira engendrada pelo *Zarrossi & Company*. No episódio da entrada ilegal de estrangeiros nos Estados Unidos, circunstâncias infelizes e preconceito contra italianos seriam os fatores responsáveis pelo infortúnio por que passou Ponzi. É verdade que ele jamais descobriu como converter os cupons de resposta internacional em dinheiro e que, tampouco, adquiriu cupons em quantidade suficiente. O que Ponzi fez foi recolher todo o dinheiro que lhe era oferecido mais rapidamente do que podia contá-lo, pagar as notas promissórias no vencimento com os juros prometidos e deixar que, a cada semana, o volume de dinheiro recolhido sucedesse e excedesse o montante recolhido na semana anterior. Ele parecia não saber onde tudo acabaria, mas, tendo uma personalidade que não conhecia limites, achava que poderia operar outro esquema, ainda mais fabuloso. Sua trajetória foi interrompida enquanto devaneava e vislumbrava um enorme conglomerado de instituições financeiras, estaleiros e indústrias metalúrgicas. Atores não diretamente envolvidos com a fraude tomaram a dianteira e interromperam a progressão de Ponzi. Agindo em conformidade com suas funções, esses terceiros incomodados, o jornal *Boston Post*, o jornalista financeiro Clarence W. Barron e o comissário de bancos Joseph C. Allen começaram suas investigações e conjecturas, descobrindo que Charles Ponzi não era nada mais que uma rolagem de débitos crescentes.

Não há dúvidas de que o esquema de Ponzi estava fadado ao insucesso, mas a ação desses terceiros incomodados acelerou o seu fim. Assim como todos os demais jornais, o jornal *Boston Post* publicou, em um primeiro momento, histórias sem relevância sobre o caso, noticiando sem muito interesse a movimentação de investidores em torno da *Securities Exchange Company*. Entretanto Grozier farejou que algo estava errado naquilo tudo. A popularidade exagerada de Ponzi chamou sua atenção para a sustentabilidade do negócio. Grozier colocou, então, seus melhores repórteres no caso, espreitando Ponzi em cada ação e espremendo-o em cada entrevista. Para o editor, essa era a chance de transformar o jornal *Boston Post* em um jornal de renome.

KNUTSON, outro biógrafo de Charles Ponzi, concorda com ZUCKOFF ao afirmar que a prisão e a falência do mago das finanças marcaram o final da linha para Ponzi. Desse ponto em diante, as autoridades jamais dariam espaço para que ele conseguisse alcançar notoriedade e riqueza comparáveis com seu sucesso daquele verão de 1920.

> *Ponzi para presidente: Mesmo depois de falido, preso e condenado, a admiração por Ponzi perdurava. Nas eleições de novembro de 1920, em Nova York, muitos votos indicaram Charles Ponzi para tesoureiro estadual.*

Atualizando os Valores

Os valores movimentados por Ponzi são impressionantes mesmo em moeda corrente de 1920. Ele recebeu cerca de 15 milhões de dólares. Considerando o processo inflacionário da moeda norte-americana, pode-se afirmar que o poder de compra desses fundos é de difícil determinação. Nos mais de 90 anos passados desde 1920 até os dias atuais, o dólar perdeu cerca de 90% de seu poder de compra. Em outras palavras, 100 dólares na mão de Ponzi equivaleriam a algo em torno de 1.169 dólares em 2013, uma inflação acumulada de 1.069% no período. Utilizando-se o índice de preços ao consumidor (CPI, Consumer Price Index) para atualizar os valores envolvidos no caso, pode-se ter uma melhor compreensão da soma movimentada por Ponzi. Entre o início de 1920 e o final de 2013, os preços cresceram entre dez a doze vezes. A inexatidão expressa por essa faixa de valores decorre de que 1920 foi um ano de alta inflação nos

Estados Unidos. De um lado, valores históricos foram registrados já em dezembro de 1919 com o investimento de 870 dólares. De outro lado, a maior parte dos valores foi investida em junho e julho do ano seguinte, já tendo seu poder de compra significativamente prejudicado. Assim, grosso modo, estima-se que a Ponzi teriam sido entregues algo em torno de 175 milhões de dólares, expresso em poder de compra de 2013.

O salário semanal de Ponzi, anterior ao período de execução da fraude, era de 25 dólares por semana, o que representaria, nos dias atuais, algo da ordem de 290 dólares por semana, o equivalente ao salário mínimo nos Estados Unidos, que é de 7 a 9 dólares por hora. Seus primeiros investidores teriam investido aproximadamente 10 mil dólares na primeira rodada. A vendedora que perdeu todas as suas economias somando 5,2 mil dólares a preços da década de 20 teria visto, com a sua participação no esquema, perto de 60 mil dólares atuais se evaporarem.

Por fim, o palacete que Ponzi adquiriu, por esse exercício simplista de atualizar valores pelo índice de preços ao consumidor, valeria, na segunda década do século XXI, 410 mil dólares. Essa atualização é inexata. A casa do número 19 da Slocum Road, em Lexington, Massachusetts, foi transacionada ao final de 2012 por uma quantia não revelada, mas que o *website* de negócios imobiliário Zillow estima em mais de 3 milhões de dólares, um valor muitas vezes superior àquele obtido pela correção do valor do dinheiro por índice de preços, mesmo depois do estouro recente da bolha imobiliária nos Estados Unidos.

O valor atual de alguns ativos varia em função de sua natureza e pode ser determinado por outros fatores de mercado. Embora a aplicação do índice de preços permita que se tenha uma noção do valor atualizado, há quase sempre uma melhor medida do valor relativo ao longo dos anos, dependendo da referência utilizada na comparação. Logo, um valor do início do século poderá ser atualizado levando-se em consideração a variação do preço real, valor real ou custo laboral envolvido na produção de uma *commodity* relacionada ao objeto de atualização; o padrão de vida histórico ou contemporâneo de determinada renda ou riqueza, o valor do poder econômico ou do status associado a essa renda ou riqueza; o custo de oportunidade histórico ou atual ou os custos laboral e econômico de itens específicos relacionados ao objeto de atualização. Assim, considerando variação no valor da mansão de Lexington, pode-se estimar que os 15 milhões de dólares que passaram por Ponzi possam significar, a preços de 2012, um valor relativo entre 500 milhões e 2 bilhões de dólares.

O destino da Senhora Ponzi: Rose Ponzi esteve ao lado de Charles na riqueza e na adversidade. Os anos de cárcere não afastaram o casal. Rose também foi indiciada na Flórida. Enquanto Charles encontrava-se detido no Texas e as autoridades de Massachusetts e da Flórida se digladiavam por sua custódia, Rose, juntamente com a sogra, viajou para a Itália na tentativa de obter o apoio de Mussolini para a causa do marido. Pouco se sabe sobre seu retorno aos Estados Unidos.

Ponzi é sempre retratado como desacompanhado no momento de sua morte no Brasil. Ela teria esperado que Ponzi a buscasse assim que conseguisse um emprego na Itália. Mas não foi o que aconteceu. Dois anos depois da deportação de Ponzi, Rose divorciou-se de Charles e nunca mais se casou. Não há referências com relação à mãe de Ponzi, Imelda, exceto dos seus doces tempos da mansão de Lexington e da viagem com a nora à Itália.

CAPÍTULO V

ANATOMIA DE UM ESQUEMA PONZI

Na preparação para a batalha, eu sempre acho que os planos são inúteis, mas que o planejamento é indispensável. (Dwight D. Eisenhower)

Fraude, em uma definição concisa, é um tipo de ignorância criada de forma deliberada por seu operador. Legalmente, uma fraude consiste na deturpação intencional de fatos materiais passados ou correntes, quando o fraudador age de modo a criar uma convicção na mente da vítima e, consequentemente, a fazê-la interagir com essa recém-criada convicção, sofrendo a perda de valores ou de direitos.

Esquemas Ponzi, naturalmente, recaem nessa definição geral, embora, como cada outro tipo de fraude, tenham particularidades que os distinguem dos demais. Em um Esquema Ponzi típico, fraudadores tomam dinheiro de suas primeiras e prováveis vítimas, oferecendo-lhes oportunidades de investimento para as quais prometem uma oportunidade de ganho significativo. Em seguida, os primeiros investidores verificam o cumprimento das promessas de lucro fácil e, aparentemente, sem risco, feitas pelos operadores do esquema, passando a difundir, na maioria das vezes, a oportunidade de investimento entre seus pares, familiares e círculos sociais. O dinheiro utilizado para pagar os primeiros investidores vem do capital investido pelos novos investidores. Assim, constitui uma característica prevalecente em Esquemas Ponzi o fato de que o capital disponível para os operadores raramente é utilizado no negócio proposto. O fraudador, algumas vezes, percebe a necessidade de criar uma ambientação para passar a impressão de prosperidade, com o que obtém alguns pontos adicionais em termos de credibilidade. Ele também tem de se mostrar envolvido com o objeto de que trata o negócio. Ponzi sabia tudo a respeito de cupons de resposta internacional. Também montou, abriu e nomeou uma empresa e contratou funcionários, embora não tenha realizado nada mais do que um simples teste de investimento.

O que se dá em um Esquema Ponzi típico é a simples movimentação de recursos, com o dinheiro trocando de mãos, servindo para pagar os juros e o capital inicial dos investidores anteriormente engajados no esquema, enquanto parte é desviada para despesas da estrutura do negócio e para benefícios dos operadores da fraude.

O esquema se sustentará enquanto o capital investido por novos investidores crescer a taxas que permitam aos operadores pagar a rentabilidade prometida. O efeito resultante desse fluxo de investidores e do crescimento das obrigações para o esquema é como uma bola de neve, que, ao parar de rolar, deixará de crescer. De fato, o esquema terminará quando os juros devidos em certo momento forem maiores que o investimento sendo depositado por novos investidores. Nesse ponto, os investidores se tornam vítimas. Há ainda razões adicionais para que um Esquema Ponzi deixe de funcionar: o esquema pode ser encerrado, de modo prematuro, pelas autoridades; ou conforme a conveniência dos operadores, que podem interromper os pagamentos e fugir com os recursos ainda em seu poder. Operadores de um Esquema Ponzi se beneficiam com o desvio de recursos para si, amealhando, a cada rodada, uma fortuna pessoal. Todavia eles poderão preferir lucrar com a última rodada de investimento, desaparecendo com todo o dinheiro investido.

Esquema Ponzi: como tirar dinheiro dos incautos

Como não poderia ser diferente, a aventura de Charles Ponzi definiu elementos essenciais que caracterizam um Esquema Ponzi típico. Ele convenceu um pequeno grupo de investidores sobre uma ideia de investimento, a arbitragem entre taxas de câmbio e cupons de resposta internacional. A oportunidade parecia plausível para que as pessoas acreditassem nela e, sem muita reflexão, investissem na *Securities Exchange Company*. Depois, para atrair os mais avessos ao risco e subtrair-lhes a capacidade de julgamento, Ponzi prometeu uma rentabilidade muito superior à oferecida às demais alternativas de investimento, como os *Liberty Bonds*. Um investimento que ofereça 50% de rentabilidade em apenas três meses era e sempre será muito atrativo. Finalmente, como terceiro elemento essencial de seu esquema, Ponzi construiu a credibilidade no negócio, ao cumprir suas promessas. Mais ainda, reforçou essa credibilidade honrando as notas promissórias, com a rentabilidade combinada, em metade do tempo.

Assim, definem-se os elementos essenciais utilizados por Ponzi, característicos de todo Esquema Ponzi: investimento em ativo inusitado, retorno extraordinário e construção da confiança. Foi lidando com esses elementos que ele conseguiu engendrar seu projeto, resultando em grande afluência de investidores a sua empresa, favorecida pela difusão da oportunidade de enriquecimento rápido em seu grupo de afinidade, a comunidade de imigrantes italianos, e, alguns meses depois, alcançando um público maior, constituído por grupos de vários matizes sociais e étnicos.

Há, ainda, um quarto elemento essencial: controle do promotor. Ponzi controlava o esquema, podendo decidir sobre a velocidade em que tomaria os recursos. A principal decisão da qual detinha o controle consistia em escolher quando seria a última rodada. Entretanto essa capacidade não foi exercida por Ponzi porque as autoridades, incomodadas com a descomunal movimentação e a insistente exposição de inconsistências, resolveram agir e encerrar o esquema. A capacidade estava à disposição de Ponzi; ele só não a exerceu porque, ao que tudo indica, acreditava poder encontrar uma saída mais honrosa e lucrativa.

Embora Esquemas Ponzi contenham os quatro elementos essenciais, há outros elementos que, eventualmente, estarão presentes, afetando tanto o andamento quanto o desfecho da ação, depois de revelada a fraude. Trata-se da prevalência de uma economia política, do investimento por afinidade, da ação estatal e das iniciativas de terceiros incomodados. O primeiro trata do grau de influência exercida pela classe política na tomada de decisões em uma economia, de onde se deriva a esperança e a expectativa por parte de investidores e promotores de que uma recuperação de prejuízos (*bailout*) possa ser efetuada com recursos públicos. Em regra, quando a recuperação de prejuízos é levada adiante, verifica-se a participação ativa de membros da classe dominante ou do grupo político no poder. O segundo elemento, investimento por afinidade, ocorre quando o promotor do esquema concentra seus esforços de captação em determinados grupos cujos laços de afinidade étnica, religiosa, funcional ou social facilitam sua ação, reduzindo de forma considerável a intensidade das reações contra os operadores, depois de comprovada a fraude. Os dois últimos elementos concorrem com o controle do promotor quanto à capacidade de encerrar o esquema. A ação estatal compreende os esforços das autoridades em fiscalizar e regulamentar as atividades do esquema antes que a farsa seja desmascarada e perseguir e punir promotores depois da constatação de que o esquema resultou em perdas para investidores. A iniciativa de terceiros incomodados inclui toda a ação daqueles que são prejudicados pelo esquema em andamento ou que tenham uma função profissional que exija a consecução de esforços no sentido de desmascarar o esquema fraudulento.

Objeto de Investimento Inusitado

A proposta de investimento de Ponzi podia ser verificada por quem pretendesse se certificar a respeito da validade e dos riscos contidos na fantástica oportunidade que estava sendo oferecida. A observação de um único cupom permitia a comparação direta de seu preço em dólares americanos com o preço nas demais moedas pela aplicação das taxas de câmbio vigentes. Ficava evidente que a rentabilidade total da transação, da ordem de 400% ao ano, era verossímil. Entretanto, transacionar cupons em quantidade requer um número de atividades, como logística de transporte dos cupons, por exemplo. Atender a essa necessidade implica custos de transação significativos. As trocas, na quantidade necessária para corresponder aos montantes entregues a Ponzi, exigiriam caminhões, carrinhos de mão e pás, além de um grande número de pessoas para executar o trabalho.

Mesmo com essa fragilidade, o esquema prosperou. Ponzi, sabendo que os grandes volumes preocupavam tanto investidores quanto autoridades, incorporou um ar de mistério, afirmando que os artifícios que usava para resgatar os cupons constituíam o fator crítico para o sucesso da operação, fator este que ele não poderia revelar jamais para não colocar o negócio em risco. Com essa linha de argumentação, o italiano sustentava que o negócio era passível de ser realizado. Assim, seu esquema tinha o primeiro elemento essencial: uma ideia de investimento em um objeto inusitado, só percebida por alguém com grande engenhosidade, ampla rede de relacionamento e superior conhecimento de operações postais e financeiras. A possibilidade de arbitragem cupom-câmbio estava por muito tempo aos olhos de todos, mas, até aquele momento, ninguém ainda teria sido capaz de tirar proveito dela. Se Ponzi sabia como fazê-lo era porque, de fato, detinha conhecimento sobre como evitar as complicações relacionadas aos custos de transação, pensavam aqueles predispostos a tomar parte no negócio.

O objeto escolhido por Ponzi era fora do comum e associava o reconhecimento por parte dos investidores de que Ponzi era capaz de efetivamente realizá-lo. Formava-se, assim, uma oportunidade de investimento muito diferente daqueles em setores corriqueiramente encontrados na sociedade; diferente de investimentos na produção de artefatos, máquinas ou alimentos; na prestação de serviços; ou no estabelecimento de comércio de bens de consumo. Em Esquemas Ponzi, o investimento-objeto tem sempre um ar de exótico, representa uma inovação ou, por vezes, uma capacidade ou um conhecimento superior não disponível para investidores e público em geral. Deixa a impressão generalizada de ser algo novo, nunca antes percebido. O fraudador escolherá um objeto de investimento que represente ou surja de uma quebra de paradigmas. Em alguns casos, os objetos do negócio são simplesmente apresentados como um novo produto que tomará de roldão o mercado, que se tornará objeto de desejo por parte de muitos consumidores. Em outros casos, basta ao promotor argumentar ter contratos de compra para o produto por parte de empresas, na maioria das vezes localizadas no longínquo e obscuro exterior.

Uma vez que o promotor jamais vai operar, comprar, produzir ou vender o objeto do negócio, as dificuldades para a captura da rentabilidade prometida são irrelevantes. Assim, a existência de barreiras comerciais, a inadequação quantitativa do mercado comprador e outras dificuldades são questões respondidas pelo promotor com argumentação fantasiosa, como fazia Ponzi ao afirmar que sabia como contornar os custos de transação. Consequentemente, pouco importa natureza do ativo de investimento. Sua função consiste em criar na imaginação dos investidores a crença de que estão diante de uma proposta de negócio única, capaz de gerar a rentabilidade extraordinária de que fala o promotor do esquema.

Retorno Extraordinário

Charles Ponzi teria dito "somos todos jogadores, todos desejamos dinheiro fácil e muito"; uma constatação a respeito da natureza humana que ele, seus predecessores e seus sucessores souberam e sabem explorar com maestria. Eles oferecem aos investidores uma oportunidade de fazer dinheiro fácil, de enriquecer rapidamente. Por esse motivo, o investimento em um Esquema Ponzi deve responder a esse desejo, oferecendo uma alta rentabilidade. Em termos quantitativos, o conceito de alta rentabilidade depende de fatores conjunturais, como moedas, inflação, rentabilidade esperada de investimentos convencionais concorrentes, ambição dos investidores, além de fatores dependentes da vontade e da programação do promotor da fraude. Para Ponzi, dobrar o capital em três meses foi o suficiente para desativar o medo na tomada de decisão dos investidores, permitindo que a ganância dominasse o processo de tomada de decisão das pessoas que com ele investiam. Na determinação da rentabilidade

Esquema Ponzi: como tirar dinheiro dos incautos

extraordinária oferecida, Ponzi teve também de lidar com o alto retorno total da operação com os cupons, estampada em cada um deles, isto é, os cupons davam uma expressão numérica a qual ele deveria se referir ao elaborar sua fraude. Mais ainda, ele teve de encontrar um valor que se destacasse do rendimento dos *Liberty Bonds*. Na proposta de Ponzi, um capital inicial de 100 dólares, com reinvestimento dos juros, representaria 1.600 dólares após 12 meses. A relação equivale a multiplicar o capital inicial por 16; um rendimento extraordinário, mesmo se levando em conta a variação do índice de preços ao consumidor naqueles anos. O conceito de taxa de inflação é importante porque explica as variações encontradas nos vários Esquemas Ponzi conhecidos, como na Rússia, onde um Esquema Ponzi ofereceu uma rentabilidade de 10% por semana, mais de 14.000% ao ano, um valor alto porque, em 1995, o país vivenciava um processo de hiperinflação. Igualmente, um investimento que propusesse dobrar o capital em um trimestre na década de 80, no Brasil, não estaria oferecendo uma rentabilidade extraordinária, uma vez que as taxas de inflação verificadas naqueles anos foram elevadas.

Nesse ponto reside outro determinante da rentabilidade extraordinária. Como a trama dos promotores consiste em captar recursos das pessoas para negócios inusitados que rompam os paradigmas e se caracterizem por uma aposta certeira em "algo que não tem como dar errado", a rentabilidade aventada tem de ser muitas vezes superior à rentabilidade das alternativas convencionais disponíveis no mercado financeiro, isto é, os produtos dos grandes e tradicionais bancos, as aplicações em bolsas de valores e o investimento em títulos públicos. No tempo de Ponzi, a rentabilidade obtida com os *Liberty Bonds* era de 5% ao ano. Títulos públicos brasileiros pagavam entre 16% e 19,8% ao ano em 2004 e 2005. Assim, o valor nominal do retorno extraordinário proposto em um Esquema Ponzi dependerá da estabilidade da moeda utilizada pelo esquema, associada ao conjunto de rentabilidades das alternativas convencionais disponíveis para a clientela-alvo.

O retorno extraordinário também dependerá do planejamento inicial do promotor. O valor do retorno proposto determina a velocidade de crescimento do esquema, o que traz consigo efeitos a considerar na formação da credulidade dos investidores. Durante o desenrolar de um esquema, investidores e promotores entram em um processo de aprendizado. Os primeiros veem confirmadas suas decisões ao receber o rendimento extraordinário prometido. Apesar disso, mantêm vivas certas suspeições, quando as têm, sobre as expectativas de longo prazo e a honestidade dos operadores do esquema. Estes, por sua vez, precisam controlar o fluxo de caixa do esquema. Não podem ficar sem recursos para cumprir suas obrigações, sujeitando-se a um encerramento antecipado do esquema. Assim, fraudadores trabalham a percepção dos investidores e, em resposta as alterações de humores destes, introduzem alterações nas condições contratuais ou alteram a rentabilidade oferecida conforme entendam necessário para a manutenção da solvência do esquema.

Outra preocupação dos promotores, na determinação do retorno do esquema, consiste no tempo necessário para o esgotamento dos recursos de uma comunidade, da economia local, de um grupo de afinidade, enfim, do conjunto de investidores para o qual o esquema está sendo preparado. Nenhum Esquema Ponzi pode crescer indefinidamente, pois, no limite, ele irá absorver todo o capital disponível em uma economia. Até que isso ocorra, o esquema já terá sido encerrado por autoridades reguladoras ou terá experimentado variações no fluxo de caixa que resultariam em interrupções no cumprimento das obrigações e, provavelmente, no encerramento não desejado do esquema.

Uma crítica possível ao esquema promovido por Ponzi é a de que o retorno oferecido era muito alto, criando em torno dele uma movimentação que se, por um lado, fez de seu promotor um homem rico muito rapidamente, por outro lado, atraiu a atenção de autoridades, jornalistas, banqueiros e financistas, fazendo com que fosse estabelecida uma cruzada para tirá-lo de operação.

Mais ainda, o prazo de maturação do investimento tem uma relevante participação nas condições de operação do esquema e remete diretamente à rentabilidade sendo proposta. A compreensão desse ponto é direta: uma taxa de retorno está associada a um prazo de maturação. Ponzi ofereceu 100% em 90 dias, retorno equivalente, grosso modo, a 50% em 45 dias.

Entretanto, para o promotor, o prazo de maturação implica escolhas na operação. Quando o investimento vence em prazos muito curtos, o esquema se sobrecarrega na medida em que tem de estar líquido para cumprir as obrigações naquele vencimento ou mesmo tem que, novamente, convencer investidores, atuais ou novos, a respeito das grandes expectativas e do baixo risco do negócio. Logo, o prazo de maturação compõe a rentabilidade extraordinária que o esquema está oferecendo, porém tem fortes reflexos no fluxo de caixa, podendo gerar excesso de transações de liquidação e reinvestimento, além de colocar o esquema à prova, sujeito às suspeições naturais de investidores, com maior frequência.

Em resumo, o retorno extraordinário é o segundo elemento de um Esquema Ponzi. Sua função, associada à natureza do objeto de investimento, é tornar irresistível a proposta de negócio oferecida pelo promotor, emprestando a essa proposta o caráter de uma oportunidade única de fazer fortuna. Os investidores são atraídos pela alta rentabilidade prometida. Em um primeiro momento, os mais cautelosos limitarão suas participações a pequenas quantias, valores cuja perda parcial ou total não irá exigir significativas alterações em seus padrões de vida. Depois de comprovada a veracidade das afirmações do promotor, quando os primeiros investimentos são efetivamente remunerados às taxas de rentabilidade prometidas, esses investidores cautelosos tenderão a ampliar o valor de suas apostas no negócio, reinvestindo o capital inicial, os juros recebidos na primeira operação e ainda mais algum capital adicional. É com essa comprovação que o promotor constrói a confiança em seu modelo de investimento, definindo o terceiro elemento essencial de um Esquema Ponzi.

> *Uma canção para os ouvidos: Na canção "A little help from my friends", os Beatles propõem "Lend me your ears and I'll sing you a song". Muito antes, Charles Ponzi propunha "Lend me your money and I'll double it in 90 days". Embora sem o acompanhamento da cativante melodia dos rapazes de Liverpool, as palavras de Ponzi soavam como uma canção nos ouvidos de seus investidores.*

Construção da Confiança

Ponzi construiu sua reputação ao pagar seus investidores iniciais prontamente. Acrescentou também um detalhe que reforçou mais ainda a confiança dos primeiros investidores: cumpriu as obrigações antes do vencimento. O pagamento dos primeiros investidores favorece o entendimento de que o promotor é confiável, que seu negócio é lucrativo e que o investimento é seguro, criando em torno do esquema uma aura de confiança. Os 18 primeiros investidores na *Securities Exchange Company* ampliaram o raio de atuação do negócio ao espalharem a novidade em seus círculos sociais. Seus testemunhos tiveram grande influência. Falavam sobre o italiano que pagava mais juros que qualquer banco e que, ao menos na primeira rodada, pagou antes do vencimento do contrato. O cumprimento do contrato construiu a confiança em Ponzi. O que se seguiu foi um movimento semelhante a uma bola de neve descendo a colina, uma bola de neve que em menos de seis meses se transformaria em uma avalanche.

Como elemento essencial do esquema, a construção da confiança representa a derrubada do último bastião de ceticismo que os investidores porventura possam ter. Com o pagamento dos primeiros investidores, o esquema está consolidado, posto em marcha, dependendo apenas do controle de fluxo de caixa.

Prospectivos investidores têm grande incentivo a participar do esquema quando os três elementos essenciais estão definidos e ativos; o objeto de investimento é peculiar, podendo, de fato, representar uma grande oportunidade; o retorno é extraordinário, muito maior do que aquele oferecido nos investimentos convencionais; e o negócio está em atividade gerando os retornos prometidos, as pessoas que investiram estão sendo pagas. Nessas condições, a avaliação do negócio se submete a um círculo de falsas premissas que se comprovam mutuamente. Cada elemento consiste em uma ação formulada com o fim de induzir ao erro, reduzir a oposição de céticos e favorecer a tomada de decisão favorável ao investimento no esquema.

Controle do Operador do Esquema

O operador do esquema tem o controle da operação, e este se dá em parâmetros que definem a dimensão e o tempo de duração do esquema. Ele decide sobre a rentabilidade prometida, atentando para a necessidade de que esta deve ser suficientemente grande para atrair o interesse dos investidores, mas limitada para não fazer o esquema tropeçar em suas rodadas iniciais, isto é, para evitar que flutuações na captação nas primeiras rodadas tornem o esquema insolvente, sem recursos para pagar a rentabilidade prometida a todos os investidores. Nesse sentido, o fraudador deve ainda controlar e planejar o esquema para que a taxa de crescimento da bola de neve seja adequada ao bom funcionamento do esquema. Também, atrelado a essas duas variáveis, o operador do esquema define o preço do investimento. Por preço do investimento se entende os valores mínimos e máximos das notas promissórias, dos certificados, das cédulas, dos quinhões ou das ações. O operador controla ainda o número de investidores por rodada de investimento, a quantidade de pessoas participantes da primeira rodada e o total de rodadas que o esquema deverá ter. Na medida em que o esquema se desenvolve, investidores vão aprendendo sobre as condições em que o esquema se encontra em termos de solvência, aceitação e procura de novos investidores, obrigando o operador a alterar seus parâmetros de controle de acordo com o conjunto de novas informações disponíveis para os investidores. Porém o parâmetro principal controlado pelo fraudador diz respeito à estratégia de saída que será adotada.

Normalmente, o operador de um Esquema Ponzi tem como objetivo abandonar o negócio quando os recursos financeiros em suas mãos alcançarem determinado valor, levando em consideração sua expectativa a respeito da quantidade de rodadas até que as autoridades terminem o esquema. Para isso, ele deve ter uma estratégia de saída definida *a priori*. Essa estratégia não deve ser rígida, mas sim admitir alternativas para que o operador possa responder a ameaças a seus planos pessoais de enriquecimento. Ele está no controle, ao menos a maior parte do tempo, e é de seu interesse manter o esquema operando o maior número de rodadas ou de tempo. Perturbações como dificuldades com o fluxo de caixa e ingerências de órgãos reguladores exigem do operador esforços de *marketing* voltados para garantir a segurança dos recursos investidos, comunicando a sua clientela, aos investidores atuais e ao público em geral que o negócio é sólido, que está em plena atividade e que os contratos continuarão a ser cumpridos.

Quando a *Securities Exchange Company* passou pela primeira auditoria em julho de 1920, coordenada pelo procurador-geral do Estado, J. Weston Allen, Ponzi nada podia fazer além de oferecer toda assistência que os auditores entendessem necessária. Tanto Ponzi quanto Allen fizeram declarações públicas de que a interrupção seria temporária e de que a contratação de novos investimentos somente seria retomada depois que os auditores aprovassem as operações da empresa. A proibição de entrada de novos recursos causou o colapso no esquema. A auditoria revelaria o desequilíbrio entre passivos e ativos. Restava a Ponzi a esperança de se livrar dos auditores e retomar o esquema, no que ele foi bem-sucedido em fazer por ainda mais algumas semanas. As autoridades temiam que Ponzi tentasse escapar ao final de julho. Para surpresa geral, Ponzi não o fez, talvez preferindo apostar na tese de que seu negócio não implicava em qualquer crime ou contravenção. Seu discurso na sede do *Kiwanis Club*, em 10 de agosto, suscitou grande interesse. Ponzi tentaria criar mais uma ilusão a seu favor. Não fez novas revelações. Preferiu falar de seus planos para o futuro. Quando perguntado sobre por que as autoridades postais não encontravam nenhuma indicação de volumosos resgates de cupons de resposta internacional, respondeu que os governos estrangeiros lucravam com a emissão dos cupons e, por esse motivo, prefeririam não revelar aos demais países a quantidade de cupons por eles emitidos, uma clara tentativa de convencer os presentes da viabilidade de suas operações. Deixou claro que sua estratégia de saída não considerava o encerramento do negócio naquele momento ou, como entendem alguns de seus biógrafos, acabou demonstrando que não tinha quaisquer estratégias de saída.

Controlando o esquema, o operador pode e deve estabelecer uma estratégia de saída. Fugir com o dinheiro parece ser a estratégia mais usual, e essa seria uma das opções para um fraudador no início do século

XX. Porém o avanço tecnológico das últimas décadas sugere ser difícil encontrar um porto seguro, no qual o promotor esteja livre da perseguição daqueles que fraudou e de seus representantes. É certo que esse mesmo avanço tecnológico disponibiliza ao fraudador certas facilidades com relação à transferência dos recursos, como o acesso a paraísos fiscais e a transferência eletrônica de valores. Na atualidade, é igualmente muito mais fácil encontrar médicos habilitados para operações plásticas que podem transformar por completo as feições de promotores, dificultando seu reconhecimento.

Contudo, essas facilidades não eliminam por completo as chances de ser encontrado e, posteriormente, julgado pela perpetuação da fraude. Por esse motivo, operadores de Esquemas Ponzi, nos dias de hoje, parecem escolher estratégias de saída diferentes daquela que se resume a pegar o dinheiro e fugir. Suas escolhas, aparentemente, recaem sobre uma saída que consiste em absolutamente não sair, ficando e enfrentando os processos civis e criminais nos quais venham a figurar como réus. Nesse ponto, há duas considerações importantes. Com todo o dinheiro desviado do esquema, fraudadores que escolherem ficar não terão muita dificuldade em contratar uma banca especializada de advogados e tampouco deixarão de vivenciar um excelente padrão de vida.

Depois, é preciso entender que Esquemas Ponzi conhecidos são aqueles que falharam. Há inúmeros casos que nunca vieram a público, nos quais os fraudadores foram bem-sucedidos, qualquer que tenha sido sua estratégia de saída. Há também aqueles que ainda não falharam e que, neste momento, estão ativos, captando recursos de incautos investidores.

Ação Fiscalizadora do Estado

A perpetuação de um Esquema Ponzi sempre trará embaraços para o Estado, para a Administração Pública e para os Serviços e as Agências de Fiscalização e Controle em uma economia. Seja no decorrer do esquema ou em seu encerramento, haverá descontentes a qualquer momento. Quando um esquema está em funcionamento, o Estado, por meio do órgão competente, tem a missão de fiscalizar as operações envolvidas no negócio. Quando o faz e encontra irregularidades, a fiscalização deve interpelar o esquema e exigir que este descontinue suas atividades, desagradando fraudadores e investidores, os quais vêm sendo servidos a contento pelo esquema. Nesse momento, as ações do Estado significam uma ameaça, um estorvo que pesa sobre a felicidade e os planos de enriquecimento dos participantes do esquema, para quem a fiscalização deveria estar preocupada com outros problemas como latrocínio, corrupção e contrabando, jamais devendo causar embaraços e incômodos uma atividade (supostamente) produtiva, em um contrato entre duas partes legítimas.

Como a determinação *a priori* da qualidade do negócio é indeterminada, o Estado submete-se ao risco de intervir em uma atividade honesta e de interesse econômico, prejudicando empregos, atrapalhando o cumprimento de contratos e causando a desvalorização de ativos. Esse risco corrobora para a inação ou ação tardia do Estado, pois vigora o receio de seus representantes serem acusados de causar prejuízos a uma atividade legítima, surgida no berço da livre-iniciativa.

Além disso, a ação fiscalizadora estatal sofre um viés de origem: fragmentação excessiva. Cada órgão tem uma amplitude de ação limitada, dificultando a avaliação do esquema como um todo e produzindo, a cada estágio de fiscalização, uma avaliação positiva, embora limitada, das atividades do esquema. Tal fragmentação pode ser percebida na história passada em Boston. A quantidade de dinheiro entregue a Ponzi era tanta que enchia gavetas, armários e até latas de lixo dos escritórios da *Securities Exchange Company*. Ponzi contratou auxiliares para ajudar a coletar as cédulas e preparar as notas promissórias. Atraídas pela excessiva movimentação, as autoridades começaram a, voluntariamente, visitar a empresa para entender o que se passava. O comissário de polícia Edwin U. Curtis enviou três investigadores. Com uma rápida apresentação do negócio, Ponzi conseguiu que dois deles se tornassem investidores, saindo de lá com suas notas promissórias. Depois, a empresa foi investigada pelo chefe dos correios e pelo promotor distrital, incapazes de apontar qualquer ato ilegal nas operações.

Superada a fase operacional de um Esquema Ponzi, quando a fraude é enfim revelada, a ação estatal é novamente criticada, desta vez, com outro matiz. É quando surgem os prejudicados. A principal linha de raciocínio sustentada pelos investidores fraudados argumenta que, se o negócio era fraudulento, o Estado deveria ter impedido seu funcionamento.

Em outras palavras, alegam que o Estado deveria ter proibido que os investidores fraudados efetivamente tivessem entrado no negócio, mesmo sendo esses investidores aqueles que temiam a ação estatal por esta colocar em risco o negócio e, consequentemente, sua oportunidade de ganhar muito dinheiro. Mais adiante na desmontagem da fraude, quando se entra na fase de investigações e processos judiciais, o Estado passa a ser o melhor amigo de um investidor fraudado, sua única esperança de reaver o capital investido ou, ao menos, parte dele.

Terceiros Incomodados

Além da ação fiscalizadora do Estado, a atuação de terceiros pode ser o fator responsável pelo prematuro encerramento de um Esquema Ponzi. Terceiros são empresas, indivíduos e organizações que não participam do esquema e que, por algum motivo, são compelidos a lutar pelo encerramento da fraude.

Quando um Esquema Ponzi entra em funcionamento, o mercado local passa a experimentar grande abundância de recursos, a qual resulta em crescimento no número de negócios do comércio e do mercado imobiliário. Investidores, convencidos de ter encontrado sua galinha de ovos de ouro, tendem a se desfazer de seus ativos como imóveis, automóveis, joias e aplicações financeiras em bancos comerciais com o intuito de investir um volume maior de recursos no esquema. À medida que esses investidores adquirem confiança no esquema, eles passam a utilizar os rendimentos para melhorar seu padrão de consumo, afinal, acreditam ter encontrado um negócio altamente rentável e duradouro. Nesse momento, passam a comprar imóveis, carros, artigos de luxo, cirurgias reparadoras, viagens e bens de consumo, contribuindo para o aquecimento da economia local.

Se o comércio e o mercado imobiliário não têm do que reclamar com o lançamento de um Esquema Ponzi, as instituições financeiras convencionais, os bancos, por sua vez, sofrem com a redução de depósitos e transações bancárias. Gerentes de contas, em bancos comerciais, sofrem para completar suas metas de captação. Assim, exceto pelos bancos escolhidos para operar o esquema, isto é, os bancos em que os operadores abrem suas contas pessoais e de seus negócios, as instituições financeiras convencionais são terceiros incomodados, interessados em encerrar o esquema.

Outros terceiros podem desejar o encerramento do esquema, motivados por sua missão institucional. Foi o que ocorreu no caso de Charles Ponzi, no qual a ação do jornal *Boston Post* foi decisiva para a implosão do esquema. O jornal não se beneficiava diretamente do esquema, e sua missão institucional era trazer a verdade dos fatos aos seus leitores. Contrapor a argumentação de Ponzi podia não ser a escolha mais popular, ainda mais quando todos estavam maravilhados com a capacidade fantástica, demonstrada pelo italiano, de transformar cupons em fortunas.

Investimento por Afinidade

Em Esquemas Ponzi, a decisão de investimento é fortemente influenciada pelo grupo a que pertence o investidor. O mesmo se dá, de forma até mais pronunciada, em outras modalidades de fraudes como as pirâmides financeiras. Investidores estão conectados a certos grupos ou associações com os quais compartilham a mesma origem ou os mesmos interesses. Raça, cultura, nacionalidade, idioma e crença religiosa coadunam pessoas em grupos de interesse. Em um mundo de crescente complexidade, muitas pessoas sentem a necessidade de saber em quem confiar. Isso se torna mandatório quando se trata de dinheiro, de finanças e de investimentos. A maioria das pessoas carece de conhecimentos suficientes sobre finanças, não sabe como analisar uma oferta de investimento. Tampouco dispõem de meios para investigar a pessoa que está a ofertar o negócio ou investimento. Dada essa dificuldade, as pessoas passam a se apoiar em seus grupos de afinidade.

Esquema Ponzi: como tirar dinheiro dos incautos

Fraudadores entendem esse apoio mútuo e a importância dos laços de afinidade. Por esse motivo, procuram passar a imagem de pertencer a um determinado grupo de afinidade, dentro do qual as pessoas colocarão poucas restrições ou levantarão poucas dúvidas com relação ao negócio ofertado.

Quando o fraudador é justamente aquilo que o investidor é, a relação de confiança se estabelece com facilidade. Fraudadores, então, se utilizam da proximidade e da solidariedade decorrente da afinidade para convencer os investidores pertencentes àquele grupo. Mesmo quando o promotor não tem claras relações de afinidade, ele estrategicamente construirá a confiança no negócio focando em determinado grupo, com a inclusão de membros desse grupo entre os primeiros investidores. Esses primeiros investidores serão bem-sucedidos e contribuirão com referências positivas. Desse modo, a conexão se estabelece, derrubando os receios decorrentes do ceticismo sustentado pelos demais membros do grupo de afinidade. Com isso o fraudador passará a acessar um grande número de investidores potenciais.

A perpetuação de fraudes financeiras com foco em determinado grupo de afinidade tem ainda outro efeito favorecendo o operador. Quando percebida a fraude, esses grupos tendem a protelar a notificação às autoridades, na tentativa de resolver o problema internamente ao grupo. Com essa atitude, as chances de um fraudador se sair bem aumentam, pois este poderá sempre apelar para a lealdade entre iguais e desencorajar a notificação às autoridades. Os acontecimentos de Boston tinham, ao menos até o ponto em que se tornou escandalosamente difundido, esse foco em um grupo de afinidade. Ponzi pertencia à comunidade de imigrantes italianos, e os membros dessa comunidade formavam a maior parte de seus investidores. O isolamento e as barreiras impostas pelo idioma local tornam grupos de imigrantes particularmente vulneráveis a fraudes financeiras, dado que os imigrantes tendem a viver em isolamento, separados da comunidade representada pela totalidade dos habitantes de um país ou uma cidade. Assim isolados, sobrevivem em um ambiente no qual o fluxo de informação é debilitado e enviesado.

Explorando as facilidades decorrentes da afinidade entre pessoas, os operadores de esquemas fraudulentos concentram seus esforços em grupos religiosos, os quais têm sido cada vez mais os alvos preferenciais de fraudadores que retiram bilhões das mãos de congregações, igrejas e de seus seguidores.

A fraude de investimento por afinidade costuma ser o tipo de golpe mais comum, segundo a *Securities and Exchange Commission* e a *North American Securities Administrators Association*. Fingindo pertencer ao grupo, fraudadores apostam na confiança mútua que seus membros mantêm. Eles aprendem o jargão e os costumes de um grupo, constroem um sentimento de comunidade e então oferecem a oportunidade de investimento. Nos Estados Unidos, entre 1984 e 1989, mais de 15 mil pessoas, ligadas a alguma espécie de religião, foram fraudadas em um total de 450 milhões de dólares. Entre 1998 e 2001, pelo menos 80 mil pessoas perderam 2 bilhões em fraudes aplicadas em comunidades de prática religiosa.

A natureza das fraudes por afinidade torna a investigação mais difícil. Normalmente a desconfiança com as autoridades é ainda maior do que aquela mantida em relação aos fraudadores. Essa ordem de confiança se mantém mesmo depois que as vítimas descobrem ter perdido dinheiro com o investimento.

Economia Política

Uma hipótese constantemente levantada com respeito a um Esquema Ponzi consiste na existência de conluio entre o fraudador e o poder instituído. Quando o esquema está em operação, a suposta associação entre promotor e autoridades reforça a crença de que o investimento tenha risco baixo ou quase nulo.

Acredita-se que as autoridades estejam facilitando o funcionamento do esquema ou ainda que estejam também na dependência do bom andamento da operação, dado que seus representantes podem não querer perder os recursos pessoais investidos. Depois do encerramento da fraude, quando as perdas vêm à tona, surgem inúmeras versões da participação de autoridades no esquema, resultando em críticas pela inépcia em deter o encerramento do esquema e em esperança de que as coisas se resolvam a contento, isto é, que o capital investido retorne ao bolso dos investidores.

Em Boston, Ponzi conduziu o esquema com charme e alta capacidade de convencimento de pessoas, mas não estava amparado por autoridades ou por indivíduos da classe dominante. Entretanto o imaginário popular criou a necessidade de que se buscassem evidências de que Ponzi e o poder instituído atuavam de forma coordenada. O objeto dessa busca era encontrar meios para que os cofres públicos cobrissem as perdas dos milhares de investidores, o que absolutamente não se verificou. Contudo há inúmeros casos de Esquemas Ponzi nos quais a salvação financeira promovida pelo Estado eliminou as perdas de investidores.

Quando o Estado fornece recursos públicos para aliviar a situação de um grupo de investidores, o que se verifica é uma transferência de riqueza entre contribuintes. Riqueza pertencente a todos os contribuintes é distribuída para os participantes do esquema, prejudicando aqueles que não participaram. Decorre daí que, estando presente a possibilidade de o Estado cobrir os prejuízos causados por um Esquema Ponzi em particular, é racional para os investidores participar do esquema, posicionando-se no polo que será beneficiado quando o esquema for encerrado. A real possibilidade de o Estado agir como provedor de última instância ocorre com maior frequência nas chamadas economias políticas.

O conceito de economia política representa a situação na qual o grau de ingerência dos atores políticos da sociedade na economia do país é alto. Sua ocorrência torna o ambiente favorável para a perpetuação de Esquemas Ponzi, nos quais os promotores mantêm relações de negócios e amizade com elementos-chave do cenário político. Essas relações reduzem a probabilidade de que o esquema seja encerrado pelas autoridades, favorecendo que o promotor tenha pleno controle sobre o esquema. Em paralelo, uma economia política se caracteriza pela existência de um setor público inflado, responsável pela maior parte do produto nacional, com legislação ambígua em relação à transferência de direitos de propriedade do Estado para cidadãos. Nessas condições, a probabilidade de que o Estado venha cobrir, isto é, arcar com os prejuízos dos investidores fraudados é grande. Mais ainda, em uma economia política, dá-se um acesso de baixo custo aos meios de comunicação de massa, o que implica grande eficiência de exposição na mídia. Por fim, nessas economias, a expectativa de punição, caso exista, para um fraudador é extremamente baixa.

França e Inglaterra, no século XVIII, e a transição do comunismo para o capitalismo, na Rússia e nos demais países do então ex-bloco soviético, são exemplos de quando essas condições se manifestaram. Após 80 anos de comunismo, o povo russo mantinha altas expectativas com relação ao capitalismo. As pessoas estavam ansiosas para alcançar as benesses que o recém-chegado modo de produção disponibilizaria, além disso, esperavam experimentá-las de imediato. Inúmeras empresas estatais foram privatizadas, porém não havia legislação hábil e órgãos de monitoramento da atividade privada que organizassem a transição para uma economia de mercado. Dado o ambiente econômico e regulatório, inúmeras empresas fraudulentas surgiram, naqueles anos, por todos os países do chamado bloco oriental.

> *Fraude em parceria público-privada: Durante a transição para uma economia de mercado, surgiu nos países do antigo bloco soviético um grande número de Esquemas Ponzi. O mais famoso deles, a MMM, emitia ações que em muitos aspectos se assemelhavam a cédulas de rublos. Com isso a empresa se beneficiava com a enganosa associação de seu negócio privado com atividades oficiais do Estado. Mais ainda, suas peças publicitárias eram veiculadas no canal de televisão estatal, completando a pretensa ligação com a área estatal.*

Roteiro de um Esquema Ponzi

Um Esquema Ponzi segue uma sucessão de eventos bem definidos. São eventos marcantes, e mesmo um observador não treinado em reconhecer esse modelo de esquema pode, com relativa facilidade, apontar os desdobramentos futuros do negócio. No cinema, um filme policial bem

Esquema Ponzi: como tirar dinheiro dos incautos

comportado tem em seu roteiro as sequências da perpetuação do crime, do conflito pessoal de investigadores, da suspeição pendente sobre pessoa inocente e da perseguição e prisão do culpado. De forma semelhante, um Esquema Ponzi, se fosse roteirizado, teria as seguintes fases: elaboração do esquema, crescimento exponencial, ruptura, resultado final para investidores e para promotores.

Na primeira fase, o esquema é elaborado pelo fraudador com a definição do modelo de negócios, do objeto de investimento e do público-alvo, para o qual será oferecida a oportunidade de investimento. Dependendo do tempo de maturação prometido para investimento inicial, o número de investidores crescerá com maior ou menor velocidade. Quando o fraudador começar a pagar os retornos prometidos, criando confiança no negócio, novos investidores virão com recursos adicionais, levando o esquema para a segunda fase – a fase de crescimento exponencial.

Nesse momento, há suficiente movimentação em torno do esquema para atrair outros investidores. O fraudador passa a utilizar os recursos obtidos na fase anterior com publicidade de modo a garantir um crescente número de novos investimentos. Também utiliza parte desse capital para administrar a imagem de proprietário de um negócio lucrativo, seguro, sólido e bem administrado. A empresa escolhe as melhores instalações. Inicia ou somente anuncia planos de expansão para outras praças e para outros mercados. Os operadores deixam transparecer sinais aparentes de riqueza. Todavia, enquanto a bola de neve vai crescendo, os operadores vão extraindo percentagens do capital movimentado para fora do esquema, com a compra de bens em nomes de pessoas não diretamente envolvidas no esquema; de moedas estrangeiras em espécie, de ativos portáveis como joias, pedras preciosas, diamantes e ouro; além de abrir contas-correntes em bancos sediados em paraísos fiscais.

Na terceira fase, a fase de ruptura, os fraudadores podem estar prontos para fugir se essa alternativa estiver considerada em seu plano e se as condições em que se der a ruptura permitirem. Há casos em que fugir não é uma opção. Nesses casos, eles acreditam poder sair impunes ou aceitam o risco de enfrentar as consequências legais, para, depois de um tempo, após terem sido transcorridas as penas, viver com tranquilidade e conforto proporcionado pelos recursos desviados e não recuperados pelas vítimas. A ruptura é caracterizada pela interrupção dos resgates por parte dos investidores, isto é, o esquema não mais cumpre a promessa original. Origina-se na ação do Estado ou na quebra de confiança dos investidores, resultante de problemas com fluxo de caixa do esquema ou do convencimento a respeito da fraude promovido por terceiros incomodados. Neste segundo caso, os operadores ainda detêm o controle sobre o capital em mãos e, por esse motivo, determinam a interrupção dos pagamentos, antes que o caixa do esquema seja esvaziado. Por outro lado, podem preferir lutar pelos corações e mentes dos investidores, encomendando campanhas de *marketing*, prestando esclarecimentos e desqualificando os ataques recebidos, na tentativa de dar uma sobrevida ao esquema. Rumores e boatos, prevalecentes nessa fase, juntamente com as corridas aos saques, minam a credibilidade no negócio. Investidores seguem indecisos entre sair do negócio, protegendo seu capital, e manter seu investimento para não deixar passar a oportunidade de enriquecer. Depois de confirmada a ruptura, surgem os compradores de créditos, participações ou certificados com deságio.

A fase final define o resultado alcançado por investidores e fraudadores de um Esquema Ponzi. Os primeiros sofrem perdas materiais e desgaste psicológico para si e para suas famílias. Percebem, então, que a ganância superou o medo, que a vontade de ficar rico criou falsas imagens em seu processo de decisão. Passam a privilegiar a proteção de seus capitais, temendo pelo seu futuro, embora mantenham esperanças de que algum tipo de negociação judicial ou extrajudicial possa garantir o recebimento dos recursos investidos. Logo, fica claro que os ativos do negócio, supostamente lucrativo, são ínfimos, insuficientes para cobrir todo o montante nele investido. Surgem associações de investidores, criadas para tentar recuperar o investimento. Os fraudadores, se não fugirem, serão condenados, mas, estando de posse de um volume imenso de recursos, podem contratar bons defensores, conseguindo toda a sorte de protelações na decretação definitiva da pena. Além disso, o tempo que passam em defesa judicial está sendo vivido em condições, no mínimo, confortáveis, sem sofrer quaisquer pressões de ordem financeira. Finalmente, depois de muitos anos, os processos judiciais chegam ao fim, iniciando-se os processos de execução da falência, com a venda dos poucos ativos restantes. Quase sempre o rateio final devolve aos investidores uma parcela diminuta de seu capital investido no esquema.

CAPÍTULO VI

MECANISMOS DE DIFUSÃO DE FRAUDES

Você pode ser enganado se confiar demais, mas você vai viver em tormento se você não confiar o suficiente. (Frank Crane)

Compreender como ocorre um Esquema Ponzi exige a conceituação dos variados processos constituintes de fraudes, entre eles, os mecanismos pelos quais as ideias a respeito de fraudes são difundidas na sociedade. Difusão é um processo de comportamento social que resulta no modo, na velocidade e na profundidade com que ideias, atitudes, hábitos, costumes, práticas, ameaças, superstições, rumores, boatos, informações, idiomas, neologismos, produtos, crimes e fraudes são distribuídos, aceitos ou adotados em sociedades humanas, como consequência do relacionamento pessoal e organizacional dos membros e das instituições presentes e atuantes nessas sociedades. O estudo da difusão tem grande importância para empresas e pessoas engajadas em ações de *marketing*. Ele indica como as pessoas são induzidas a adquirir determinadas marcas de produtos, reconhecendo nessas marcas atributos favoráveis e tornando-se fiéis compradores, clientes ou consumidores. Ainda no campo de ações legais, os profissionais de *marketing* buscam subsídios para o planejamento do lançamento de novos produtos.

Assim, o modo como inovações e novos produtos se inserem em um mercado dependerá da efetividade dos mecanismos de difusão adotados. O mesmo se dá em fraudes de investimento. Conceitos utilizados em *marketing* são aplicáveis ao estudo dos mecanismos de difusão de fraudes. Mesmo em fraudes financeiras, como Esquemas Ponzi, os conceitos "adotantes iniciais", "adotantes tardios" e "não adotantes" são aplicáveis. Adotantes iniciais seriam os investidores que participam, seguindo inúmeros incentivos e motivações, das primeiras rodadas do esquema. Adotantes tardios são aqueles que demoram mais a tomar conhecimento do esquema ou relutam por mais tempo antes de decidirem participar. Estes, ao entrar tardiamente no esquema, tendem a ser os potencialmente mais prejudicados ou, usando a definição de Esquema Ponzi, os últimos, cujos recursos são utilizados para pagar os investidores mais antigos. Geralmente, perdem a totalidade do capital investido. Por fim, não adotantes são pessoas que ainda não entraram em um determinado Esquema Ponzi ou que jamais o farão, seja por convicção, seja por pura sorte e acaso.

Há inúmeros mecanismos que de alguma maneira promovem ou desencorajam a difusão de um produto ou uma fraude. Esses mecanismos atuam alterando o processo de tomada de decisão das pessoas com respeito à inclinação ou contenção de adotar determinada inovação e constituem atributos do produto, comportamento e atributos dos compradores, comportamento e atributos do vendedor, natureza da rede social e método de propagação.

Tratando-se de oportunidades fraudulentas de investimento, os mecanismos podem ser renomeados de acordo com a tipologia do esquema, em atributos da oportunidade de investimento, comportamento e atributos dos investidores, comportamento e atributos do operador da fraude, natureza do mercado potencial e método de divulgação.

Atributos da Oportunidade de Investimento

Os atributos de um produto (dimensão, peso, cor, embalagem, preço, volume, eficiência, entre tantos outros) influenciam a velocidade com que este é adotado pelo mercado consumidor. A correta combinação desses atributos amplia as chances do produto no mercado, indicando vantagens sobre os produtos competidores, compatibilidade com as experiências passadas e aderência aos valores e às crenças dos consumidores. Paralelamente, os atributos de uma oportunidade fraudulenta de investimento terão sobre investidores o mesmo grau de influência.

Uma fraude consiste na representação falsa de fatos materiais. Seus atributos devem contribuir com a criação dessa falsa representação, mantendo uma expectativa alta, embora deceptiva. Para tanto, operadores de Esquemas Ponzi procuram revestir a oportunidade de investimento com atributos que permitam a associação positiva de que se trata de um negócio benéfico, simples e compatível com os investidores.

Todavia, a oportunidade simples e compatível é também apresentada como única, fugaz, altamente rentável e totalmente sem risco. Para reforçar o elemento retorno extraordinário, os fraudadores superestimam as chances de ganho e minimizam a possibilidade de perdas. Um Esquema Ponzi será sempre um negócio certo, na argumentação de seus promotores, e é por esse motivo que o objeto de investimento recai em uma ideia inusitada, incomum, inexplorada, levando investidores a acreditar nas possibilidades de grande sucesso com um risco mínimo.

Comportamento e Atributos dos Investidores

Adotantes iniciais compram ou investem de forma prematura. Quando comparados com os adotantes tardios, apresentam atributos comuns, um perfil aproximado, usualmente, tendo mais educação formal, uma posição socioeconômica mais alta, grande habilidade de lidar com incertezas e riscos, maior acesso à informação e mais habilidade para compreender situações abstratas. Além desses atributos, adotantes iniciais aspiram fortemente à ascensão social e creem cegamente que são espertos demais, capazes demais e que nunca seriam enganados, importantes traços de personalidade que podem fazer desse grupo de pessoas vítimas de fraudes de investimento, embora em casos de Esquemas Ponzi representem o grupo das pessoas potencialmente beneficiadas, desde que saibam sair do esquema no tempo adequado.

Conhecendo esse traço da personalidade de suas vítimas, com destaque para aqueles que enxergam investimentos especulativos com a grande tacada que os levará à cobiçada ascensão social e financeira, fraudadores concentram seus esforços nesse grupo, sabendo que a superconfiança as levará a tomar decisões ruins.

Comportamento e Atributos do Promotor

Estudos mostram que o sucesso de um vendedor está altamente relacionado à qualidade do contato com os clientes, à empatia causada por ele e à credibilidade conquistada no trato com os clientes. Cabe a um vendedor lidar com esses fatores de modo que eles favoreçam a conclusão da venda. De forma semelhante, cabe aos promotores de esquemas fraudulentos confirmarem, por meio de elementos exteriores, suas boas intenções e a infalibilidade do esquema sendo proposto. Para isso eles utilizam artimanhas de influência, deixando escapar informações, dicas e evidências que confirmam a imagem de riqueza e prosperidade, associada ao investimento que estão a propor. Promotores de fraudes cultivam a imagem de sucesso, construída com a presença de itens de consumo de alto valor, como carros caros; residências em bairros valorizados; escritórios em endereços exclusivos; ternos, camisas, relógios, joias e todo tipo de vestimenta e acessório de qualidade superior.

Charles Ponzi dominava com maestria a impressão positiva causada em seus investidores. Sua mansão em Lexington, seus automóveis *Locomobile*, suas roupas, suas atividades de caridade, além da participação no *Kiwanis Club*, demonstram essa habilidade. Além disso, Ponzi tinha também grande habilidade no trato com pessoas. Conduzia seu negócio dos cupons de resposta internacional com charme, nele aplicando sua grande capacidade de convencimento de pessoas. Ele costumava aparecer para cumprimentar investidores na fila da *Securities Exchange Company*, distribuía café e rosquinhas, realocava idosos, assim como mulheres grávidas, para posições mais vantajosas na fila.

> *Ponzi, mestre do convencimento: Em suas aparições na fila de investidores, Charles Ponzi costumava trazer visível no bolso de lenço de seu terno um cheque visado no valor de um milhão de dólares. Ele apontava para o cheque e dizia aos investidores que com aquela soma poderia viver com todo o conforto pelo resto da vida. "Qualquer coisa que eu obtenha acima disso, eu pretendo usar para o bem do mundo", adicionava, criando uma forte impressão favorável em seus investidores.*

Natureza do Mercado Potencial

A natureza da comunidade de investidores é relevante na difusão de fraudes, pois determina o modo e a velocidade de adoção da proposta de investimento. A estrutura da rede social pode apresentar barreiras à integração de uma população mais heterogênea, gerando grandes grupos sociais com contato limitado entre si dentro de uma mesma população. Esses grupos apresentam alta inter-relação, poucos laços de relacionamento entre eles e uma desconfiança mútua que pode, por vezes, transformar-se em hostilidade explícita. Em uma comunidade integrada, investidores e promotores da fraude estão conectados e em constante contato, criando uma rede de inter-relações que facilita a difusão do esquema.

Do ponto de vista dos interesses de um fraudador, o grau de conectividade de uma comunidade de investidores representa um dilema, sobre o qual ele deve, estrategicamente, posicionar-se ao montar seu plano de ação. Ao planejar operar um esquema de fraude em uma comunidade altamente conectada, o fraudador deve considerar a necessidade de cultivar uma relação de confiança com um ou mais membros da comunidade, de preferência, aqueles que demonstram liderança sobre os demais. Alcançadas as primeiras vítimas, o esquema facilmente será difundido para os demais membros da comunidade. Esse é o caso da chamada fraude por afinidade, cuja execução se concentra em grupos étnicos, religiosos ou funcionais. A vantagem para a difusão da fraude, nestes casos, decorre do fato de que a confiança mútua entre os membros reforça a recomendação de um deles, fazendo com que a divulgação baseada na recomendação oral seja bem-sucedida, garantindo a rápida difusão da fraude. Por outro lado, escolher um grupo de afinidade pode representar maior probabilidade de detecção da fraude, enquanto o fraudador não tiver conquistado a confiança do grupo, dado que investidores também trocarão informações sobre seus investimentos, impressões sobre suspeições, podendo até mais facilmente agir coletivamente contra o fraudador. A este resta a alternativa de escolher a estratégia de concentrar seus esforços em investidores desconectados entre si, isto é, sem aparentes relações de afinidade. Estando esses investidores impossibilitados de trocar informações sobre o negócio, já que não se conhecem, ficam minimizadas as chances de apresentarem oposição às atividades em andamento. Essa estratégia, todavia, diminui consideravelmente a velocidade de propagação da fraude.

Método de Divulgação

A recomendação oral está entre os inúmeros métodos de divulgação de produtos, serviços, inovações, ideias e conceitos, consistindo em poderoso instrumento de *marketing*. Clientes satisfeitos fazem boas avaliações do produto ou do serviço para seus familiares, amigos e colegas, o que colabora para que estes se tornem também consumidores ou clientes. Como método de divulgação, a recomendação oral entre investidores, denominada divulgação social, implica a existência de alguma relação de afinidade entre os investidores, o que resulta nas mesmas vantagens e desvantagens do investimento por afinidade. Por esse motivo, promotores podem procurar difundir fraudes de investimento utilizando métodos de divulgação impessoal, como correspondência diretamente enviada a investidores em potencial; publicidade em jornais, revistas e na Internet; e ações de *telemarketing*. Estudos sobre fraudes sugerem que métodos impessoais são mais comuns que métodos de divulgação social como instrumento de divulgação entre as vítimas. Entretanto, promotores podem lançar mão de ambos os métodos. Em Esquemas Ponzi, que têm na construção da confiança um elemento constitutivo, a divulgação social é requisito indispensável. Contudo, promotores de Esquemas Ponzi podem ainda divulgar a fraude de modo impessoal para alcançar uma base de investidores mais ampla e difusa, fazendo crescer o volume potencialmente disponível para a fraude.

Ação Reguladora do Estado

A ação estatal na prevenção de Esquemas Ponzi apresenta forte dicotomia. Em geral, a capacidade estatal de agir satisfatoriamente sobre fraudes em andamento é bastante limitada por uma série de fatores. Primeiro, o Estado se encontra, na maioria das vezes e em inúmeros países, desaparelhado para identificar e enfrentar fraudes. Aos agentes estatais falta conhecimento e informação para compreender os variados objetos de investimentos, identificar as ilegalidades e interromper as condutas inapropriadas.

Motivadas pelos editoriais da imprensa e incomodadas com o sucesso de Ponzi e com a movimentação provocada por seus investidores, as autoridades federais e de Massachusetts passaram a investigar o esquema, ainda que de modo preventivo. Edwin L. Pride, o auditor federal na ocasião, reuniu-se com representantes do procurador federal e com inspetores dos Correios para reportar que, até aquele ponto, nada de errado havia sido encontrado na auditoria realizada na *Securities Exchange Company*. Logo após abrir seu estabelecimento, Ponzi recebeu a visita de um inspetor dos Correios e de um membro da Câmara de Comércio. A avaliação do comerciante foi de que a ideia de Ponzi era, de fato, muito boa. O inspetor, embora tenha levantado dúvidas sobre a legalidade da troca de cupons por dinheiro, convenceu-se com a explicação de Ponzi de que as trocas se dariam no exterior, fora da jurisdição das leis norte-americanas. As avaliações positivas recebidas das duas visitas ilustram a contribuição que um objeto de investimento bem escolhido empresta à trama, complicando a compreensão a respeito do negócio. Mais ainda, esses dois episódios exemplificam o despreparo daqueles responsáveis por interromper um Esquema Ponzi incipiente.

A falta de compreensão imediata a respeito do investimento gera para o Estado o risco de ferir interesses legítimos, expresso pela possibilidade de se interpor e interromper o funcionamento de um negócio lucrativo, sustentável, gerador de empregos e benéfico para a economia local. A sujeição a esse risco intimida a ação reguladora do Estado.

Outro fator relevante na definição da ação estatal consiste na fragmentação de sua ação, fazendo a regulação e a fiscalização tornarem-se dependentes de inúmeros serviços e agências, cada qual com um foco limitado. Em regra, a Receita Federal preocupa-se com as receitas de uma empresa e o recolhimento dos impostos sobre essas receitas; os Correios, no caso de Ponzi, se limitaram a verificar unicamente a adequação das atividades estritamente ligadas a área postal; os procuradores-gerais se movimentam apenas quando o burburinho passa a incomodar e já está envolvida uma parcela significativa da população; e o comissário dos bancos mantém foco exclusivo nas transações bancárias, pouco se importando com a inviabilidade de troca de milhões de cupons resposta internacional. Outros órgãos e serviços atuam na fiscalização e no licenciamento de empresas, exigindo adequação às leis ambientais, de segurança, inscrições estaduais e municipais, na garantia do cumprimento de legislação trabalhista e em inúmeros outros aspectos, sempre de forma fragmentada. A defesa da economia popular sofre com a inexistência de uma instância superior que analise o investimento na plenitude dos variados interesses relacionados, que seja capaz de compreender o negócio e o mal que dele pode resultar de forma efetiva e tempestiva.

Sujeitos a avaliar a ação do Estado oscilando entre desmancha-prazeres e tábua de salvação, investidores que também estão insatisfeitos com o desfecho do esquema, tendo descoberto que foram fraudados, transferem sua frustração para as autoridades, despejando sobre elas toda a sorte de acusações, culpando-as de terem permitido que uma fraude fosse levada adiante.

Quando se trata de uma condição de fraude por afinidade, as ações dos fraudadores ficam favorecidas, pois, em inúmeras vezes, o caso deixa de ser reportado às autoridades, ou quando é reportado, muito já se passou e as proporções alcançadas pelo esquema são enormes, dificultando a ação das autoridades. Também o poder de convencimento dos promotores desempenha um papel crítico quando as fraudes são encerradas. Grupos de afinidade ou mesmo de indivíduos desconfiam em demasia das autoridades, preferindo acreditar nas promessas dos promotores de que algum tipo de arranjo poderá ser costurado para trazer os recursos de volta às mãos dos investidores. Ponzi esforçou-se em utilizar esse estratagema. Pretendia afastar as autoridades, lidando com uma dificuldade por vez, mas mantendo o moral alto e vendendo ideias novas, na tentativa de conquistar a opinião pública, a qual poderia fazer oscilar a determinação das autoridades em encerrar seu esquema.

A crença de que a economia é monitorada de perto pelo Estado reforça os efeitos anteriores, dela decorrendo a conclusão de que se o esquema está em funcionamento é porque tem a aprovação estatal. No mundo real, a realidade é outra. Empresas que adotam práticas ilegais escapam do alcance de agências fiscalizadoras e reguladoras. O Estado tem poucos recursos e pouco tempo, considerando o elevado número de empresas a serem monitoradas. Além disso, a escolha de fiscalizadores pode recair no ajustamento de conduta, isto é, na concordância em se adequar à legislação no futuro ou na moderação de sua ação por temor a queixas conta a intrusão estatal no mercado.

Atitude de Investidores com Relação ao Regulador

Há ainda outros comportamentos verificados depois do término das rodadas da fraude. São os daqueles que estão muito embaraçados para se revelarem como vítimas de um esquema fraudulento e culpam a si próprios. Apesar de as vítimas não estarem sozinhas, elas sofrem em isolamento e silêncio. Vergonha, culpa e descrença estão entre as razões para que apenas cerca de 15% das vítimas de fraude deem queixa às autoridades. Alguns acham que suas perdas não são suficientemente grandes para dar queixa às autoridades, outros não querem se envolver mais, temendo retaliações por parte dos fraudadores, e outros ainda acreditam que as autoridades não darão a devida importância ao caso, além de acreditarem que nada de bom será obtido com o processo civil e criminal, a não ser perder tempo e mais dinheiro com o acompanhamento da ação na esfera judicial. Mais ainda, há aqueles que não podem apontar uma origem legal para o dinheiro investido na fraude. O Estado desempenha um papel relevante antes, durante e depois da perpetuação de um Esquema Ponzi, de modo que a existência de órgãos reguladores em uma determinada economia pode evitar a formação de fraudes de investimento.

A SEC de Ponzi e a SEC atual

Na década de 1920 não havia ainda sido criado um órgão para supervisionar o mercado de capitais nos Estados Unidos. Não existia ainda a *Securities and Exchange Commission* (SEC) de hoje, apenas a *Securities Exchange Company* (SEC) de Ponzi. Quem olha para a história de Ponzi pode concluir que sua empresa tenha recebido o nome escolhido na tentativa de iludir potenciais investidores com uma falsa associação com a agência federal. Charles Ponzi é inocente desse crime. A agência federal somente foi criada na década de 1930, anos depois do *frenesi* causado pelo negócio com cupons resposta internacional que, certamente, chamou a atenção dos legisladores para a necessidade de regulamentar o mercado de capitais. Ponzi, curiosamente, ao escolher o nome de sua empresa, formou a sigla daquela que, mais tarde, seria a sigla da instituição responsável por supervisionar mercados mobiliários e planos de investimento como aquele por ele organizado.

A *Securities and Exchange Commission* tem como missão institucional proteger investidores e garantir a integridade do mercado de capitais, atuando como defensor e advogado do investidor. A criação de uma instituição com a função de regular o mercado de capitais foi uma resposta aos inúmeros esquemas de enriquecimento rápido e outras atividades fraudulentas perpetuadas já durante a década de 20, quando cerca de 20 milhões de investidores participavam do mercado acionário. Estima-se que, nesse período, 50 bilhões de dólares em novos títulos acionários tenham sido emitidos. Metade das ações emitidas no período teve seu valor reduzido a zero em poucos meses ou anos. A Grande Queda da Bolsa de Valores de Nova York, em outubro de 1929, destruiu fortunas daqueles que haviam investido suas economias em ações. Bancos também mantinham significativas posições em ações e suas perdas não foram pequenas, gerando uma corrida de correntistas temerosos de que os estabelecimentos quebrassem, deixando de honrar os pagamentos dos valores neles depositados. Os acontecimentos de 1929, acompanhados da depressão econômica que se seguiu, derrubaram a confiança dos investidores. Entendendo a importância de um mercado de capitais forte e atuante, o Congresso dos Estados Unidos aprovou, em 1933, o *Securities Act* e, em 1934, a *Securities Exchange Act*. O mandamento fundamental promulgado nessas leis exigia que as empresas que oferecessem publicamente títulos mobiliários declarassem a verdade sobre seus negócios, sobre os títulos ofertados e sobre os riscos envolvidos no investimento. Além disso, os profissionais envolvidos em transações de valores mobiliários obrigavam-se a tratar os investidores honestamente, colocando sempre o interesse desses à frente em qualquer atividade relacionada à transação de títulos mobiliários. A *Securities Act* exigiu ainda que os investidores recebessem informações financeiras e outras informações relevantes sobre os valores mobiliários sendo oferecidos em oferta pública. Também proibiu, definindo como crime, o uso de instrumentos ardilosos ou fraude na venda de títulos mobiliários. Ambas as leis continuam em vigor. A *Securities and Exchange Commission* foi criada, ato contínuo, em 1934, para monitorar e garantir a aplicação dessas leis aprovadas naqueles meses.

> *Presidente nomeou pai de futuro presidente: Joseph P. Kennedy, pai do futuro presidente dos Estados Unidos, John F. Kennedy, foi apontado pelo então presidente Franklin D. Roosevelt como o primeiro executivo-chefe da SEC, em 1937.*

Comissão de Valores Mobiliários

No Brasil, a Comissão de Valores Mobiliários (CVM) desempenha papel semelhante ao que a SEC tem nos Estados Unidos, garantindo a fiscalização da Lei do Mercado de Valores Mobiliários, conforme determina a Lei n° 6.385, de 7 de dezembro de 1976, que dispõe, entre outras coisas, que nenhuma emissão pública de valores mobiliários possa ser distribuída sem o prévio registro na Comissão de Valores Mobiliários. Mediante a colocação junto ao público investidor dos valores mobiliários registrados na CVM, as empresas podem captar recursos necessários à execução de projetos, promover a reorganização de suas atividades, alterações na estrutura de capitais, adequação de sua estrutura de capital ou ainda fazer outros usos.

A diretriz de concepção do registro adotada pela CVM é de não exercer julgamento de valor sobre empresas e fundos que desejam captar recursos no mercado público, zelando apenas pelo fornecimento adequado de informações aos investidores. A sistemática de registro estabelece os elementos mínimos de informação necessários para uma adequada decisão de investimento. Serve, também, como proteção para os investidores, ao verificar a legitimidade da emissão de valores mobiliários e a legalidade dos atos societários e disposições legais que deram origem à referida emissão, não se constituindo, todavia, em atestado de qualidade do empreendimento, de seu potencial de lucro ou de sua adequação mercadológica.

O Registro de Emissão e Distribuição de Valores Mobiliários é um procedimento que fornece aos investidores dados sobre os valores mobiliários sendo oferecidos, entre os quais se destacam suas características, volumes, preço, forma e locais de colocação, comissões de intermediação, os agentes de colocação, riscos potenciais e outros detalhes. Essas informações, juntamente com aquelas da operação em si e aquelas a respeito do emissor dos títulos, são consideradas suficientes para que o investidor possa tomar uma decisão consciente.

A prática recomendada aos investidores, antes de tomarem sua decisão de investimento em determinado valor mobiliário, é verificar se a emissão e a distribuição do valor mobiliário encontram-se registradas na CVM.

Exigência de Registro Prévio na CVM: Valores Mobiliários que devem obter registro prévio na CVM: ações; debêntures; notas promissórias; bônus de subscrição; opções de compra e venda de Valores Mobiliários ("Warrants"); Certificados de Depósito de Valores Mobiliários (BDR, Carteira Selecionada de Ações, Units, e outros); Títulos de Investimento Coletivo; Certificados de Recebíveis Imobiliários; Certificados a Termo de Energia Elétrica; Certificados de Investimento Audiovisual; e Quotas de Fundo de Investimento Imobiliário.

Psicologia do Investidor Ponzi

Embora não tenham sofrido nenhuma agressão física real, vítimas de fraudes se sentem pessoalmente violadas, pois o trato com o fraudador, sua proximidade e demonstração de amizade e de empenho pessoal representam o equivalente psicológico de um atentado contra a pessoa. Vítimas procuram aconselhamento profissional, buscam associar-se a outras vítimas ou buscam consolo em atividades religiosas. Outras sofrem sozinhas. Normalmente perdem a confiança nas pessoas, nas instituições e, principalmente, em si mesmas. Temendo ser criticadas ou ridicularizadas, algumas vítimas escondem de seus amigos, familiares e conhecidos o fato de que participaram do esquema.

Em uma lista não exaustiva, as vítimas de fraudes financeiras tendem a experimentar sentimentos e emoções como descrença, condenação da sociedade, indiferença, isolamento doentio, alienação, imputação de culpa em amigos e familiares, raiva, ressentimento, sensação de traição, frustração, decepção com a atuação de autoridades, vergonha, embaraço, culpa, medo do futuro e preocupação com o bem-estar próprio ou de suas famílias. Por um lado, a perda terá uma expressão numérica representando a quantidade de dinheiro ou os bens perdidos com o esquema; por outro lado, o impacto emocional gera efeitos mais severos de maior relevância, sendo válida certa correspondência entre a perda financeira e a perda emocional. Quando os bens entregues aos fraudadores condizem com a perda da segurança financeira, isto é, quando se comprometeu a própria residência familiar, o negócio, a herança, fundos de aposentadoria ou mesmo a credibilidade pessoal e profissional, as vítimas tendem a sofrer consequências devastadoras. Os efeitos psicológicos usualmente presentes em vítimas de crimes violentos incidem também em vítimas de fraudes financeiras: pânico, hiperventilação, taquicardia, perda de apetite, insônia, desinteresse pelo cotidiano e depressão. As vítimas ficam por muito tempo remoendo os eventos relacionados com a fraude, sentindo a necessidade de falar a respeito todo o tempo, revendo mentalmente as passagens e imaginando o que poderia ou deveria ter feito de modo diferente para evitar aquela condição. Famílias sofrem, seja pela imputação de culpa, seja pela crescente dificuldade de relacionamento com a vítima, resultando em ausência de apoio por parte do cônjuge, separação ou divórcio. Em casos extremos, o infortúnio resulta em tentativas de suicídio.

Uma pesquisa com pessoas que foram fraudadas em esquemas de enriquecimento rápido, realizada pelo *National Institute of Justice*, nos Estados Unidos, revelou que 85% perderam dinheiro ou bens, 20% passaram a ter problemas financeiros ou dificuldades de crédito, 14% apresentaram problemas de saúde ou psicológicos diretamente relacionados à vitimização e mais de 10% perderam horas ou dias de trabalho para lidar com o rescaldo do investimento, isto é, com ações judiciais, depoimentos às autoridades e inscrição de seu nome em listas de credores.

Enquanto os efeitos psicológicos dos vitimados não são desprezíveis, outro lado da psicologia dos investidores faz mais sentido de ser analisado: a tomada de decisão que levou à participação no esquema. O que faz um investidor participar de um esquema desses, quais são suas expectativas com relação ao negócio e quão informado ele está ao decidir participar são questões obrigatórias em uma abordagem do estado psicológico do investidor. Sobre essas questões, acadêmicos se dividem em dois grandes grupos. De um lado se alinham aqueles que consideram esse tipo de fraude como um caso típico de informação assimétrica, isto é, como uma situação na qual os investidores sabendo menos que os fraudadores se tornam vítimas destes.

O outro grupo aposta em uma decisão de investimento formada com base em aspectos comportamentais próprios de investidores e fraudadores. Todo ser humano reluta em admitir que esteja errado. Há uma tendência de reter ativos perdedores e de vender posições que apresentaram alguma tendência de alta. Normalmente, o fluxo de entrada de recursos em fundos de investimento com bom desempenho se dá em uma velocidade muito superior à velocidade dos saques dos fundos com retornos abaixo do esperado. Outra característica comportamental que compromete a racionalidade das decisões tomadas por investidores é a chamada contabilidade mental, na qual as pessoas, em vez de considerarem cada unidade monetária como idênticas, dividem seus ativos correntes e futuros em classes diversas às quais atribuem importância distinta. Assim, ativos de mesmo valor têm pesos e significados atribuídos de forma diferenciada, comprometendo o processo de tomada de decisão. Esses são apenas dois dos inúmeros vieses de pensamento e decisão que têm sido estudados pela incipiente disciplina de Finanças Comportamentais, disciplina que coloca o indivíduo e suas idiossincrasias no centro das relações de troca em uma economia.

Demografia das Vítimas de Fraude

Embora haja determinado certo perfil de fraudadores, não se pode afirmar que haja um grupo bem definido de vítimas, pois os repetidos casos têm revelado como vítimas pessoas de todas as classes sociais, com os mais variados níveis de escolaridade, de grupos étnicos, incluindo artistas, atletas, profissionais liberais, executivos, políticos e até economistas. É natural crer que pessoas mais gananciosas apresentem maior propensão para participar desses esquemas. Todavia, nem todas as vítimas são ambiciosas, gananciosas, propensas ao risco ou autossabotadoras. Tampouco são todas as vítimas ingênuas, pouco educadas ou idosas. As vítimas apresentam-se em variadas raças, idades, religiões, nível socioeconômico e formação educacional, para regozijo dos promotores dos esquemas que deliberadamente procuram por famílias de recursos limitados ou em dificuldade financeiras, as quais podem ser mais receptivas à promessa da fraude.

Cada tipo de fraude tem suas particularidades. Idosos, embora constituam o grupo com maior tendência a reportar fraudes e tentativas de fraudes às autoridades, constituem o grupo-alvo de fraudes veiculadas por telefonia, pois têm dinheiro, propriedades, poupanças e investimentos, estão mais em casa para receber as ligações e dão mais atenção às propostas de investimento sendo oferecidas. A outro grupo, o grupo de adultos jovens e educados, falta maturidade e experiência para reconhecer uma fraude. Eles têm grande desejo e sofrem pressão social para melhorar seu padrão de vida rapidamente.

Além disso, pouco ou quase nada sabem sobre investimentos financeiros. Outras pessoas são procuradas por fraudadores quando suas características as colocam como presas fáceis: aquelas que exibem grande compaixão, respeito por personalidades autoritárias, além de terem um espírito crítico fraco.

Interessam aos fraudadores as potenciais vítimas com recursos limitados, poucos conhecimentos de negócios, nenhuma experiência em franquias, vendas e distribuição, ou sem condições financeiras de se estabelecer pelos seus próprios meios. O trabalho que fraudadores têm para convencer suas vítimas é favorecido quando estas apresentam dificuldades com operações matemáticas, o que facilita que as promessas de grandes retornos sejam entendidas como plausíveis.

> *Idiotas ou maximizadores de riqueza? O juiz que determinou a liberação de Charles Ponzi, em 7 de agosto de 1924, após o pagamento de fiança para o Estado de Massachusetts, declarou aos jornais: "Ele vai fraudar as pessoas novamente. Ninguém é tão idiota como esses investidores."*

Informação Assimétrica

O caso da Filantropia da Nova Era fornece um exemplo claro da facilidade encontrada por operadores de Esquemas Ponzi. John Bennett enganou organizações sofisticadas com ampla experiência em investimentos e acostumadas a realizar doações volumosas a instituições de caridade.

A maioria delas verificou, antes de investir, a viabilidade e os aspectos de segurança relacionados a um potencial investimento na Filantropia da Nova Era. Com isso entenderam que o dinheiro estaria seguro e que a empresa era um agente legítimo e honesto. O que se viu foi que essas verificações prévias não foram tão eficazes quanto deveriam ter sido.

Esse caso, em particular, levanta duas questões. Primeira: como pode investidores tão sofisticados serem fraudados? Depois: o que pode ser feito para evitar que investidores com menos conhecimento e experiência caiam nesses esquemas fraudulentos? A Economia Neoclássica fornece uma explicação plausível, embora limitada e pouco convincente, para a recorrência de fraudes financeiras. O problema com a teoria neoclássica nesse ponto em particular consiste no fato de que ela faz assunções que descartam a existência de fraudes financeiras. Nessa linha de raciocínio, todas as pessoas são racionais, implicando que os agentes procuram maximizar a rentabilidade dos investimentos, dado um determinado nível de risco. Isso significa que, quando grandes montantes estão em jogo, investidores procuram uma grande quantidade de informação sobre a oportunidade de investimento. Investidores sabem que há uma probabilidade diferente de zero de que eles serão fraudados. Mas uma vez que se aceita como válida a premissa de que pessoas sejam racionais no sentido anteriormente descrito e que elas sabem o que estão fazendo antes de investir, fica difícil de explicar por que as pessoas são frequentemente enganadas em Esquemas Ponzi. É nesse ponto que a teoria neoclássica apresenta a noção de informação assimétrica. Em casos de investimento, os investidores sempre sabem menos que a pessoa ou a empresa que recebe o dinheiro. O indivíduo que dá o dinheiro para alguém investir não sabe se o capital será realmente utilizado em um Esquema Ponzi, posicionando-se em desvantagem.

Contudo, a noção de informação assimétrica não explica bem a existência de fraudes financeiras. Qualquer indivíduo racional que entregue seu dinheiro tem grande incentivo para se assegurar de que os recursos serão realmente empregados conforme o que foi combinado. Investidores racionais, no sentido neoclássico, deveriam perceber que a rentabilidade extremamente alta que está sendo oferecida não é plausível e que as promessas de retornos altos deveriam sinalizar que algo está errado, indicando a possibilidade de um Esquema Ponzi estar em andamento.

Entretanto os fatos observados no caso da Filantropia da Nova Era não reforçam a explicação fornecida pela teoria neoclássica. Muitos investidores não verificaram as contas da empresa com cuidado antes de

Esquema Ponzi: como tirar dinheiro dos incautos

entregar seus recursos. Todos acreditaram na garantia dada pela *Prudential Securities* de que os fundos dados para a Nova Era estavam sendo mantidos em contas segregadas. Nem ao menos uma única organização exigiu a apresentação de extratos da *Prudential Securities*, nos quais deveria figurar como titular da conta. Albert Meyer, o professor de contabilidade que pressionou o Spring Arbor College para conseguir esse tipo de informação, foi recebido com indiferença e hostilidade pelos administradores da instituição educacional.

Fraudes financeiras, em sua maioria, seguem esse padrão. Investidores não verificam corretamente para quem eles estão entregando seu dinheiro. A fraude de Oscar Hartzell, montada sobre a percepção da herança de Drake, serve também de exemplo de como o conceito de informação assimétrica e a teoria neoclássica não alcançam as raízes das fraudes financeiras. Nesse caso, os investidores fraudados não eram grandes organizações experientes em investimentos, mas sim famílias do Meio-Oeste norte americano, a maioria do Estado de Iowa, que sabiam pouco sobre investimentos. A fraude de Hartzell envolveu a suposta herança do almirante e explorador inglês Francis Drake. Hartzell convenceu centenas de famílias de que eles eram descendentes de Drake, o qual teria deixado um legado valendo centenas de milhões de dólares. O fraudador dizia que estava tentando distribuir os valores e propriedades entre seus herdeiros e que para tanto precisaria de capital para algumas despesas. Aqueles que contribuíssem receberiam uma parte da herança. Usando essa argumentação, Hartzell persuadiu milhares de famílias norte-americanas a entregarem mais de 2 milhões de dólares, a preços correntes das décadas de 20 e de 30 do século XX. Muitos fazendeiros em Iowa e nos demais estados ficaram endividados, tendo levantado hipotecas sobre suas fazendas para poder arrecadar o dinheiro requerido por Hartzell.

Ninguém suscitou um simples argumento que denunciaria as intenções de Hartzell: Drake não teve filhos, de modo que seus herdeiros não poderiam herdar sua fortuna, não importa quantos fossem. Além disso, o direito à herança na Inglaterra prescreve em 30 anos. Então, se Drake tinha bilhões escondidos e se tinha herdeiros, esses herdeiros não poderiam legalmente receber os valores no século XX. Mais uma vez, o que se percebe é que o problema não é de informação assimétrica no sentido da teoria neoclássica, em que investidores tentam conseguir a melhor informação e terminam enganados por mestres da persuasão. Muito pelo contrário, o problema reside no fato de os investidores não levantarem dúvidas relevantes e ingenuamente acreditarem naquilo que lhes é dito, aparentemente, naquilo que querem acreditar. Com isso, o conceito de racionalidade no sentido neoclássico do termo fica debilitado.

Outro problema com o entendimento dado a fraudes financeiras é que, em se tratando de investimentos financeiros, as pessoas não estão lidando com riscos, mas sim com incerteza. A teoria tradicional tenta converter situações de incerteza em casos de risco assumindo que as pessoas possam avaliar, mesmo que subjetivamente, as probabilidades de sucesso e de fracasso. Todavia é improvável que qualquer investidor estabeleça as probabilidades de que esteja sendo vítima de fraude, ao que corrobora a falta de informação sobre o número de fraudes perpetuadas, pois muitos esquemas fraudulentos nunca vêm a público.

Explicação Comportamental

A psicologia empírica tem apresentado constatações no sentido de explicar por que fraudes financeiras ocorrem com certa regularidade. Como visto, a explicação neoclássica sobre fraudes considera a decisão de investimento como uma questão estritamente relacionada ao risco. Trata de pessoas avaliando as probabilidades de eventos futuros e então tomando decisões racionais que maximizam a rentabilidade esperada. Entretanto não está claro que decisões de investimento envolvam escolhas nas quais as pessoas conheçam os riscos inerentes às diferentes alternativas. Também não está claro que decisões de investimento envolvam a avaliação de probabilidades de resultados futuros prováveis. Muito pelo contrário, a maioria das decisões de investimento são escolhas realizadas em um ambiente de incerteza, quando as pessoas tipicamente se refugiam em algum ponto focal para então tomar suas decisões e coordenar suas ações. Estando inseguro sobre refinanciar uma hipoteca, um investidor irá observar o que seus vizinhos e conhecidos estão fazendo. Quando um razoável número de pessoas está refinanciando, fica dado o sinal para que outros também decidam pelo refinanciamento. Na mesma linha, quando houver incerteza sobre investir em um determinado instrumento financeiro ou em um negócio, as pessoas irão perguntar aos conhecidos o que estes estão fazendo. O reverso também funciona: uma pessoa pode parecer tola se ela não conseguir a mesma boa oferta ou o mesmo negócio que os demais estão conseguindo, criando um incentivo social para que todos ajam como seus conhecidos vêm agindo. Por esse motivo, quando muitas pessoas investem de uma determinada maneira, há uma tendência de que os outros o façam da mesma maneira.

Assim, quando decisões de investimento são baseadas em pontos focais, fica facilitada a perpetuação de fraude, principalmente de Esquemas Ponzi. Estes começam com poucos investidores recebendo altas taxas de retorno. São esses grandes retornos que atraem mais investidores, assegurando-lhes que a decisão de investimento é correta ou que o ponto focal é legítimo. A psicologia empírica fornece um número de evidências de que as pessoas são psicologicamente constituídas para fazer todo tipo de erro. A literatura de psicologia empírica descreve que julgamentos sobre riscos potenciais são frequentemente confundidos e que as falhas humanas tendem a prevalecer quando as pessoas insistem em seus julgamentos errados, em casos de superconfiança. Entretanto as pessoas são psicologicamente predispostas a ser otimistas sempre que estão individualmente envolvidas ou não tenham más experiências no passado para conter o otimismo inato. Por exemplo, a maior parte das pessoas pensa que viverão mais de 80 anos e que, pessoalmente, as pessoas são imunes a produtos que compram e usam – o que é o caso do tabagismo. As pessoas também tendem a acreditar que a elas estão destinadas coisas boas. Elas superestimam as suas chances de ganhar na loteria e pensam que jamais poderão sofrer danos sérios se forem envolvidas em acidentes de carro sem usar cinto de segurança. Parece então que as pessoas são psicologicamente predispostas a acreditar nos operadores de Esquemas Ponzi e a acreditar que elas mesmas não serão vítimas de fraude.

As pessoas tendem a acreditar que estão certas; e o fazem mais frequentemente e em grau muito maior do que elas realmente estão, um efeito que vale para todos os tipos de pessoas, de pessoas comuns a experts em uma área em particular. A superconfiança de investidores também explica por que investidores não levantam questões óbvias e por que promotores de fraudes facilmente enganam até mesmo investidores sofisticados. Da perspectiva da psicologia humana, não há surpresa em ver que indivíduos como John Bennett e organizações como a Filantropia da Nova Era não são rigorosamente inspecionados.

Mais ainda, a disposição humana com relação à superconfiança é recompensada e reforçada pelo formato típico de uma fraude financeira. Normalmente, grandes retornos são pagos aos investidores iniciais para gerar superconfiança. Há uma grande evidência psicológica que as pessoas frequentemente julgam erroneamente quando observam eventos que ocorrem por pura sorte. Em vez de atribuir a ocorrência desses eventos ao acaso, as pessoas desenvolvem certa racionalização, a qual consiste na crença de que elas sejam melhores ou tenham mais sorte que os outros. Pagando grandes retornos iniciais, os fraudadores criam superconfiança no público e a crença de que os altos retornos continuarão indefinidamente.

> *Nem tudo que reluz é racional: Em 2002, Daniel Kahneman e Amos Tversky, pesquisadores da área de psicologia, foram agraciados com o Prêmio Nobel em Economia por terem demonstrado que economistas, tais e quais outras pessoas, nem sempre fazem escolhas razoáveis.*

> *Em 1990, eles publicaram um artigo sobre o processo de tomada de decisão em condições de incerteza, sustentando que motivação psicológica tem um papel determinante, principalmente em decisões de investimento. Seu trabalho alterou a noção de que investidores são racionais, abrindo espaço para a pesquisa econômica experimental.*

> *A providencial publicação do artigo na Econométrica, uma revista acadêmica de Economia e não de Psicologia, serviu para legitimar suas teses, permitindo que essas alcançassem amplo público e passassem a influenciar estudos econômicos.*

Esquema Ponzi: como tirar dinheiro dos incautos

A teoria da decisão estuda efeitos psicológicos que estão presentes na questão das fraudes financeiras e o modo como as pessoas decidem participar delas. Há o efeito da ancoragem, no qual as pessoas fazem sua avaliação baseadas em um valor inicial ou uma experiência passada. TVERSKY e KAHNEMAN notaram que, nos casos de incerteza, as pessoas passam a apoiar-se em heurística, arte de inventar, de fazer descobertas, para tomar decisões. Por exemplo, decisões sobre contratação de seguros são afetadas pelo modo como a decisão é apresentada às pessoas. As escolhas frequentemente são revertidas quando o problema é enquadrado como aceitar uma pequena perda financeira no lugar de fazer uma aposta em eventos futuros ou vice-versa. Em termos financeiros, retornos passados ou prometidos tornam-se âncoras e as pessoas passam a exigir esses retornos em transações futuras.

Além da ancoragem, há outros dois efeitos que são relevantes na tomada de decisões: recência e halo. O primeiro ocorre quando a informação recebida mais recentemente influencia fortemente as avaliações sobre um determinado fato, uma pessoa, ou, como é o caso, uma oportunidade de investimento. O outro efeito trata do fascínio, do encanto ou da sedução previamente obtida e como estes fatores afetam os julgamentos futuros, enfim, efeito halo considera a possibilidade de que a avaliação de um item possa interferir no julgamento sobre outros fatores, contaminando o resultado geral. Promotores de Esquemas Ponzi são mestres em persuasão, apresentando infalível habilidade em criar confiança apoiados neste último efeito. As pessoas tendem a gostar deles e a acreditar neles. Pensam que, se esses promotores foram capazes de gerar grandes rentabilidades em tempos recentes, eles são dignos de confiança e que o investimento em seu negócio é seguro. John Bennett da Filantropia da Nova Era tinha uma personalidade marcante e convincente, o que levava as pessoas a confiar nele nos primeiros contatos. Sua longa associação com grupos de filantropia cristã e com organizações envolvidas em obras de caridade ajudou a ancorar a confiança nele, facilitando sobremaneira sua operação fraudulenta.

CAPÍTULO VII

PONZI NÃO É PIRÂMIDE

Quando eu era jovem, pensava que o dinheiro era a coisa mais importante na vida; agora que eu sou velho eu sei que ele é. (Oscar Wilde)

O esquema de investimento promovido por Ponzi tem características únicas que o distinguem de outras fraudes financeiras: ativo-objeto inusitado, retorno extraordinário e construção da confiança. Ponzi é na verdade uma questão de crédito, de crédito invertido. Há uma tendência a associá-lo a outras fraudes, e não é rara a definição de Esquema Ponzi como uma pirâmide financeira. Isso se dá porque, à exceção da construção da confiança, as duas modalidades compartilham certas características. A imediata associação visual à imagem de uma pirâmide atende à necessidade de rápida explicação do esquema de Charles Ponzi. No afã de transmitir o *modus operandi* da fraude, imprensa e autoridades acabam por defini-la como se fosse uma pirâmide financeira. Entretanto há diferenças significativas entre esses dois tipos de fraude. No Esquema Ponzi, o promotor tem o controle e pode decidir, na maioria das vezes, quando

Esquema Ponzi: como tirar dinheiro dos incautos

descontinuar o esquema. Decidindo em tempo hábil, o promotor pode e deve limpar o caixa e se evadir, uma atitude que Ponzi não teve por entender que ainda não era o momento mais oportuno ou por estar perdido no turbilhão de emoções descortinadas pelo sucesso vertiginoso de seu esquema. Por outro lado, em pirâmides financeiras, os promotores ou iniciadores não têm quaisquer controles sobre o andamento da movimentação financeira, no que dependerão das ações dos novos entrantes.

Outra diferença entre os dois tipos de fraude, não menos importante que a liberdade de escolha do promotor, consiste no fato de que o retorno financeiro obtido pelo participante em um Esquema Ponzi está correlacionado, exclusivamente, com o capital por ele investido. Contrariamente, em uma pirâmide financeira, um investidor receberá retornos crescentes em função do número de novos participantes que entrem abaixo dele na estrutura da pirâmide. O Esquema Ponzi funciona estritamente no contínuo pagamento dos primeiros entrantes com os recursos oferecidos pelos entrantes mais recentes, sem a preocupação com o recrutamento ou com a posição ocupada na estrutura por cada participante. Naturalmente, o recrutamento de novos entrantes consiste em fator necessário nos dois tipos de fraude. Em um Esquema Ponzi, o recrutamento garante novos recursos para os contratos vincendos. Nele, um investidor, cinicamente esclarecido, entende que novos investidores são necessários para que os promotores o paguem, retirem suas comissões e mantenham o esquema em funcionamento. Já em uma fraude de pirâmide, o recrutamento de novos participantes é crucial para que aqueles já dentro da pirâmide alcancem o retorno extraordinário prometido.

Em resumo, Esquemas Ponzi e pirâmides financeiras são relacionados porque ambos envolvem pagar os participantes que estão no negócio por mais tempo com dinheiro dos participantes que estão ainda entrando, sendo sempre irrelevante a transação com o ativo-objeto ou com os produtos envolvidos; entretanto as diferenças são significativas. Em uma pirâmide, o engajamento típico promete altos retornos depois de um único pagamento, restando ao participante tornar-se distribuidor de um produto, o que tipicamente não se trata de um produto genuíno ou competitivo no mercado. Quase sempre esse produto não existe ou somente pode ser vendido para outras pessoas se estas se tornarem distribuidoras. O participante deve pagar uma taxa para participar do negócio e recrutar novos participantes para receber pagamentos.

Já em um Esquema Ponzi, ao participante são oferecidos altos retornos com baixo ou mesmo nenhum risco ao simplesmente entregar seus recursos para investimento em um negócio que não existe ou que é responsável por apenas uma parcela da rentabilidade obtida. Nesse tipo de fraude, o retorno de um participante depende proporcionalmente do capital investido e do tempo de participação. Não há necessidade de recrutar quaisquer participantes.

Outro aspecto interessante na diferenciação desses dois tipos de fraude consiste no grau de interação com o promotor do negócio. Na pirâmide financeira, o participante, por vezes, nem chega a conhecer o promotor original, dado que aqueles participantes mais recentes entram em níveis mais afastados do promotor. No Esquema Ponzi, o participante tende a interagir diretamente com o operador do esquema, tornando todo o relacionamento mais pessoal, o que favorece a aplicação de atributos do promotor na conquista de investidores.

Finalmente, a velocidade do colapso também diferencia as duas modalidades de fraude. Na pirâmide financeira, o colapso se dá de imediato, pois o negócio exige que um número de novos participantes a cada nível cresça exponencialmente, o que se torna muito difícil ou quase impossível em certo momento. Esquemas Ponzi, por sua vez, podem apresentar um padrão e colapso mais lento ou podem cambalear para o fim, dependendo de como os participantes reinvestem seus ganhos e de como o operador lida com as primeiras oposições ao esquema.

Correntes Financeiras

Uma corrente é um dos mais antigos e simples esquemas de enriquecimento rápido. Sua estrutura assume a forma piramidal e tem como característica principal a correlação do retorno extraordinário com o convencimento de outras pessoas a entrarem no esquema. Cada novo entrante na corrente assume a obrigação de encontrar outras pessoas dispostas a participar, algumas vezes, em número previamente definido. Sua distribuição, às vezes, se dá impressa em papel, ao que recebe o nome de carta-corrente, embora tenha maior alcance, mas não mais efetividade, com o advento de mensagens eletrônicas e redes sociais. De forma direta, franca e, por vezes, ameaçadora, a corrente pede que o investidor envie um pequeno valor predefinido de dinheiro para o primeiro nome da lista, apague este nome, escreva seu nome ao final dessa lista e volte a distribuir para um determinado número de pessoas.

Em teoria, o participante começa a receber dinheiro quando novos entrantes, recebendo a corrente, começarem a enviar dinheiro ao novo nome no topo da lista, fazendo o nome do participante se mover em direção ao topo. Quase todo mundo já deparou com uma dessas correntes, seja impressa, seja por meio de mensagem eletrônica, prometendo riquezas caso o recipiente cumpra as demandas e alertando sobre a má sorte que traz quebrar seu fluxo. Sendo uma pirâmide de baixo custo, dado que o valor determinado para envio ao nome do topo da lista é sempre irrisório, sua rentabilidade total é também modesta. Sendo uma pirâmide, apenas os nomes no topo da lista no início de sua divulgação ganharão dinheiro; os entrantes mais recentes fatalmente perderão seu pequeno investimento, uma vez quebrada a corrente.

Corrente quebrada pela *Federal Trade Commission*

Em fevereiro de 2002, a *Federal Trade Commission*, órgão regulador de práticas comerciais nos Estados Unidos, anunciou ter quebrado uma carta-corrente que vinha sendo veiculada na forma de mensagem eletrônica. O esquema organizado por sete pessoas na Califórnia, na Flórida e em Norte Dakota atraiu pelo menos 2 mil participantes em 60 países com a promessa de que receberiam 46 mil dólares em 90 dias.

No esforço de interromper o envio de cartas-corrente, o órgão manteve um banco de dados com endereços eletrônicos de internautas que se dedicam à prática de *spamming*, envio de mensagem eletrônica não solicitada pelo destinatário. Apesar da capacitação para identificar as pessoas envolvidas, o órgão reconhece a dificuldade de quebrar as correntes que podem ser operadas de um único computador em bases geográficas de difícil acesso.

Pirâmides Financeiras

O esquema de enriquecimento rápido denominado Pirâmide Financeira baseia-se no recrutamento de novos interessados, podendo se apresentar de forma mais sofisticada, persuasiva e discretamente disfarçada quando relacionado com a venda de produtos e serviços, recebendo, nesse caso, o nome de *Marketing* Matricial ou *Marketing* Multinível. Um esquema de pirâmide depende altamente do fluxo de dinheiro e do recrutamento, fazendo de cada um de seus elos, os investidores, um elemento cuja atividade e cujo comprometimento com o esquema são primordiais para o sucesso de todos, garantindo a esperança de que novos participantes recuperarão seus desembolsos. A inclusão continuada de investidores cria camadas ou níveis de participantes à medida que novos entrantes são posicionados na base da estrutura, cuja representação acaba por ser a de uma pirâmide. Desse modo, o esquema cria uma hierarquia entre investidores, com o crescimento da estrutura, determinando como eles participarão dos lucros.

A matemática que envolve um esquema de pirâmide é bastante simples. Nela há muitos que perdem para poucos que alcançam lucros até maiores que os esperados, dependendo da atividade de recrutamento na base da estrutura. Muitos perdedores pagarão poucos vencedores. Tomando, por exemplo, uma estrutura com oito níveis, com cada participante recrutando seis novos participantes abaixo dele, tem-se uma pirâmide com seis pessoas no primeiro nível, o nível superior; 36 pessoas no segundo nível, prontas para assumir a posição mais lucrativa no topo da pirâmide; 216 pessoas no terceiro nível; 1.296 participantes no nível seguinte; 7.776 pessoas no quinto nível. Os demais níveis evidenciam a ampliação da base da pirâmide. No sexto nível, seriam mais de 46 mil pessoas ligadas a mais de 279 mil participantes no nível abaixo. Por fim, na base da pirâmide, no oitavo nível, estariam mais de 1,6 milhão, um contingente maior que a população de muitas cidades. Tivesse essa pirâmide nove níveis, em sua base figurariam mais de 10 milhões de pessoas, contingente equivalente à população de muitos países. É óbvio que dificilmente todos os participantes conseguirão ser atendidos e que o esquema acaba por si só se desgastando, esgotando seu crescimento. Muitos novos participantes têm de ser encontrados para adesão ao esquema, o que se torna difícil, senão impossível, fazendo com que os últimos a entrarem participem apenas no polo negativo do negócio, isto é, pagando a conta, pois não há ninguém abaixo deles na pirâmide.

Fadadas ao Fracasso

Pirâmides financeiras são fadadas ao fracasso. É o que revela a simples verificação dos números envolvidos. A noção de fracasso neste ponto é relativa, pois aqueles que ocuparem os postos mais altos da estrutura, eventualmente, se darão muito bem, aferindo grandes lucros. Como a posição relativa de cada participante é mandatória para seu sucesso ou não no esquema, um candidato a participante estará sempre interessado em saber qual posição ocupará na estrutura ou mesmo se a pirâmide se encontra em funcionamento já há muito tempo. A estas perguntas, os participantes engajados em recrutamento responderão sempre de modo favorável, assumindo uma postura fraudulenta para convencer os interessados.

Quando uma pirâmide é quebrada por ter se esgotado a adesão de novos entrantes, cessam o recrutamento e a movimentação dos recursos, e os participantes situados na base perdem seu dinheiro. Eles jamais recuperarão o investimento inicial e, tampouco, receberão a fortuna prometida pelos recrutadores. Se em um determinado grupo ou em uma população se esgotarem os novos entrantes, mais difícil será para um participante que recentemente tiver aderido ao esquema encontrar pessoas interessadas em ganhar dinheiro fácil, posto que naquele grupo ou naquela população muitos ou até todos já participam. Estes, embora dependam de novas adesões, não reingressarão no esquema, fazendo assim com que a estrutura deixe de existir. Além disso, os últimos entrantes em um determinado grupo ou em uma população podem ser tomados como pessoas cuja personalidade não se alinha àquela necessária para recrutar, convencer e vender a ideia do esquema porque, entre outras coisas, elas não se sentem bem com a ideia de comprometer suas relações pessoais em um esquema de investimento duvidoso. Assim, para que um esquema de pirâmide funcione plenamente, é necessário que haja um número infinito de pessoas interessadas.

Pirâmides Tipo *Marketing* Matricial

No *marketing* matricial há uma tentativa de maquiar a pirâmide ao envolver no esquema produtos e serviços a serem transacionados entre os participantes. Suas maiores expressões são clubes de compra, grupos de emagrecimento, vendas de produtos naturais, vendas de produtos de beleza, vendas de produtos para o lar, grupos motivacionais, operações de encomenda postal e organizações voltadas para investimento privado.

Esses esquemas fraudulentos guardam grande similaridade com esquemas legítimos de *marketing* matricial, os quais obtêm seus resultados com vendas reais para consumidores não engajados no esquema. Já as operações matriciais fraudulentas confinam as vendas entre os participantes, normalmente, no ato de sua adesão ao esquema. Nesse sentido, constitui um esquema de pirâmide quando é oferecida a franquia ou a distribuição exclusiva de um produto ou serviço para um determinado mercado, com a autorização de contratar franquias ou acordos de distribuição nesse mercado. Com isso torna-se secundária e irrelevante a efetiva comercialização dos produtos ou serviços. Na maioria das vezes, não há nem mesmo demanda pelo produto, consistindo assim em uma fachada para as transações que ocorrem somente entre os vários pontos da distribuição, isto é, entre os participantes do esquema. O lucro potencial de cada participante dependerá primariamente de quantos outros participantes forem agregados ao esquema por esse participante e não de quanto do produto for efetivamente vendido.

No *marketing* matricial fraudulento, para cada pessoa trazida por um participante, este receberá ou fará jus a uma recompensa monetária futura. Seu retorno total esperado dependerá do número de participantes situados abaixo dele. Daí a importância da venda de novos pontos de franquia ou de distribuição, fazendo com que os participantes coloquem maior esforço na venda desses pontos do que dos próprios produtos, cujo preço é invariavelmente alto. Embora recrutadores do esquema sempre afirmem que o produto vende bem e que há grande demanda por ele no mercado, as vendas ocorrem apenas internamente ao esquema, nunca para consumidores pertencentes ao público em geral.

Os preços são fixados em valores muito altos, sem serem competitivos no varejo, porque as margens de lucro devem ser suficientemente folgadas para alimentar o sistema de comissões da inflada cadeia de distribuição sem comprometer aquilo que resta de margem para a companhia promotora do esquema, que de fato fabrica o produto de forma direta ou terceirizada.

A ocorrência de polpudas margens de lucro cria a necessidade de manter afastados outros competidores. Por esse motivo, os produtos são sempre novidades únicas e miraculosas, dificilmente encontrados no mercado, correspondendo a uma imagem de alta tecnologia disponível apenas para aqueles que saibam apreciar os benefícios oferecidos pelo esquema.

A diferenciação entre um esquema de *marketing* matricial fraudulento e um programa legítimo de *marketing* matricial reside na natureza do comprador. A fraude exigirá que os novos entrantes façam estoques dos produtos oferecidos pelo esquema em quantidades muito superiores a sua capacidade de vendê-los, o que caracteriza compra forçada. Isso leva os participantes a manter estoques altos, gerando um custo de oportunidade do capital investido na compra desses produtos e, frequentemente, levando a custos adicionais de estocagem, transporte e perdas com vencimento do período de validade dos produtos; tudo resultando, em uma perspectiva de longo prazo, em um custo de participação no esquema superior aos pagamentos recebidos por tal participação.

Quando o esquema é legítimo, essas exigências não se aplicam. Tampouco se exige dos novos entrantes na distribuição o pagamento de taxas de admissão.

Entre a Fraude e a Legalidade

Pirâmides, mesmo aquelas de *marketing* matricial, são tipificadas como fraudes financeiras. Um indivíduo que dela participe estará comprometido legalmente, mesmo que não tenha enganado as pessoas que, eventualmente, tenha recrutado. A ilegalidade relacionada com tais esquemas está definida em muitas das atividades que compõem o esquema. Por exemplo, consiste em ato ilegal pagar pelo direito de receber uma compensação por recrutar novos participantes, exigir que se comprem produtos do esquema antes da completa adesão ao esquema, vender quantidades irrazoáveis de produtos para os participantes e recusar o retorno de produtos pelos participantes em termos comercialmente razoáveis. Interessados em oportunidades de investimento ou na participação de esquemas de *marketing* matricial devem verificar bem esses indicadores para compreender de qual lado da linha que separa fraude e legitimidade a prospectiva oportunidade de negócios se encontra.

Por que as pessoas entram em Pirâmides?

Em primeiro lugar, pirâmides financeiras são embaladas e oferecidas conforme a predisposição dos prospectivos entrantes, garantindo que se trata de um negócio perfeitamente legal, até mesmo aprovado pelas autoridades competentes. São os interessados que, cegamente, assumem estar diante de uma grande oportunidade. Quando os fraudadores percebem certa resistência, eles facilmente assumem o fato de que o esquema é ilegal, mas reforçam que a ilegalidade se dá por intransigência das autoridades e que o esquema nada tem de desabonador. Isso contribui para a criação de uma aura de mistério, favorecendo a crença de que a participação possa efetivamente levar ao enriquecimento. Além disso, fraudadores são mestres de psicologia de grupo, criando nos encontros de recrutamento um verdadeiro frenesi, uma atmosfera entusiástica na qual a pressão do grupo e a promessa de grandes fortunas desequilibram as relações entre medo e ganância. O promotor da pirâmide ainda convencerá a audiência de que eles estão chegando cedo e que devem se considerar no topo da estrutura em poucas rodadas ou pouco tempo.

Recebendo 19% do Investimento Inicial

Em 2000, depois de demorada investigação seguida de arrastado processo judicial, Neil Phillips e Robert Benzing foram condenados por fraude e obrigados a restituir a mais de 3 mil pessoas o montante de 2,9 milhões de dólares. Phillips foi condenado a restituir quase a totalidade desse valor e ainda mais – a uma pena de dois anos de encarceramento e de dez anos de liberdade condicional. Benzing foi condenado a pagar apenas 65 mil dólares e a três anos de liberdade condicional. Os dois eram presidente e vice-presidente da *International Metals and Trade Corporation*, sociedade estabelecida na Flórida como uma empresa de *marketing* matricial de venda de produtos por catálogo. Em 1994, a firma contava com a adesão de mais de 29 mil pessoas.

O esquema consistia em um programa de compensação binária no qual os participantes pagavam 288 dólares para entrar, dos quais 200 dólares representavam compras futuras de produtos do catálogo da empresa. Trazendo novos interessados para serem posicionados abaixo dele, um participante começava a receber comissões mensais. Se 12 pessoas entrassem no esquema, ele receberia 400 dólares, se entrassem 36, 800 dólares, se entrassem 50, 1.175 dólares. "Não há como perder", diziam os recrutadores, ao que adicionavam a possibilidade de o participante receber até mais de 18 mil dólares mensais.

A investigação revelou que a atividade era fraudulenta, embora bem disfarçada em manto de legalidade, ao perceber que os programas de computador utilizados no cálculo do pagamento das comissões haviam sido configurados, desde o início das operações da empresa, para favorecer o centro de distribuição que apresentasse o maior número de outros centros de distribuição abaixo dele, em detrimento do volume de vendas de produtos efetivamente comercializados. Em outras palavras, o programa utilizado considerava o favorecimento do participante que apresentasse o maior número de outros participantes abaixo dele, sem considerar as vendas reais. Esse detalhe revelava a prevalência do recrutamento sobre as vendas dos produtos, caracterizando a empresa como um esquema fraudulento de *marketing* matricial. Considerando os bens disponíveis na liquidação da empresa, a restituição recebida por cada investidor foi de apenas 19% do capital inicialmente investido para participar do esquema.

> *Três condições para caracterização de uma pirâmide ilegal: Quando um investimento, na forma de taxa de admissão ou de aquisição de estoques, é exigido do novo entrante para que tenha o direito de recrutar outros para o esquema; quando, em função do recrutamento de um novo entrante, o participante recebe uma recompensa material ou pecuniária; e quando o novo entrante, recrutado por um participante, tem necessariamente que fazer um investimento, também na forma de taxa de admissão ou de aquisição de estoques, para ter o direito de recrutar outros interessados no esquema.*

Um Colchão para perder o Sono

A *Giraffe World Australia*, estabelecida em Sidney, com filiais em Melbourne e Brisbane, promoveu um esquema de pirâmide que arrecadou 18 milhões de dólares australianos. O produto-chave era um colchão de íons negativos que, supostamente, trazia grandes benefícios para a saúde. Juntamente com a venda do colchão, a empresa oferecia ao comprador a oportunidade de se tornar sócio do Sistema Enriqueça, um esquema por ela desenvolvido que permitiria às pessoas alcançarem um modo de vida e um padrão de consumo ideal, bastando apenas que fossem empreendedoras e que trabalhassem na ampliação de seu ciclo de amizades. Pagando 2,9 mil dólares pelo colchão adicionados de 350 dólares de taxa de associação ao esquema, o participante ganharia o direito de receber comissões com a adesão de outras pessoas, por ele apresentadas, as quais seriam posicionadas abaixo dele. Segundo a empresa, o novo entrante faria jus a uma parte dos milhões de dólares gerados em vendas. Como pré-condição, o interessado deveria participar de um seminário de dois dias e passar por uma entrevista, cuja função era unicamente permitir que *Giraffe World* se assegurasse de que o candidato tinha boas e numerosas relações de amizade, de que seria um bom quadro para o esquema, com potencial para trazer muitos novos associados. O sistema foi criado em julho de 1997 e chegou perto de 5 mil participantes em um ano. O crescimento rápido do esquema de pirâmide fez com que 70% dos membros fossem admitidos quase simultaneamente, gerando uma avalanche de pessoas procurando avidamente por seus amigos, parentes e conhecidos para participar dessa presumidamente fantástica oportunidade de ganhar dinheiro. Com a saturação do mercado, o número de novos entrantes caiu rapidamente, levando a empresa a entrar em processo de falência. Além disso, a *Australian Competition and Consumer Commission*, órgão responsável pela defesa da concorrência na Austrália, levou a empresa à Corte Federal com a alegação de esquema fraudulento de pirâmide e propaganda enganosa de seu produto. A liminar concedida proibia o recrutamento de novas pessoas para o esquema; a promoção, por quaisquer meios, do Sistema Enriqueça; e a negociação, remoção, dação em garantia ou quaisquer negócios envolvendo os bens da empresa. A empresa conseguiu desqualificar a liminar e continuou operando, admitindo novos membros, até agosto de 1999, quando o juiz federal Kevin Lindgren considerou a empresa culpada das alegações de fraude e de propaganda enganosa. Segundo um especialista ouvido pela corte judicial, o colchão nada tinha de especial. Para ele, uma pessoa utilizando o colchão estaria sujeira a um campo elétrico equivalente àquele gerado por eletrodomésticos comuns como, por exemplo, uma torradeira elétrica, e não a um campo magnético, como era anunciado.

Ponzi sustentava que o *establishment* queria tirá-lo de circulação porque ele dava aos pequenos investidores uma parte justa dos lucros gerados pelo investimento, ao contrário do que faziam os bancos tradicionais. A *Giraffe World*, tal como Ponzi fizera, sustentou seu caso na corte com a afirmação de que era vítima de uma guerra de bastidores, abrangendo a disputa entre medicina convencional e a medicina alternativa, entre a medicina ocidental com suas soluções alopáticas e a milenar sabedoria do Oriente. Sem sucesso, Akihiko Misuma, fundador da empresa, e Robin Hahn, presidente da empresa, foram formalmente acusados das duas alegações – fraude e propaganda enganosa. Em novembro de 2003, a Suprema Corte Australiana interpôs uma diferenciação entre as vítimas. A corte as dividiu em dois grupos: de um lado estavam os participantes suscetíveis e cientes do esquema de enriquecimento rápido, proposto na estrutura de pirâmide; e de outro lado, os consumidores que, estando doentes, abandonaram a medicina tradicional para comprar o colchão que traria a cura milagrosa. Atrelado a essa diferenciação, o liquidante foi proibido de incluir entre os beneficiários da liquidação da massa falida os participantes inseridos no primeiro grupo.

> *Esquema de comissões da Giraffe World: A cada três novos admitidos apresentados diretamente ou indiretamente por um participante, este avançava posições no quadro de classe de membros – Membro Girafa; Líder Girafa; Assistente de Varejo Girafa; Gerente de Varejo Girafa; Gerente Três Estrelas; Gerente Cinco Estrelas; Gerente Sete Estrelas e Gerente Superestrela. Passar da primeira posição para os níveis de gerente fazia com que as comissões saltassem de 15% para 51%.*

Compre um Carro financiado sem Juros e fique rico

O clube *Five Star Auto* se apresentava como tendo uma solidez econômica à altura das maiores corporações. Afirmava manter uma rede com mais de 4 mil revendedores de automóveis. Operava um sistema que prometia a oportunidade de financiar qualquer automóvel sem juros, independentemente do valor e, mais ainda, receber uma renda mensal. Para entrar no clube, o participante pagaria 365 dólares como taxa de admissão, assumindo a obrigação de efetuar pagamentos mensais de 100 dólares. Admitido, ele se tornaria consultor com a expectativa de receber comissões acima de 80 mil dólares por mês, bastando para tanto que recrutasse outros interessados em pagar a taxa de admissão e as mensalidades. Quando um participante lograsse posicionar abaixo dele um determinado número de novos entrantes, ele poderia financiar um automóvel limitado ao valor de 15 mil dólares, sem juros, amortizado por pagamentos mensais de 100 dólares.

Desmascarada a pirâmide, verificou-se que as chances de efetivamente ganhar dinheiro com o esquema ou mesmo poder comprar um carro nas condições anunciadas eram mínimas. No total, cerca de 7 mil participantes perderam um montante estimado em 5 milhões de dólares. Em março de 1999, a *Federal Trade Commission* fechou o esquema, solicitando ao judiciário a retirada da página da empresa na Internet, acusando de fraude seus responsáveis, Michael e Angela Sullivan, e ainda solicitando que fosse designado um liquidante e fossem congelados os bens e as contas bancárias dos acusados e da empresa. Em maio de 2000, a juíza distrital Colleen McMahon, entendendo que se tratava de um esquema fraudulento, condenou os responsáveis ao ressarcimento dos recursos investidos, proibindo-os de participarem, em quaisquer pretextos ou condições, de qualquer tipo de *marketing* matricial.

CAPÍTULO VIII

BOLHAS ESPECULATIVAS

Posso calcular o movimento dos corpos celestiais, mas não a insanidade das pessoas. (Isaac Newton)

Estudos de Ciências Sociais, tratando de problemas de Finanças Corporativas, Economia e Finanças Públicas, preocupam-se com a natureza das decisões de investimento, colocando no centro do debate a racionalidade dos investidores. Se todos os investidores são racionais, fenômenos como reações excessivas a perturbações e bolhas especulativas são explicados com base em assimetria de informação, como sustentam os teóricos neoclássicos. Em oposição, estudiosos de Finanças Comportamentais analisam esses mesmos fenômenos com o entendimento de que as pessoas deixam que fatores psicológicos interfiram no processo de tomada de decisão. Esses estudos, juntamente com outros tratando exclusivamente de fraudes financeiras, costumam associar casos clássicos de bolhas especulativas com Esquemas Ponzi, na tentativa de embasar seus argumentos sobre a irracionalidade das massas. As bolhas especulativas clássicas apresentadas nesses estudos consistem nos casos da Tulipomania, que se deu na Holanda por volta de 1630, da

Companhia do Mississippi, cujos eventos reviraram a França, e da Companhia dos Mares do Sul, que mexeu muito a vida financeira da Inglaterra; esses dois últimos ocorrendo quase simultaneamente nos anos 1719 e 1720. Acadêmicos sugerem, por vezes, a ocorrência de certos paralelos entre essas bolhas clássicas e os eventos promovidos pelo mago das finanças italiano. Entretanto, bolhas especulativas têm características muito diferentes das características de Esquemas Ponzi, pois as bolhas resultam da criação de uma mania generalizada que, por sua vez, faz surgir grande especulação seguida do colapso abrupto do valor dos ativos. A movimentação gerada nos negócios com imóveis na Flórida, já no século XX, da qual Charles Ponzi participou, tem também seu espaço entre os casos clássicos de bolhas especulativas. Mais recentemente, a bolha da Internet, chamada de Febre das Empresas "Ponto Com", constitui um exemplo em que preços de mercado descolam do valor intrínseco ou do valor justo dos ativos.

Uma característica comum a bolhas e a Esquemas Ponzi seria a irracional expectativa de riqueza, obscurecendo o processo de avaliação dos eventos levando investidores a fazerem más escolhas. Em bolhas especulativas não está presente o elemento de criação de confiança, pois a recompra dos ativos não se dá diretamente pelo promotor da bolha, figura inexistente, mas sim por outros investidores, crentes de que os preços continuarão a crescer indefinidamente. Nelas, a avaliação equivocada das reais possibilidades de alcançar lucros futuros se distribui por todos os participantes do mercado no qual a bolha tenha surgido.

Tulipomania

Descrita como uma das mais antigas e espetaculares bolhas especulativas, a mania por bulbos de tulipa frequentemente figura entre os exemplos de irracionalidade das pessoas. Tudo se inicia ainda no século XVI, quando, em 1593, um professor de botânica, originário de Viena, traz para a Universidade de Leiden, na Holanda, uma coleção de plantas tão incomuns quanto belas: tulipas. A flor, natural da Turquia, cai no gosto da população local, como uma novidade para seus jardins. Os preços cobrados pelo professor, entretanto, eram bastante altos, completando o binômio exótico-caro, mantido pela flor por décadas. Mais tarde, algumas das variedades foram contaminadas pelo mosaico, um vírus que modificava as pétalas das tulipas, gerando contrastes de cores, listras e outros efeitos, o que impulsionou mais ainda o preço dos bulbos. Quanto mais diferentes as pétalas infectadas, maior o interesse pelo bulbo, de modo que se estabeleceu autonomamente a regra de valorização das flores: quanto mais bizarra, mais valia a variedade.

Com o passar do tempo, a mania foi se desenvolvendo. Comerciantes tentavam adivinhar a variedade que seria mais procurada em determinado ano, fazendo estoques de bulbos em antecipação a sua expectativa de preço alto. Como os preços das tulipas subiam continuamente, pessoas de todos os matizes sociais passaram a vê-las como um excelente veículo de investimento. A crença de que os preços continuariam subindo era determinante na decisão de investimento dessas pessoas. Para elas, não apenas seus vizinhos e conterrâneos de outras regiões, mas sim todo o mundo se interessaria pelas flores, pagando o que quer se cobrasse por elas. Aqueles que não acreditavam nesse movimento constante, ao verem seus conhecidos obterem lucros fabulosos, sucumbiam à tentação e adotavam a modalidade de investimento. A mania mostrou seus primeiros sinais em 1634, tendo seu pico no início de 1637. Nesse período, as pessoas passaram a liquidar imóveis e ativos de uso pessoal como joias e móveis para comprar bulbos que os fariam ricos, levando o preço a valores astronômicos.

Os primeiros registros de mercados derivativos surgiram nessa época, como resposta à Tulipomania. Esses instrumentos permitiam alavancar posições com a criação de uma espécie de opção de compra muito similar às opções disponíveis nos mercados mobiliários atuais. A opção dava ao titular o direito de comprar um bulbo de tulipa por um preço predeterminado durante um prazo também predeterminado, mediante o pagamento de um prêmio, o qual era negociado entre 15% e 20% do preço de mercado do bulbo. Se um bulbo custasse, à vista, 100 florins, o prêmio da opção de compra custaria entre 15 e 20 florins, por exemplo. Caso o preço do bulbo subisse para 150 florins, o titular poderia exercer a opção, isto é, demandar do lançador da opção a venda por 100 florins, para depois vender o bulbo no mercado por 150 florins, embolsando um lucro de 35 florins, já que havia pagado 15 florins de prêmio pela compra da opção. Assim, o uso do instrumento derivativo permitiu uma alavancagem financeira na qual os lucros eram substancialmente maiores em relação ao valor do principal investido, potencializando o retorno, mas também aumentando a exposição ao risco. Importante notar, no exemplo anterior, que, se o preço do bulbo de tulipa caísse para 90 florins, o titular da opção não teria incentivo para fazê-la, pois não pagaria mais por um ativo cujo preço no mercado à vista fosse menor do que aquele preestabelecido na opção de compra, o chamado preço de exercício, escolhendo assim perder o valor pago pelo prêmio. A introdução da opção de compra de bulbos de tulipa garantiu que a participação no mercado fosse ampliada, alcançando muitos dos habitantes da Holanda naquele tempo.

> *Uma cebola de fazer chorar: Um dos mais conhecidos episódios da Tulipomania trata da história de um marujo que foi até a casa de um rico mercador avisar sobre a chegada de um carregamento. Convidado a comer alguma coisa como gratidão pelo aviso, o marujo viu o que para ele parecia ser uma cebola envolvida em seda e veludo e a pegou para dar mais sabor ao arenque que estava comendo, sem fazer a menor ideia de que a sua cebola era na verdade um bulbo de Semper Augustus, uma tulipa rara cujo valor poderia alimentar a tripulação de seu navio por um ano. Pelo engano, o antes agradecido mercador tomou as providências para que o marujo fosse condenado a uma pena de vários meses de prisão.*

Somente em janeiro de 1637 o preço dos bulbos se multiplicou por 20. No mês seguinte, se verificou queda no valor das tulipas, iniciando um derretimento do preço sem explicação aparente. Como acontece em todas as bolhas especulativas, algumas pessoas decidiram que seria prudente vender seus ativos e acabaram seguidas por outras tantas, deflacionando os preços de mercado em poucos dias. Como resultado, o pânico se espalhou pelo mercado, resultando em perdas significativas para os investidores. Os preços continuaram a cair até que, por ironia do destino, as tulipas passaram a valer o mesmo que cebolas. Em resumo, a bolha especulativa deixou, além de perdas individuais dos participantes, uma prolongada depressão no país.

A Companhia do Mississippi

No século XVIII, uma bolha especulativa tomou conta da França. Surgiu em um contexto de crise do Estado quando o país sofria dificuldades financeiras derivadas da guerra, deixando de pagar a dívida soberana. Esse calote por parte da França resultou em volatilidade nos valores de metais como ouro e prata. À época, o Duque de Orleans, conselheiro do Rei Luis XV, buscou ajuda com seu amigo John Law. Nascido na Escócia, Law aprendeu com o pai, um agiota, os princípios básicos do negócio de bancos. Seu currículo incluía um duelo, no qual ele matou seu oponente, seguido da condenação por essa morte e pela fuga da prisão no Reino Unido, quando ele passou a vagar pela Europa Continental, ganhando a vida com jogos de azar, graças a suas habilidades matemáticas.

Em 1705, publicou uma teoria monetária em puro estilo keynesiano, sustentando que o uso de meios de pagamento metálicos deveria ser substituído pelo uso de papel-moeda, o que estimularia o volume de transações na economia. Atendendo ao pedido do amigo, Law pôs em marcha a estratégia de estabilização da economia francesa, inaugurando, em 1716, o *Banque Generale*, pensado e estruturado tal e qual o *Wisselbank* de Amsterdã. O banco aceitava depósitos de ouro e prata e emitia, em contrapartida, papel-moeda. Sua estrutura de capital continha tanto ações, emitidas de modo convencional, quanto instrumentos de conversão de dívida pública em capital acionário. Com a economia dando sinais de recuperação, a reputação e a influência de Law junto ao governo francês cresceram consideravelmente.

Em agosto de 1717, ele adquiriu uma empresa em dificuldades financeiras, a Companhia do Mississippi, e a fundiu ao *Banque Generale*. Com a bênção do governo francês, John Law obteve para sua empresa a exclusividade no comércio com as colônias francesas, entre elas, as comunidades do Rio Mississippi e da Luisiana, nos Estados Unidos. O monopólio do comércio com as colônias era percebido como tendo grande potencial econômico:

peles e metais preciosos reforçavam a noção de que a França poderia alcançar lucros fantásticos, equivalentes aos lucros que a Espanha havia obtido com o México e com o Peru.

A companhia foi contemplada com o monopólio de todo o comércio exterior francês fora do continente europeu. Com isso, tinha o privilégio exclusivo de transacionar com outras companhias como as Índias Orientais (*East Indies*), Mar da China (*China Sea*) e Mares do Sul (*South Sea*). Como se não bastasse, conquistou o direito de coletar todos os impostos indiretos em nome do governo francês e lançou um plano para reestruturar uma parcela significativa da dívida pública, convertendo-a em participação acionária na empresa. Esses desenvolvimentos favoreciam a expansão dos negócios da empresa, que se tornou um conglomerado sem proporções, uma concentração de capital raramente equiparada por outra empresa.

Em resposta aos avanços do modelo de negócios, as ações, que no início de 1719 eram negociadas a 500 livres – a moeda francesa da época –, tiveram forte valorização em dezembro do mesmo ano, passando a valer 10 mil livres, atraindo a atenção de investidores com as mais variadas capacidades financeiras, dos mais variados estratos sociais, de toda a Europa Continental e até do Reino Unido, rivalizando com a Companhia dos Mares do Sul. Naquele ano, a Companhia do Mississippi obteve mais de 80 milhões de livres em juros de títulos públicos e em transações de comércio internacional, aumentando o interesse na em suas ações.

No início do ano seguinte, investidores começaram a obter seus lucros de uma maneira um tanto desordenada e descoordenada, recebendo suas restituições na forma de moedas de ouro. Law, em resposta, programou uma série de provisões na tentativa de manter as reservas, limitando os pagamentos em metal a não mais que 100 livres. Em maio de 1720, a empresa decidiu unilateralmente desvalorizar as ações ao aplicar um deságio nas notas do *Banque Generale*. Em resposta, o público investidor protestou, e o protesto até que foi bem-sucedido, pois se verificou a restauração do valor das notas. Em contrapartida, Law passou a restringir totalmente o pagamento em ouro, o que originou uma intensa onda de venda das ações. Com todos querendo vender e poucos querendo comprar, o preço das ações caiu. Em dezembro de 1720, as ações valiam 1.000 livres e nas primeiras semanas de 1721 estavam cotadas a 500 livres. Investidores, antes milionários, perderam fortunas.

O colapso da bolha especulativa da Companhia do Mississippi jogou a França e outros países em uma severa depressão econômica, criando as condições que desembocaram, anos mais tarde, na Revolução Francesa. John Law, taxado de fraudador, foi exilado e morreu na pobreza.

O crescimento desproporcional resultou do modelo de negócios posto em ação por Law, no qual se pode encontrar ao menos um dos elementos essenciais de um Esquema Ponzi. O comércio com terras de além-mar, exóticas, vibrantes e cheias de oportunidades, constituía uma ideia de investimento inusitado e desconhecido, capaz de capitalizar a atenção e a crença dos investidores na promessa de rentabilidades espetaculares. Este aspecto bastaria para a criação da bolha especulativa, fazendo o preço das ações da empresa mais que decuplicar em um ano.

A Companhia dos Mares do Sul

Naquela época, a Inglaterra experimentava um excesso de liquidez, resultado de um longo período de prosperidade econômica, uma expressão do domínio inglês das transações comerciais mundiais. Porém novas oportunidades de investimento eram escassas. O mercado de capitais era ainda incipiente. Os investidores eram despreparados para compreender todos os aspectos envolvidos nos negócios em que investiam. Lançadas em 1693, as ações da Companhia das Índias Orientais haviam sido adquiridas por apenas 499 indivíduos. Por outro lado, havia vantagens associadas ao investimento em ações: isenção de impostos sobre dividendos e a permissão para mulheres as adquirirem, uma vez que, para elas, o direito à propriedade era limitado.

Pairava sobre esse cenário econômico a ocorrência de elevada dívida pública, superior a 30 milhões de libras esterlinas, representando um risco potencial para a condição favorável que se observava.

Esquema Ponzi: como tirar dinheiro dos incautos

Em 1711, George Caswall e John Blunt fundaram a Companhia dos Mares do Sul, que consigo recebeu do Parlamento os direitos exclusivos de comércio com os mares do sul, isto é, com as colônias espanholas da América do Sul. O monopólio foi concedido como contrapartida ao refinanciamento de cerca de 10 milhões de libras esterlinas, parte considerável da dívida pública. A estrutura de capital escolhida, com a conversão de dívida em participação acionária, já havia sido anteriormente utilizada na formação do *Bank of England* e da Companhia das Índias Orientais.

A Companhia dos Mares do Sul emitiu ações para financiar suas operações, e os investidores atribuíram grande valor ao monopólio comercial, fazendo das emissões de ações um sucesso desde o início. Além dos lucros do comércio, a empresa receberia um fluxo de caixa de 576 mil libras por ano, relativo ao pagamento de juros pela coroa inglesa. No final de 1711, 97% da dívida havia sido convertida em ações da empresa, uma vez que a oferta inicial de ações considerava a conversão. Dado o sucesso dessa primeira emissão, a empresa rapidamente preparou outras emissões que foram vorazmente adquiridas pelos investidores. Contando com pouca experiência em transações com a América Latina, o primeiro empreendimento foi o lucrativo comércio de escravos africanos.

A empresa, entretanto, não conseguiu alcançar as margens de lucro obtidas por empreendedores portugueses e brasileiros. Falhas na operação evidenciavam o despreparo da empresa. Cargas de produtos eram perdidas por enganos cometidos no despacho, sendo enviadas a portos para onde não eram esperadas. Mesmo assim, o preço das ações ia subindo pouco a pouco. A guerra contra a Espanha trouxe novas dificuldades, interrompendo as rotas para a América do Sul, culminando no confisco de navios, em 1718.

> *Luisiana, Barings e Leeson: Por força de um tratado assinado em 30 de abril de 1803, os Estados Unidos compraram da França a Província da Luisiana, uma área de mais de 2 milhões de quilômetros quadrados, um território que se estendia do Rio Mississippi até as Montanhas Rochosas, pagando 60 milhões de francos, valor*

equivalente, naquele tempo, a 15 milhões de dólares. A aquisição dobrou o tamanho dos Estados Unidos, permitiu abrir novas áreas de colonização e garantiu a livre negociação do Rio Mississippi. Pouco mais de 11 milhões de dólares foram liquidados à vista, sendo que o restante se daria com os Estados Unidos assumindo a responsabilidade pela dívida francesa. O Barings Bank, antiga e conservadora instituição financeira, banco da Família Real inglesa, intermediou a operação.

Curiosamente, o banco, que tinha uma história de 232 anos, acabou vendido, em 1995, por um único dólar americano depois que Nick Leeson o levou à falência ao realizar arriscadas operações com derivativos de moedas estrangeiras, criando um rombo de 1,4 bilhão de dólares. Classificadas muitas vezes como fraude, as operações de Leeson evidenciaram a necessidade de gerenciamento do risco implícito em posições assumidas por instituições financeiras. Como teve bom desempenho no comando das operações do Barings em Jakarta, Leeson foi transferido para Singapura, onde operava sem supervisão. Assumindo posições cada vez mais arriscadas, ele reportava à matriz resultados que não vinha obtendo, confiando na sorte em suas operações especulativas, as quais se tornaram a única possibilidade de reverter o quadro negativo.

A França já fervia com as operações da Companhia do Mississippi quando, em dezembro de 1719, terminou o conflito entre ingleses e espanhóis. O que todos tinham em mente era a expectativa de que todo o ouro do México estaria acumulado, esperando para ser utilizado como meio de pagamento pelos finos produtos ingleses. Nesse ano, uma segunda parcela de dívida pública foi convertida em ações da empresa.

Em janeiro de 1720, a empresa manifestou seu interesse no refinanciamento do restante da dívida pública. Para tanto, a aprovação do Parlamento contou com pessoas influentes, as quais foram recompensadas com a doação de ações da empresa. Naquele ponto, a dívida da Inglaterra totalizava cerca de 50 milhões de libras, das quais pouco mais de 18 milhões representavam participações na Companhia dos Mares do Sul, outros 3 a 4 milhões representavam quotas no capital do *Bank of England*, além do restante com titularidade privada representando títulos com vencimento superior a 20 anos.

Em março, o Parlamento aprovou a aquisição de títulos da dívida. A empresa ofereceu 7,5 milhões de libras pela concessão, adicionados a aproximadamente 1,3 milhão de libras – pago em comissões. Para financiar a aquisição do direito sobre o débito, permitiu-se que a empresa fizesse novas emissões de ações, com total liberdade para fixar o seu preço e, consequentemente, para fixar a relação de troca dos instrumentos de dívida pelas ações. Em abril, a empresa fez novo lançamento de ações no valor de 300 libras, mais que o dobro da cotação de mercado, que era de 130 libras. O preço das ações subiu fortemente. A sofisticação das instalações da empresa contribuiu para conquistar os corações dos investidores, que acreditavam na imagem de sucesso e riqueza que a empresa passava. Investidores brigavam para conseguir comprar uma parte do lançamento, fazendo com que o preço chegasse a 340 libras em poucos dias. Havendo procura continuada, a Companhia dos Mares do Sul promoveu uma nova oferta pública de ações, desta vez com preço unitário de 400 libras. A procura prosseguia; a cotação bateu 550 libras em poucas semanas e continuou a subir. Os gestores venderam a ideia de que a empresa havia obtido a concessão de uso de todos os portos da América Latina, embora, na verdade, a Espanha permitisse apenas três navios por ano. Ainda uma nova oferta pública foi anunciada em junho, trazendo uma facilidade adicional aos investidores: pagamento à vista de apenas 10% do montante de ações adquiridas e o restante em várias prestações ao longo de um ano; uma oferta que levou o preço da ação para 800 libras e depois para 920 libras.

A bolha especulativa começou então a exorbitar para fora do âmbito dos negócios da Companhia dos Mares do Sul. Ideias de investimento, raramente viáveis, passaram a receber vastas somas de dinheiro. Sobrava capital para ideias de investimento distribuídas entre ingênuas, impossíveis e inapropriadas. As proposições de negócios consideravam, por exemplo, comercializar cabelo humano, extrair prata de chumbo ou aproveitar comercialmente a luz solar de pepinos. Investidores compravam qualquer coisa que lhes fosse oferecida, desde que embalada na forma de participação acionária. O ponto máximo do movimento especulativo pode ser representado pela "empresa que terá grandes lucros, mas que ninguém sabe o que é", como afirmava o prospecto de venda. Esse foi também o começo do declínio da especulação. Na primeira hora de negociação, milhares de investidores subscreveram, entregando seu dinheiro por papéis representativos da participação nessa "fabulosa" empresa. O ofertante, de repente, encerrou a venda, juntou o dinheiro e fugiu para a Europa Continental.

Nos meses seguintes se daria a queda no preço das ações da Companhia dos Mares do Sul. Pesquisadores apontam como tendo um papel relevante no estouro da bolha especulativa a chamada Lei da Bolha, aprovada em junho daquele ano pelo Parlamento, definindo como crime que outras empresas atuassem como corporações, como fazia a Companhia dos Mares do Sul. A lei atendia aos anseios desta, representando uma reserva de mercado, pois o surgimento de diversas empresas no mercado em maio e junho preocupava seus gestores.

Em 18 de agosto, em atenção à Lei da Bolha, o governo iniciou procedimentos contra três empresas – *York Buildings Company*, *New River Company* e *Sword Blade Company* –, cujas atividades vinham atraindo investidores e especuladores, diminuindo o interesse na Companhia dos Mares do Sul. O mercado sentiu e respondeu com certo ceticismo, reduzindo a cotação das ações da empresa. Nesse mês, o pagamento das mensalidades de compra das ações teria seus primeiros desembolsos, criando um aperto monetário e gerando uma pressão de venda sobre as ações. Além disso, no mês seguinte, a Companhia do Mississippi entraria nos estágios finais de seu colapso, e esses desenvolvimentos podem ter contribuído muito para o final da bolha especulativa na Inglaterra. Diz-se que os administradores da Companhia dos Mares do Sul, sabendo que a empresa não tinha lucros suficientes para justificar o preço de mercado, pois seu crescimento se sustentava na emissão de ações, em detrimento do comércio internacional, venderam sua participação para investidores que desconheciam o fato de que o preço das ações estava superavaliado, fugindo do país com fortunas.

Esquema Ponzi: como tirar dinheiro dos incautos

A Lei da Bolha (Bubble Act): Atribui-se à Lei da Bolha, que somente seria revogada em 1825, a responsabilidade por ter desencorajado o desenvolvimento da economia inglesa. A lei surgiu da necessidade de manter a posição dominante da Companhia dos Mares do Sul, como uma lei de interesse privado, antes do estouro da bolha especulativa. Porém alguns autores apontam a Lei da Bolha como uma resposta legislativa à insatisfação resultante do colapso do mercado acionário.

Em seu trabalho, HARRIS minimiza a importância da lei no desenvolvimento econômico, dado o interesse de curto prazo que a gerou e os efeitos legais e econômicos limitados que representou. Mais peculiar ainda é a explicação sobre o engano de acreditar que a lei fora adotada depois do fim da bolha, quando, na verdade, teria sido aprovada durante a corrida especulativa. Segundo o autor, a Inglaterra mudou seu calendário de Juliano para Gregoriano em 1751, fazendo o que antes era 25 de março tornar-se 1º de janeiro, como se faz hoje em dia, o que enganou muitos pesquisadores ao longo dos anos.

Descobrindo que os gestores da empresa e responsáveis por ela haviam abandonado o navio, todos os demais acionistas procuraram se livrar de suas posições quase simultaneamente, fazendo com que o preço das ações despencasse fortemente. As ações da empresa eram negociadas a 775 libras em 31 de agosto de 1720, tendo caído mais de 15% desde o valor máximo observado no mercado. Em 1º de outubro, despencaram para 290 libras. As cotações das ações das demais empresas também sofreram queda. Investidores ficaram com papéis sem valor e fortunas foram perdidas. A insatisfação foi generalizada, governantes tentaram, sem sucesso, recuperar a confiança na empresa. O resultado final foi um severo dano à economia.

Madness of People: Entre os que mais perderam com o estouro da bolha especulativa criada pela Companhia dos Mares do Sul encontra-se o físico Isaac Newton. Inicialmente, ele teria previsto a quebra do mercado e vendido suas ações com um lucro de 3,5 mil libras, mas, vendo que a especulação continuava, comprou novas ações em um montante de 20 mil libras, perdendo todo esse capital no estouro da bolha. Em relação ao acontecido, Newton teria afirmado: "posso calcular o movimento de corpos celestiais, mas não a insanidade das pessoas".

Análise em Retrospecto

Esses exemplos de bolhas especulativas (Tulipomania, Companhia do Mississippi e Companhia dos Mares do Sul) têm sido citados de modo indiscriminado em muitos trabalhos acadêmicos de Economia e de Finanças, sem a preocupação em estabelecer as condições prevalecentes em sua origem. Há estudos demonstrando que os casos de investimento relatados somente podem ser considerados bolhas especulativas, isto é, grandes variações de preços resultantes do comportamento irracional de investidores, quando analisados em retrospecto. Olhando os eventos e, melhor ainda, a variação dos preços das ações, depois de passado muito tempo, pode-se concluir se a irracionalidade se verificou ou não.

Porém, segundo esses estudos, é necessário observar se os eventos faziam sentido *ex-ante*, no momento em que se desenvolviam as transações candidatas a serem taxadas de bolhas especulativas. GARBER sugere certa racionalidade na Tulipomania. SMANT se opõe fortemente a ver os negócios da Companhia do Mississippi como uma bolha especulativa. Para ele, a quantidade de papel-moeda em circulação havia aumentado 186% em um ano, emitido para permitir a compra das ações, o que teria resultado em hiperinflação, com o preço dos bens dobrando entre julho de 1719 e dezembro de 1720. Muito do ganho no preço das ações era, portanto, devido ao efeito inflacionário percebido pelos investidores, contrariando a visão prevalecente de que investidores irracionalmente aceitavam pagar qualquer preço pelas ações. Essa explicação leva à conclusão de que, em termos técnicos, o *frenesi* causado pela Companhia do Mississippi não representou uma bolha especulativa, mas sim um incidente causado por erro na condução da política monetária, que, por sua vez, causou crescimento excessivo na oferta de papel-moeda e, com isso, aumento das taxas de inflação.

Também o caso Companhia dos Mares do Sul, se analisado de uma perspectiva *ex-ante*, pode ser classificado como um conjunto de eventos racionais e não como uma bolha especulativa. KLEER demonstra que os preços das ações refletiam o valor presente dos fluxos de caixa, esperados pela empresa, podendo os eventos observados ser explicados com base em fundamentos financeiros. Assim, o valor das ações teria entrado em colapso devido ao choque adverso e inesperado causado pela Lei da Bolha, ao que corroborou as composições das carteiras de ações dos investidores, os quais mantinham posições alavancadas, sobre as quais pendiam prestações futuras.

Viés Comportamental

Muitos economistas, como MINSKY e SHILLER, identificam uma dinâmica típica em episódios de bolhas especulativas, situações em que os preços de mercado dos ativos excedem significativa e prolongadamente os valores de seus fundamentos econômicos. Segundo esses economistas, as bolhas seriam deflagradas por algum deslocamento nos fundamentos econômicos, gerando uma reação exageradamente otimista dos investidores. A expansão acelerada subsequente no volume de transações disseminaria as expectativas otimistas, contribuindo para criar e realimentar a euforia característica de qualquer bolha. Não raramente, os investidores passam a crer na emergência de uma "nova era" de opulência e segurança, crença sancionada e difundida por analistas e pela mídia para racionalizar o próprio aumento espetacular dos preços dos ativos. Mesmo os investidores racionais, que reconhecem o exagero dos preços no mercado, atuariam de modo desestabilizador, adquirindo os ativos com a expectativa de revendê-los com lucro logo depois. A euforia é geralmente acompanhada de uma forte expansão do crédito e do grau de alavancagem, facilitando e aprofundando a especulação e a desestabilização. O sistema bancário incha e surgem novas instituições e novos instrumentos financeiros, formais e informais, para explorar a demanda crescente por ativos especulativos, estimulada pelos preços em escalada. As próprias inovações financeiras que viabilizam a alavancagem são percebidas como uma confirmação da "nova era". O desfecho da bolha ocorreria com a difusão do pessimismo: alguns especuladores que haviam aproveitado a tendência de alta liquidariam seus ativos, desencadeando o pânico e a deflação dos ativos. Racionalizações *a posteriori* sobre as causas que precipitaram o colapso dos ativos tendem a ponderar os exageros e as fragilidades dos fundamentos que haviam impulsionado os preços até o momento do pânico.

Envolvimento com a Classe Dominante

Embora essas bolhas especulativas não correspondam a Esquemas Ponzi, elas apresentavam um elemento acessório bastante importante sobre a decisão de investimento. Trata-se da verificação ou não do envolvimento com a classe dominante e da consequente chance de que as perdas resultantes da aventura financeira venham a ser cobertas pelo Estado. Nos eventos que envolveram Charles Ponzi, essa possibilidade não se verificou. Não havia relacionamento direto ou cordial com os detentores do poder, aqueles em condição de decidir sobre como e quando cobrir os prejuízos deixados pelo esquema. É verdade que o imaginário popular e a mídia buscam encontrar envolvimento de agentes do Estado entre os investidores. A passagem que revela a participação de policiais entre os investidores de Ponzi foi entendida como uma indicação da existência de conexão entre Ponzi e as autoridades instituídas. Também a suspeita de que os fundos de Ponzi teriam sido repassados a políticos, autoridades e pessoas influentes em Boston aponta nessa direção. Todavia, Ponzi não tinha tais conexões. A alegação de que ele operava sobre a orientação de Lenin e Stalin demonstra que a conexão era esperada, não importa em que sentido. Os dirigentes da União Soviética, porém, não cobririam os prejuízos nos Estados Unidos, sendo essa possibilidade de conexão política irrelevante no sentido de mitigar o risco do investimento no esquema.

A esperança era sempre de que uma conexão se verificasse. O motivo que dá sobrevida à noção de que pode ocorrer uma cobertura de prejuízos por parte do Estado repousa no imaginário popular, em parte, em função dos episódios finais observados pelas bolhas especulativas da Companhia do Mississippi e da Companhia dos Mares do Sul, além das inúmeras outras vezes que possa ter ocorrido, ao longo dos 200 anos que separam essas histórias da história de Charles Ponzi. A relação da Companhia do Mississippi com o Estado francês existia e se confirmava pelos monopólios concedidos. Quando as ações da empresa passaram a valer praticamente nada, os investidores receberam títulos municipais de Paris, com juros de 2,5% ao ano. De igual forma, se recompensou, parcialmente, especuladores e ingênuos no Reino Unido, quando o Parlamento aprovou a troca de ações da Companhia dos Mares do Sul por títulos públicos, em um total superior a 7 milhões de libras esterlinas.

CAPÍTULO IX

DONA BRANCA, MADOFF E OUTROS

Wall Street é o único lugar no qual as pessoas vão de Rolls-Royce para se aconselharem com pessoas que foram de metrô. (Warren Buffett)

Enquanto, em inúmeros países, Charles Ponzi tornou-se o nome do tipo de fraude por ele praticado, em Portugal, se deu o caso de uma escolha muito particular, com o golpe ganhando o nome de sua mais notável perpetuadora no país, Dona Branca.

Embora a imprensa portuguesa costumeiramente denomine de Dona Branca outras operações como agiotagem, o caso original foi efetivamente um Esquema Ponzi. Em 1983, em uma economia enfrentando depressão econômica e inflação galopante, uma simpática anciã de 72 anos, residente na Mouraria, em Lisboa, pagava juros de 10% ao mês aos depositantes que lhe confiavam seus recursos, enquanto à época os instrumentos financeiros mais comumente utilizados pagavam taxas de 30% anuais. Maria Branca dos Santos era uma figura curiosa, alternando casacos de peles e aventais, tratando a todos por "filho" e "filha", nunca perdendo a oportunidade de contar uma anedota picante. Dona Branca era analfabeta e conseguiu levantar, com seu esquema, recursos que movimentaram Portugal em um volume significativo, o que lhe rendeu a alcunha de a Banqueira do Povo.

O caso teve inúmeros paralelos com a história de Ponzi, desde o papel valente de um jornal local até a grande movimentação de pessoas, da incredibilidade de autoridades e experts e do resultado final para investidores e operadora do esquema.

O semanário Tal & Qual a apresentou aos portugueses. Era a imagem acabada da tia boa e tolerante, e nesse dia, sem que ninguém o soubesse, começou o fim da Dona Branca. O jornalista José Rocha Vieira foi o autor do primeiro texto sobre Maria Branca dos Santos, contando com depoimentos de quatro clientes da banqueira que, encantados com a "mulher que é um autêntico banco", garantiam que os recursos estavam "tão seguros nas mãos dessa mulher de cabelos brancos como nos cofres da mais sólida instituição de crédito". Luiz Carvalho fotografou o cotidiano da banqueira e captou a senhora num momento que viria a ser publicado *ad nauseam* nos meses seguintes: a imagem mostrava-a confiante, sorridente, saindo de um prédio, de casaco de peles e colar de pérolas, ajudada por uma colaboradora. A fraudadora garantia nada ter a dizer; afirmava que podia pedir dinheiro emprestado e podia pagar os juros que quisesse; afinal, segundo ela, o dinheiro a ela pertencia e ela podia rasgá-lo ou jogar fora se quisesse. Dessa primeira reportagem passaram ainda alguns meses até sua prisão, em outubro de 1984.

A operação da banqueira do povo baseava-se num ritmo estável de depósitos e numa rede de confiança que impedia que pessoas não conhecidas ou não recomendadas entrassem no negócio. Enquanto se manteve nesses parâmetros, a operação progrediu, mesmo com os colaboradores de Dona Branca desviando parte dos recursos. A celebridade proporcionada pelo Tal & Qual selou o destino da benemérita com o aumento considerável da oferta de recursos. O pequeno jornal passou a explorar a matéria, trazendo regularmente Dona Branca como tema de notícias. Com o tempo, passou a entender como seu complexo esquema de investimento imobiliário era capaz de suportar o pagamento de juros aos depositantes, ao passo que grandes jornais como o espanhol *El Pais*, o inglês *Guardian* ou o alemão *Frankfurter Rundschau* lhe dedicavam reportagens enaltecedoras. Perto do final do ano de 1983, o verniz começou a estalar, sempre com o Tal & Qual no comando da reportagem. Por um lado, a revelação de que recebia uma pensão de pobreza de 3.900 escudos foi escandalosa, face ao conto de fadas que se conhecia; por outro, Ernani Lopes, ministro das Finanças de Portugal, recomendou na televisão estatal cautela aos depositantes e, em privado, pediu à Inspeção de Crédito do Banco de Portugal que investigasse a operação. No primeiro inquérito, a Dona Branca chorou copiosamente e explicou que só ajudava aos necessitados. Os inspetores se entreolharam quando tomaram conhecimento da sua lista de clientes. Entre os depositantes, constavam deputados, políticos, figuras da televisão e do cinema português, além de vários agentes da Polícia Judiciária.

Foi quando começaram a surgir na imprensa suspeitas de insolvência. Ao escritório da Rua Abade Faria, somava-se agora outro na Avenida Rio de Janeiro. Dezenas de angariadores estavam a postos pela cidade. Na sede da organização, o dinheiro era guardado em sacos de lixo, como fez Charles Ponzi. Passavam-se recibos de depósito sem confirmação. Cega pela atenção pública, Dona Branca parecia ter perdido o controle da operação.

Em junho, ela anunciou um período de meditação, coincidente com a fase em que já não conseguia cobrir os juros exorbitantes. Surgiram os primeiros relatos de roubo em sua própria organização, com desvios de recursos para contas bancárias na Espanha e na Suíça. Surgiram falsificações de recibos de investimento, os quais foram honrados por Dona Branca, que controlava tudo de cabeça, sem quaisquer registros ou livros-caixa.

Surgiram, finalmente, experts avaliando a operação como insustentável, uma vez que os juros oferecidos eram muito acima das demais oportunidades disponíveis no mercado. Os jornais continuaram a promover a operação relatando ações em que Dona Branca doava aos necessitados e destacando casos de sucesso de investidores para quem as contas estavam corretas e o dinheiro estava seguro. Assim foi até que, em uma manhã, a conta do Banco Português do Atlântico, com a qual Dona Branca operava seu esquema, entrou no vermelho. Sem novos depósitos, o esquema estava encerrado.

A correria foi extraordinária em Lisboa. A polícia ficou de prontidão para conter cerca de 500 investidores que correram aos escritórios na tentativa de resgatar seus recursos. Houve ainda uma frustrada tentativa de manter o esquema ativo e de influenciar o grupo de investidores no sentido de desistirem da retirada. Um falso depositante aproximou-se do escritório e fez uma cena à frente da fila de credores. Ele garantiu para todos ouvirem que deixaria 1.500 contos por ter confiança na banqueira. Os investidores não mudaram de opinião e o esquema fracassou. Naquele dia, ninguém recuperou um escudo, a moeda portuguesa daquele tempo. Dona Branca, acusada de um esquema de fraude do qual nunca se soube o volume total de depósitos envolvidos, morreu em abril de 1992, numa casa de saúde.

Dona Branca de Matosinhos

Em abril de 2011, a Comissão do Mercado de Valores Mobiliários, órgão fiscalizador português, alertou para o fato de Cristina Maria Magalhães Teixeira, com domicílio profissional em São Mamede de Infesta, não estar autorizada a desenvolver quaisquer atividades de intermediação financeira. Era já tarde para inúmeros investidores. A fraudadora, denominada de Dona Branca de Matosinhos, amealhou, em quatro anos, 865 mil euros de 12 investidores atraídos pela promessa de juros mensais de até 20%. A falsa economista operava atividades ilícitas desde 2007, já tendo sido condenada por outros delitos.

Madoff, o mais longo Ponzi

Bernard Madoff, ex-corretor de valores mobiliários, consultor de investimentos, financista e ex-presidente não executivo da bolsa eletrônica do mercado de ações NASDAQ, coordenou um Esquema Ponzi não em uma economia política como Albânia ou Rússia nos primeiros anos de capitalismo, mas sim nos Estados Unidos, centrando as ações, principalmente, na comunidade judaica e afluente de Palm Beach, na Flórida. Como Ponzi, Madoff remunerava os investidores mais antigos com o dinheiro dos investidores que haviam entrado mais recentemente nos fundos administrados por ele. Bernard Madoff vivia uma grande mentira e obtinha apenas uma rentabilidade marginal no mercado de capitais. O financista fez desaparecer uma bolada de 65 bilhões de dólares. Preso em dezembro de 2008, se declarou culpado de 11 crimes federais e foi condenado a 150 anos de prisão.

Operadores de Esquemas Ponzi parecem lançar seus esquemas como atividade temporária para dar início a alguma coisa maior, honesta, ou para fugir logo em seguida com o que for possível arrecadar. Estudos indicam que o tempo médio de duração de um Esquema Ponzi é de um ano. Madoff, gestor de investimentos já nos anos 60, quando fundou a *Bernard L. Madoff Investment Securities LLC*, pode ter começado a aplicar o esquema ao esconder reveses e resultados negativos em seus fundos, adquirindo notoriedade e reconhecimento como um excelente administrador de recursos. A ideia teria sido esconder uma perda de uma só vez com o dinheiro dos novos investidores, na esperança de poder compensar isso com uma grande aposta mais tarde. Madoff, em depoimento às autoridades, teria afirmado que começou o Esquema Ponzi no início de 1990. No entanto, investigadores federais encontraram evidências de que a fraude teria começado já em 1970. Mais ainda, os responsáveis pela recuperação do dinheiro desaparecido afirmaram acreditar que a operação de investimento nunca pôde ter sido legítima. Com isso, pode-se creditar a Madoff o título de o mais longo dos Esquemas Ponzi conhecidos.

Foram milhares de investidores envolvidos na fraude. Nem todos perderam tudo, como é natural e esperado nesse tipo de fraude. Muitos ganharam, ao menos por algum tempo. Um investidor, que investiu mais de 1 milhão de dólares com Madoff durante mais de uma década, realizou inúmeras retiradas, salvando seu investimento inicial. Como ocorre em todos os casos, é difícil saber quantos clientes lucraram sem saber de sua ilegalidade ou quantos o faziam de modo esclarecido, torcendo para que

Esquema Ponzi: como tirar dinheiro dos incautos

o esquema se sustentasse mais ainda por algum tempo. Dada a estrutura de Esquemas Ponzi, mesmo investidores antigos podem ser afetados se não fizerem retiradas constantes e se forem surpreendidos pelo encerramento do esquema. Enfim, em função do padrão de retiradas e reinvestimento, pode-se dizer que nem todos os investidores perdem, pois aqueles que conseguem ou têm a sorte de sair no *timing* perfeito acabam retendo algum lucro e seu capital inicial. Foi o que se viu em Ponzi, quando as autoridades ameaçaram exigir a devolução de recursos por parte daqueles que teriam se beneficiado do esquema. O padrão se repete a cada vez que o esquema é aplicado.

Em Madoff, investidores que obtiveram resultados positivos foram também aterrorizados com a possibilidade de serem obrigados a contribuir com os investidores que perderam dinheiro. Entretanto, como sempre, torna-se muito difícil saber quantos ganharam e quantos perderam, quem ganhou ou quem perdeu, além da magnitude desses ganhos e dessas perdas.

Madoff distribuía regularmente entre 10% e 17%, ao ano, a título de juros ou rentabilidade para investidores, alternando, ano a ano, entre os extremos dessa faixa. Embora essas rentabilidades possam parecer muito inferiores às praticadas em outros Esquemas Ponzi, há de se observar que Madoff tinha como referencial a totalidade de ativos financeiros, regularmente transacionados no mercado financeiro (títulos, ações, derivativos e outros instrumentos), e buscava, em seu interesse, ofertar apenas o mínimo para superar a rentabilidade desses ativos financeiros e atrair interessados em investir por conta de sua pretensa capacidade excepcional de administração de fundos de investimento. Mais ainda, a regularidade com que Madoff pagava seus dividendos apontava para um investimento com uma taxa de risco sem igual nesse mesmo mercado.

Na empresa de Madoff trabalhavam seu irmão Peter, sua sobrinha Shana e seus filhos Andrew e Mark. Peter foi condenado a dez anos de prisão e Mark cometeu suicídio, dois anos após a prisão de seu pai. Os próprios filhos de Madoff, cansados de ver o pai pagar grandes somas aos investidores, ao passo que sua empresa não estava indo bem, denunciaram às autoridades fiscalizadoras que a unidade de gestão de ativos da empresa era um enorme Esquema Ponzi. No dia seguinte, os agentes do FBI prenderam Madoff e o acusaram de fraude financeira.

Madoff havia sido anteriormente investigado pela Securities and Exchange Commission, mas esta teria deixado de identificar a evidente fraude. Por essa falha, a SEC já em 2009 começou a figurar no polo negativo de ações judiciais promovidas por vítimas de Madoff, que acusavam a agência de negligência e omissão. As primeiras ações foram propostas por Phyllis Molchatsky e por Steven Schneider, que teriam perdido 1,7 milhão de dólares e 750 mil dólares, respectivamente.

No processo judicial, Madoff afirmou ser o único responsável pela fraude, se declarando culpado de todas as acusações, possivelmente, para proteger e evitar nomear quaisquer associados e conspiradores que estavam envolvidos com ele no esquema.

> *Bacon: O colapso do Esquema Ponzi promovido por Madoff atingiu fortemente a comunidade judaica, além de políticos, esportistas, artistas e celebridades. Entre os artistas, ganhou destaque a participação do ator Kevin Bacon, que, juntamente com sua esposa, a também atriz Kyra Sedgwick, tinha grandes somas investidas com o financista. O casal sofreu muito com a perda e, embora se recuse a informar o valor perdido, assume que muitos e muitos anos de trabalho viraram fumaça.*

Madoff Mineiro

Em 2010, Thales Emmanuelle Maioline operou seu Esquema Ponzi em Belo Horizonte e em outras cidades vizinhas, resultando em um rombo superior a 80 milhões de reais, contando com mais de 2 mil investidores. O esquema oferecia a participação em um Fundo de Investimento Capitalizado que só existia de fato no *website* da empresa criada por ele, a FIRV Consultoria e Administração de Recursos Financeiros, e prometia um retorno de 6% ao mês acrescido de um bônus semestral de 30%. A Comissão de Valores Mobiliários divulgou um alerta sobre a oferta irregular do fundo em julho de 2010. Com isso, o esquema desmoronou.

Maioline não conseguia cobrir os saques de clientes provocados pelo alerta da CVM e, temendo por sua vida, fugiu, sumiu sem avisar a família ou seus funcionários. Tomou um ônibus para Rondônia, onde comprou uma barraca e ficou acampado por alguns dias na floresta em Pimenteiras. Lá ele pescava, acessava a internet e tinha notícias de seu próprio desaparecimento. Depois foi para a Bolívia. Lá, sem internet, não sabia o que se passava em sua terra natal e por isso decidiu viajar a Santa Cruz de La Sierra.

Enquanto isso, sua família penava no Brasil, sofrendo ameaças e passando necessidades. Ele então decidiu voltar, pois eram muitas as ameaças e ele temia pela vida de sua mulher, de seu filho e de sua irmã. Assim, se entregou à polícia cinco meses após a fuga.

Madoff Brasileiro

Dada a dimensão da fraude e a contemporaneidade de Madoff, é natural que meios de comunicação e estudiosos busquem associar a seu nome outras fraudes à medida que estas vão surgindo. Em sua maioria, porém, os novos Madoff são Esquemas Ponzi, como o foi o Madoff original. Tulio Vinícius Vertullo foi também chamado de Madoff, desta vez de Madoff Brasileiro. Ele criou clubes de investimentos falsos e conseguiu liquidar um volume superior a 90 milhões de reais de seus investidores. Na verdade, Vertullo nada sabia de Madoff, que não havia ainda sido desmascarado quando Vertullo começou a operar.

Vertullo assumiu, em 2006, a corretora de câmbio Agente BR, em São Paulo, e a transformou em corretora de valores, sem nunca ter obtido a permissão da Comissão de Valores Mobiliários para operar nos mercados de valores mobiliários. Ele tampouco transferiu a empresa, uma herança recebida de seu pai, para seu nome. Então passou a organizar uma série de clubes de investimento prometendo rendimentos mensais acima de 12%. Com essa promessa de retorno atraente e com as primeiras confirmações desse retorno, os clubes de investimento, que não eram registrados nos órgãos de mercado e na agência de fiscalização, receberam logo recursos de mais de 2 mil investidores.

Ele cobrava um valor inicial de 10 mil reais de cada investidor. Com os primeiros resultados, a confirmação do retorno prometido, investidores estavam maravilhados. Podiam verificar a rentabilidade de suas aplicações no próprio *website* da corretora. Assim como Madoff, esses dados verificados por investidores eram falsos, e assim como Ponzi, Vertullo utilizava os recursos de novos clientes para cobrir cada eventual resgate.

O esquema prosseguia bem, mas seu crescimento selou o seu destino quando investidores, ainda interessados, mas temerosos, passaram a questionar a Bolsa de Valores e a Comissão de Valores Mobiliários para obter mais informações sobre a corretora. Como não havia autorização, a CVM publicou, em julho de 2008, um alerta ao mercado, de alcance limitado, uma vez que teria sido unicamente disponibilizado no *website* do órgão. No alerta, a CVM proibia as operações em mercado de capitais da corretora. Vertullo reagiu bloqueando os resgates, embora afirmando que o capital estaria em aplicações no exterior com grandes prazos de carência e, por esse motivo, não seria possível fazer retiradas dos fundos de investimento. Depois, ele alterou os nomes dos clubes e dispensou os supostos gestores dos fundos que ele usava no início do esquema. Os investidores temiam sofrer represálias, não recebendo seu capital de volta, caso fossem mais duros com o fraudador. Finalmente o Banco Central emitiu uma resolução decretando o fechamento da Agente BR e nomeando um liquidante. Diferentemente de Madoff e de Ponzi, Vertullo não vive em restrição de liberdade.

Mais divertido seria jogar o dinheiro pela janela

Em agosto de 1998, Hugh F. Rollins admitiu sua culpa na acusação de lavagem de dinheiro perante a Corte Distrital de Alexandria, nos Estados Unidos. Entretanto o caso não tratava de lavagem de dinheiro. Na verdade, Rollins, um afluente consultor financeiro que administrava milhões de dólares para centenas de investidores, promoveu um Esquema Ponzi de 20 milhões de dólares, fraudando ao longo de seis anos mais de 550 investidores distribuídos por todo o país. A promoção do esquema rendeu a Rollins pouco mais de 8,3 milhões de dólares. O consultor dizia aos investidores que emprestaria os recursos a empresas lucrativas e seguras, empresas com contratos junto da administração pública. Prometia que o investimento em sua empresa, a *Venture Associates*, renderia juros da ordem de 8% ao ano. Algumas vezes, prometia um retorno de 0,5% ao dia, o que representa fantásticos 517,5% ao ano.

Enquanto o esquema estava em operação, alguns de seus clientes chegaram a receber cheques com a rentabilidade prometida, mas, como todo Esquema Ponzi, Rollins usava o dinheiro dos investimentos mais recentes para pagar os investimentos mais antigos. Além disso, na medida em que as rodadas iam se sucedendo, uma parte do capital em suas mãos era desviada para garantir seu glamoroso estilo de vida: patrocínio de golfista profissional; doação de 200 mil dólares para a caridade; aquisição de joias, de casacos de pele e de outros artigos de luxo; viagens constantes para destinos e hospedagens exclusivas; e aquisição de automóveis de luxo.

A *Venture Associates* enviava regularmente aos investidores balanços e extratos de suas contas, peças de excelente aparência, indicando o crescimento dos saldos e lhes assegurando a respeito do tratamento sendo dado aos seus capitais. O desempenho positivo do mercado acionário, naquele período específico, favorecia a percepção de que as altas rentabilidades eram passíveis de serem obtidas. Contudo a situação se modificou quando seis investidores entraram na Justiça, alegando terem perdido cerca de 500 mil dólares. Tempos depois, a *Securities and Exchange Commission* também processou Rollins por violar leis federais versando sobre a distribuição de valores mobiliários. Próximo ao seu julgamento, o consultor colaborou com inspetores dos Correios para escapar de uma acusação de fraude postal, dado que Rollins enviava os cheques dos investidores por meio postal.

Em seu julgamento, a defesa sustentou a tese de que Rollins teria começado a alterar os balanços e extratos levianamente, apenas para encobrir o resultado negativo obtido com alguns poucos ativos. Com essa linha de defesa, o crime cometido seria classificado como fraude intermediária, quando uma atividade não é fraudulenta em seu nascimento, mas se torna fraudulenta com o decorrer dos eventos. Em fraudes intermediárias, bons e saudáveis negócios se tornam fraudulentos por má-fé esclarecida ou para evitar a inconveniência de vivenciar o insucesso, esperando que os resultados ruins sejam passageiros. Sujeito a uma pena máxima de 20 anos de prisão, o consultor foi sentenciado pelo juiz distrital James C. Cacheris a sete anos de reclusão, além da restituição do capital investido na *Venture Associates*.

John Spear foi um adotante tardio do esquema de Rollins. Spear seguiu a recomendação de um amigo que investia com Rollins havia muitos anos, enviando um cheque de 30 mil dólares em janeiro de 1998, quando o esquema começava já a enfrentar dificuldades. Ao tomar consciência da perda total de seu capital, Spear afirmou que teria sido mais divertido jogar o dinheiro pela janela do carro enquanto dirigia por uma rodovia.

> *Demência financeira:: A defesa de Rollins apelou para pedidos de desculpas, demonstrações de arrependimento e declarações sobre o andamento de consultas com um psicólogo. Uma defesa centrada na alegação de demência financeira que Charles Ponzi dispensou.*

Banco Estrella

Em 2004, Oswaldo Estrella foi preso pela acusação de crime contra o sistema financeiro. Por anos, Osvaldo Estrella e sua esposa, Constância Madalena Pereira Estrella, obtinham recursos financeiros da população de Lençóis Paulista, oferecendo rentabilidade fixa e garantida de 7% ao mês. Com o tempo, a oportunidade de investimento difundiu-se por toda uma região. Os Estrellas puderam contar com 6,5% da população local (4.500 pessoas) como investidores, os quais depositaram individualmente no esquema quantias entre 10 mil e 500 mil reais, somando recursos da ordem de 600 milhões de reais.

O Banco Estrella, nome usualmente difundido para a empresa Estrella & Oliveira Campos Factoring Fomento Mercantil, era uma instituição financeira clandestina que não tinha permissão do Banco Central para funcionar. A Justiça tomou a decisão para garantir a devolução do dinheiro de quem aplicou recursos no banco clandestino. Entretanto, apenas um pequeno número de investidores teve coragem de habilitar seus créditos nos autos do processo, pois foram feitas ameaças de que aqueles que se apresentassem como credores estariam sujeitos a multas superiores a 100% por omissão de receitas, além da retenção de imposto sobre a renda, o qual era evidentemente não recolhido pelo Banco Estrella.

Foi decretada a indisponibilidade de bens e de ativos financeiros do empresário e foram tomadas as demais providências apropriadas para o trâmite de uma acusação de crime contra o Sistema Financeiro. Seis anos depois, deu-se início o reembolso aos investidores, tendo o síndico da massa falida levantado 18,5 milhões de reais para ser dividido entre eles, cerca de 3% do total investido.

Fundos sem Fundos

Graham Hammond, mais um discípulo de Charles Ponzi, amealhou grande riqueza com um golpe baseado em fundos de investimento de alta rentabilidade. O esquema foi aplicado em Norwich, no Reino Unido, e terminou em agosto de 2000, com a condenação de Hammond a oito anos de prisão por fraude contábil. Hammond procurou declarar-se culpado para ter sua pena reduzida. Esse caso representa um Esquema Ponzi que perdurou por seis anos, durante os quais o operador obteve 1,3 milhão de libras esterlinas de seus investidores. O esquema começou a ser aplicado para cobrir perdas na negociação de moedas, nas quais Hammond havia incorrido enquanto ainda trabalhava como consultor financeiro independente. Na ocasião, ele teria percebido que poderia cobrir os prejuízos caso encontrasse novos investidores para um fundo fictício com a promessa de retorno de 20% ao ano. Assim, o dinheiro dos novos investidores foi utilizado para pagar as perdas; porém, como os novos investidores quiseram resgatar seus investimentos, o operador criou ainda um segundo fundo fictício, atraindo outros investidores e, com seu capital, pagando os investidores do primeiro fundo fictício. Agindo dessa maneira, criando fundos e mais fundos, a empresa de Hammond, a *FCS Fund Management*, abriu escritórios também em Dubai e Hong Kong, além de contar com representantes de vendas em todo o Reino Unido, na Europa Continental e nos países do Médio Oriente. Na contabilidade final, a diferença entre o montante que Hammond deveria ter em mãos em nome de seus clientes e o montante, de fato, disponível era de 10 milhões de libras esterlinas. Enquanto tudo corria bem para o esquema, o fraudador aproveitou hotéis exclusivos de luxo, frequentou cassinos e abriu um clube noturno em Bangkok. Durante o processo judicial, Hammond alegou em sua defesa que ele próprio teria sido vítima de fraude aplicada por corretores suíços. Em resposta, o juiz do caso teria comentado: "Eu também notei que você se vê como vítima da desonestidade dos outros. É uma medida da sua própria falsidade que você não escolha se ver como realmente é."

CAPÍTULO X

MAIS ESQUEMAS PONZI

Toda fraude é impulsionada pelo desejo de dinheiro fácil; a única coisa que o vigarista e o enganado têm em comum. (Mitchell Zuckoff)

Esquemas Ponzi sempre existiram e, aparentemente, nunca deixarão de existir. Ponzi não foi o primeiro nem será o último operador do esquema que leva seu nome. É provável que o leitor conheça um desses esquemas em pleno funcionamento neste exato momento ou que tenha sido assediado para participar ou esteja considerando participar depois que um amigo ou conhecido tenha contado vantagens a respeito da maravilhosa quantidade de dinheiro que está recebendo. Na verdade, a quantidade de pequenos e grandes Esquemas Ponzi supera muito o número de casos conhecidos. Isso porque nem todos são reportados ou têm sua operação interrompida pelas autoridades a tempo de evitar perdas para os participantes. A diferença entre esses esquemas, quando há, dá-se no ativo-objeto e, naturalmente, nos valores envolvidos, como investimento inicial mínimo e rentabilidade prometida. Por esse motivo, ao listar outros Esquemas Ponzi, deve-se considerar o excesso de casos e o viés da sobrevivência. Há inúmeros casos abrangendo variados aspectos como ativos-objetos, rentabilidades prometidas, modo de construção da confiança, balanços de perdas e destino dos promotores. O conjunto de casos sofre também do viés da sobrevivência, isto é, somente casos que foram desbaratados e reportados, resultando em grandes perdas e em punição dos promotores, podem ser listados, porque deles há registros disponíveis. Há inúmeros outros, até mais sensacionais que os casos descritos a seguir, que passaram ao largo, ignorados pela sociedade, conhecidos apenas pelos promotores e por suas vítimas.

Clube da Cultura Láctea

Mais de 10 mil pessoas perderam dinheiro em um esquema de investimento que cobrava 40 dólares por pacotes de cultura láctea. O esquema se denominava *Culture Farms* e garantia estar desenvolvendo a produção de um perfume de nome Segredo de Cleópatra, do qual o produto lácteo que investidores produziriam era um ingrediente relevante e imprescindível. Tudo que os investidores deveriam fazer era produzir a cultura nas geladeiras de suas casas e depois apresentar os frascos para a *Culture Farms*, que os recompraria a um preço garantido. Antes que os investidores percebessem, a empresa deixou de existir, levando com ela mais de 100 milhões de dólares, fruto do trabalho duro de investidores sonhadores que, atraídos por uma oportunidade de enriquecimento rápido, aderiram a este magnífico Esquema Ponzi. Garantindo a classificação do esquema na categoria Ponzi, a empresa recomprou os frascos apresentados pelos investidores iniciais, criando a ilusão de um negócio sólido, honesto e plausível, com isso atraindo novos investidores e maiores volumes. O perfume, por sua vez, nunca foi ao mercado e sequer foi fabricado.

Mirando em Grupos Religiosos

Grupos religiosos, congregações, igrejas e indivíduos relacionados a qualquer forma de fé religiosa são constantemente alvos de esquemas fraudulentos. Operando nesse nicho de mercado, uma empresa denominada *Greater Ministries International* teria obtido 500 milhões de dólares, resultado do investimento de igrejas e indivíduos, com a promessa de dobrar o capital inicial em 17 meses. Em outro caso, a congregação *Daystar Assembly of God*, localizada no Alabama, investiu 4 milhões de dólares para participar do programa de investimentos promovido por alguns de seus membros. O capital foi todo perdido em mais esse Esquema Ponzi. A igreja se viu obrigada a encerrar as atividades. Mais casos são ainda conhecidos: Warren L. Ware obteve mais de 16 milhões de dólares de indivíduos ligados a igrejas evangélicas com a promessa de torná-los milionários; James Lewis convenceu a administração da *Foursquare Gospel Church* a investir 15 milhões de dólares em sua empresa, a *Financial Advisory Consultants*, um gigantesco Esquema Ponzi que chegou a fraudar 885 milhões de dólares; e uma empresa chamada *MX Factors* recebeu 1,4 milhão de dólares de pastores e empregados de uma igreja, tornando-os investidores de um Esquema Ponzi que levantou fundos superiores a 55 milhões de dólares. Fraudadores se aproveitam da crença religiosa desses investidores, fazendo dela sinônimo da confiança que eles deveriam ter em suas ofertas de investimento. Os promotores acusam de ter pouca fé aqueles investidores que interpõem questionamentos, que pedem mais detalhes e que querem ver demonstrações financeiras, evitando divulgar informações adicionais sobre as atividades relacionadas com a proposição de investimento, detalhes estes de que eles não dispõem ou que revelarão a fraude. O foco em grupos religiosos também favorece a ação dos fraudadores, pois estes grupos, após perceberem que foram fraudados, retornam aos fundamentos de suas religiões, assumindo a culpa autoimposta de terem sido ambiciosos.

Transações garantidas com Opções

Malcolm J. Varrick controlava um número de empresas, entre elas a *Oakhouse Trading Company*, a *Charterhouse Trading Company* e a *Carrington Asset Management*. Seu modelo de negócio consistia em atrair investidores privados de várias partes do Reino Unido por meio de contatos pessoais e recomendações, arrecadando fundos superiores a 4 milhões de libras esterlinas que seriam destinados a um tipo de investimento que, segundo ele, era totalmente seguro. O ponto de venda do investimento consistia na alegação de que ele teria desenvolvido um *software* de negociação que facilitaria a tomada de decisões de investimento, podendo ser utilizado em transações com ações, *commodities*, opções e futuros. Mais de 50 investidores entregaram dinheiro a Varrick em contratos variando de 10 mil a 250 mil libras. Muitos desses investidores chegaram até Varrick por meio da empresa *Goldcard Investments*, uma empresa de conhecidos de Varrick, com quem ele teve os primeiros contatos quando trabalhava no *marketing* de outro *software* de negociação de ativos. As notas contratuais emitidas por Varrick prometiam uma rentabilidade de 8% ao mês.

Como suporte do esforço de convencimento, Varrick apresentava documentos forjados de balanços da *Oakhouse Trading Company* em instituições financeiras reconhecidas, como os bancos *Berkeley Futures* de Londres e o *Credit Suisse* de Genebra, passando assim a impressão de que seus investimentos estavam sendo bem cuidados e custodiados em instituições financeiras reconhecidas. Na realidade, não havia qualquer negociação com opções ou mesmo com quaisquer outros ativos financeiros. Portanto não havia ganho de capital que suportasse a rentabilidade prometida contratualmente. Varrick operava um Esquema Ponzi. Nele, um cliente fazia um investimento que seria utilizado para o pagamento de investidores que tinham entrado anteriormente no esquema. Cerca de metade dos recursos entregues ao fraudador foi transformada em pagamentos aos investidores, exceto um montante de aproximadamente 2 milhões de libras, gastos por Varrick consigo mesmo, em 1999 e 2000, em inúmeros itens de consumo e de luxo, mas principalmente em carros esportivos. Em 26 meses, ele teria sido o proprietário de cinco Porsches, cinco BMWs, três Ferraris, três Aston Martins, uma Maserati, um Jaguar e uma Range Rover, em um valor total superior a 1 milhão de libras.

Depois de uma investigação inicial, a *Financial Services Authority* moveu uma ação civil contra a *Oakhouse Trading Company*, denunciando ao Serious Fraud Office (SFO) a suspeita de fraude, que em junho de 2001 iniciou uma investigação criminal. O SFO é um órgão do Reino Unido, criado em 1987, com o propósito de reduzir a ocorrência de fraudes financeiras, minimizando os impactos negativos na economia. Como resultado da ação civil, a empresa foi fechada. Em julho de 2003, Varrick foi indiciado em dez acusações por obter desonestamente recursos financeiros. Foi indiciado ainda em outras dez acusações por falsificação, sendo sentenciado, em 2004, a quatro anos de prisão além da obrigação de repor todo o capital entregue pelos investidores.

Filantropia da Nova Era

Por inúmeras vezes, obras de caridade foram utilizadas como objeto de investimento de Esquemas Ponzi. Um caso notório foi o da Filantropia da Nova Era, o maior escândalo financeiro envolvendo o terceiro setor. John G. Bennett Jr., o promotor do esquema, tinha em seu currículo a atuação como gestor de programas contra o abuso do uso de drogas e álcool quando, em 1982, montou uma empresa especializada em indicar quais organizações não governamentais deveriam ou mereceriam receber doações oferecidas por grandes corporações. Cinco anos depois, ele criou a Fundação para a Filantropia da Nova Era com a missão de aconselhar e assistir organizações sem fins lucrativos em assuntos relacionados com investimentos e gestão financeira. Essas organizações recebiam de modo não oneroso informações sobre como e quando investir seus recursos. A natureza do nicho de mercado em que Bennett atuava facilitou a construção de uma reputação positiva, rendendo-lhe reconhecimento e respeito junto a muitas organizações não governamentais, estreitando seus já estabelecidos laços com grupos filantrópicos, em sua maioria, cristãos. Mais ainda, Bennett foi nomeado para cargos no conselho de diretores de inúmeras organizações, quase a totalidade dessas localizada na Filadélfia, de onde ele era originário.

A lista de serviços prestados pela Filantropia da Nova Era passou a incluir a aquisição de recursos e de doações para seus clientes. Foi então que Bennett, no melhor estilo Ponzi, ofereceu algo mais. Ele teria prometido que dobraria o capital que lhe fosse entregue, em seis meses. Montado em sua reputação, Bennett preparou seu esquema sustentando a noção de que tinha contatos com ricos filantropos, os quais, desejando fazer doações volumosas, prefeririam ficar anônimos e, por esse motivo, escolheriam a

Filantropia da Nova Era como veículo para a distribuição dos fundos. A existência desses aludidos contatos representa um elemento essencial de Esquemas Ponzi: a proposição de objeto de investimento inesperado, inexplorado, inusitado e passível de ser realizado. Muitos acharam suspeito o fato de uma obra de caridade ter de investir dinheiro para poder receber contribuições adicionais e questionaram; questão esta que Bennett respondia astutamente com um malabarismo financeiro: a aplicação inicial das caridades seria usada para cobrir os custos operacionais de sua empresa.

De qualquer modo, para qualquer investidor, a possibilidade de ter seus ativos rendendo 300% ao ano era tentadora; e no caso do terceiro setor essa possibilidade era uma bênção. O momento era ainda propício, dado que o setor sofria com cortes nos repasses do governo federal. Assim, logo as organizações sem fins lucrativos passaram cada vez mais a entregar seus recursos para a Filantropia da Nova Era.

Pode-se dizer que Bennett apresentava traços de personalidade correspondentes àqueles de um típico promotor de Esquemas Ponzi. Exibia um otimismo contagiante, o que favorecia sempre seus pontos de vista, pois as pessoas facilmente passavam a confiar nele. E confiar nele, na fase inicial do esquema, era uma tarefa fácil, visto que ele de fato passou a pagar a rentabilidade prometida aos investidores, estabelecendo o elemento essencial de criação da confiança. As organizações foram levadas a crer que o investimento na Filantropia da Nova Era representava uma decisão segura, principalmente, porque Bennett afirmava que os recursos seriam depositados em contas com reserva de domínio; custodiadas pela *Prudential Securities*, facilitando ao investidor acompanhar seu capital e a rentabilidade que estaria sendo obtida, no melhor exemplo de transparência.

Quando os anos 90 começaram, centenas de organizações sem fins lucrativos estavam investindo no esquema, entre elas, muitas organizações de expressão como a Cruz Vermelha Americana, o Exército da Salvação, além de fundos de pensão das universidades *Harvard*, *Princeton* e *John Brown*. Quando a Filantropia da Nova Era quebrou, essas

Esquema Ponzi: como tirar dinheiro dos incautos

instituições perderam todo o seu capital. O fundo de pensão da *John Brown University* perdeu 2 milhões de dólares. O *Lancaster Bible College* perdeu mais de 16 milhões de dólares.

Até as organizações mais prudentes foram vítimas do esquema. A *Nature Conservancy*, uma organização sem fins lucrativos que trabalha para preservação de *habitats* de vida selvagem, foi assediada por Bennett, decidindo tomar referências a seu respeito junto a outras organizações. A organização conferiu com a *Prudential Securities* as condições das contas mantidas pela Filantropia da Nova Era, informou-se junto à Receita Federal norte-americana e pesquisou junto ao *Pennsylvania Bureau of Charitable Organizations*, além de fazer uma extensiva pesquisa em jornais e revistas procurando qualquer informação que desabonasse o investimento com Bennett. Todos os consultados indicaram que a Filantropia da Nova Era gozava da mais alta credibilidade, que era legítima e isenta de problemas.

Entretanto a Nova Era não era o que parecia ser. Não era legítima e isenta de problemas, e Bennett fraudou todas essas organizações. Havia de fato alguns poucos filantropos fazendo contribuições para a empresa, mas o volume dessas doações era aquém daquele necessário para cumprir as promessas de Bennett. Este, quando chegava o momento de pagar os investidores iniciais, usava os fundos obtidos mais recentemente de outros investidores, em um Esquema Ponzi completo.

O esquema durou seis anos. Quando descoberto, a Filantropia da Nova Era quebrou. Os pivôs da quebra foram dois incidentes ocorridos em 1995. Primeiro, Albert Meyer, professor de contabilidade do Spring Arbor College, em Michigan, preocupado com os fundos de pensão que sua escola disponibilizava para Bennett, contatou a *Securities and Exchange Commission* e o *Wall Street Journal*; contatou também a Receita Federal solicitando informações sobre a declaração de imposto de renda da Filantropia da Nova Era. Ao receber uma cópia da declaração de imposto de renda do exercício de 1993, Meyer percebeu que algo de muito errado estava acontecendo, pois os números revelavam uma discrepância entre os juros declarados como recebidos e o montante que a empresa deveria ter efetivamente recebido caso tivesse milhões de dólares de investimento como proclamava ter. Simultaneamente à pesquisa de Meyer, a Filantropia da Nova Era deixou de pagar uma das prestações de um empréstimo contraído com a *Prudential Securities* para uso e benefício de Bennett. Em represália, o banco congelou os recursos da empresa e exigiu examinar seus registros contábeis. O que se descobriu foi que a Filantropia da Nova Era não tinha qualquer ativo significativo e muito menos quaisquer receitas, mas sim uma dívida em torno de 135 milhões de dólares, que representavam, naturalmente, os fundos depositados pelas organizações sem fins lucrativos que investiram com Bennett. Em maio daquele ano, a Filantropia da Nova Era entrou com pedido de concordata, depois que o *Wall Street Journal* publicou um artigo descortinando a fraude. Finalmente, a Filantropia da Nova Era foi forçada a admitir a incapacidade de se reerguer, devendo então ser liquidada. O que se seguiu foram indicações criminais e processos judiciais. Bennett foi citado em 82 acusações de fraude, lavagem de dinheiro e evasão fiscal. A *Securities and Exchange Commission* processou Bennett com a acusação de violação das leis do mercado mobiliário, alegando que o programa posto em funcionamento por ele consistia em oferta pública não registrada de valores mobiliários. Outras acusações tinham como objeto os desvios de recursos para outras empresas e para gastos pessoais, em um montante superior a 4 milhões de dólares.

Em janeiro do ano seguinte, Bennett concordou em devolver pouco mais de 1 milhão de dólares amealhados em imóveis, dinheiro vivo, títulos e outros bens, incluindo uma casa de 620 mil dólares, um Lexus e a casa de 249 mil dólares que comprara para a filha. Apenas uma parcela do capital inicial pôde ser recuperada pelos investidores. Na tentativa de recuperar o montante que faltava receber, 33 investidores formaram um grupo denominado de Resposta Unida à Nova Era. O grupo processou a *Prudential Securities*, exigindo 90 milhões de dólares, qualificando a instituição financeira de cúmplice de Bennett, uma vez que ela, sabendo que os fundos eram depositados em uma conta-corrente comum, confirmava a afirmação, constantemente feita por Bennett, de que os recursos eram mantidos em contas segregadas. Em um acordo definido em 1996, a *Prudential Securities* concordou em pagar 18 milhões de dólares. Em 1997, Bennett, aceitando as acusações de fraude e de lavagem de dinheiro, foi sentenciado a 12 anos de prisão.

MMM abala a Rússia

Em 1994, o Esquema Ponzi promovido pela empresa MMM sucumbiu, resultando em perdas estimadas em quase 2 bilhões de dólares, recursos entregues à empresa por algo entre 2 milhões e 5 milhões de russos, búlgaros e outros investidores do bloco da Europa Oriental. A empresa tinha iniciado suas operações cinco anos antes, fundada por Sergey Mavrodi, Vyacheslav Mavrodi e Marina Muravieva, recebendo o nome formado pela primeira letra do sobrenome de seus fundadores. Seu negócio original era a importação de computadores e de equipamentos para escritórios. Acusada de sonegação fiscal, a empresa passou a enfrentar dificuldades de crédito, o que a levou a mudar o foco de atuação para o setor financeiro, passando a oferecer, sem sucesso, ações de empresas norte-americanas para investidores russos. A empresa tentaria ainda outros nichos de mercado, sempre com resultados modestos. Em meados de 1993, começou a captar recursos para investidores pessoas físicas, prometendo o pagamento de um dividendo semanal de 10%, um valor bem superior à rentabilidade oferecida em investimentos convencionais no mercado financeiro russo. Em fevereiro do ano seguinte, a empresa já contava com um grande número de investidores e iniciou uma agressiva campanha de *marketing*, com anúncios na mídia impressa e na televisão. Em uma dessas peças publicitárias, a empresa mostrava o depoimento de Lyonya Galubkov, um investidor que, graças a sua participação nos negócios da MMM, era mostrado passando férias em São Francisco, nos Estados Unidos, comprando um apartamento em Paris, e apresentando outras demonstrações de riqueza, sucesso e opulência. Além disso, a MMM bancou por duas vezes passagens no metrô para todos os habitantes de Moscou e patrocinou a seleção russa de futebol na Copa do Mundo, sediada naquele ano pelos Estados Unidos. Nos seus melhores dias, a empresa recebia mais de 20 bilhões de rublos, cerca de 11 milhões de dólares. A empresa abriu 60 escritórios de arrecadação só em

Moscou, mais outros em 49 cidades russas, além de manter agentes em outros países da Europa Oriental. Sergey Mavrodi tornou-se o sexto homem mais rico da Rússia.

De modo similar à *Securities Exchange Company* de Charles Ponzi, cujo sucesso levou à criação da *Old Colony Foreign Exchange Company* e de outras que passaram despercebidas, o sucesso da MMM resultou na criação de várias empresas perseguindo o mesmo plano de negócios: *Tibet*, *Chara*, *Khoper-Invest*, *Selenga*, *Telemarket* e *Germes*, todas elas se utilizando de campanhas agressivas veiculadas na televisão, prometendo retornos de até 30.000% ao ano.

> *Ações com aparência de notas: Diferentemente de Ponzi, que emitia notas promissórias, isto é, instrumentos de dívida, a MMM emitia ações com dividendos garantidos. Ações são instrumentos de capital social. Entretanto, como as ações não eram livremente negociadas, a empresa determinava o seu valor, resultando em um instrumento equivalente a títulos de dívida. As ações inicialmente emitidas pela MMM eram ações ao portador, configuradas no formato tradicional, impressas em papel A5.*

> *Em julho de 1994, a empresa passou a emitir ações com a aparência de notas de papel-moeda, em variadas denominações e cores, trazendo a figura de Mavrodi. Essas ações ficaram conhecidas como "biletov", o que significa "tíquetes" em russo. Os "biletov" tiveram uma vida útil de não mais que duas semanas, mas foram até recentemente tomados como representações do papel-moeda da República Russa, o que indica que a similaridade na aparência não teria sido casual, mas sim uma tentativa de transformar as ações da MMM em meios de pagamento, usurpando o monopólio estatal de emissão de moeda.*

A massiva presença de dados financeiros da empresa na mídia fez com que Boris Yeltsin, então presidente da Rússia, proibisse, em junho de 1994, que as peças publicitárias de instituições financeiras trouxessem quaisquer expectativas de receitas futuras. Em várias ocasiões, as autoridades investigaram a MMM, sem encontrar sinal de gestão fraudulenta. Quando questionada sobre a sustentabilidade de tão altos retornos em seus investimentos, a empresa respondia que seus negócios eram sólidos, porém mais detalhes não poderiam ser revelados para evitar a entrega de dados relevantes aos competidores. O mesmo respondia Charles Ponzi, dizendo que o modo como trocava os cupons de resposta internacional por dinheiro consistia em elemento-chave do negócio, o que ele jamais poderia revelar. Em julho, o Ministério das Finanças emitiu declarações sobre a natureza dos negócios da MMM, revelando sua expectativa de que muitos investidores estavam fadados a perder seus recursos.

Naquele momento, a empresa tinha em mãos bilhões de dólares entregues pelos investidores. O pânico foi generalizado, iniciou-se uma corrida para resgatar o que fosse possível. A empresa emitiu declarações de que, em função da corrida, viu-se obrigada a fechar a maioria dos escritórios e a limitar os pagamentos, mas que entendia as dificuldades como sendo passageiras e que mantinha a confiança de que a situação melhoraria. Sergey Mavrodi abertamente culpava as autoridades pelo momento que a MM passava. Vítimas se organizaram em associações, tentando reaver a totalidade ou mesmo parte do capital investido. Sergey Mavrodi foi preso em agosto de 1994, acusado de sonegação fiscal. Uma das empresas da MMM, a *Invest Corporation*, teria deixado de pagar o equivalente a 25 milhões de dólares em impostos. Porém, tendo vencido o braço de ferro de imagem contra as autoridades, para as quais conseguiu direcionar toda a indignação,

Mavrodi elegeu-se para a Duma, órgão legislativo russo, com o apoio de suas próprias vítimas, que, mais uma vez, acreditaram que ele iniciaria um programa de cobertura de prejuízos com recursos públicos. Com a eleição, Mavrodi passaria a gozar de imunidade parlamentar. Durante a campanha eleitoral, ele prometia que, se eleito, retomaria o programa de recompra de ações.

Em outubro, logo depois de eleito, ele mandou informar que a recompra começaria somente em janeiro do ano seguinte, mas que uma nova emissão de ações estava sendo preparada para lançamento imediato, com o preço das ações iniciando em 100 rublos e crescendo para 1.270 rublos na sexta-feira da mesma semana do início da emissão. Investidores, mesmo aqueles que haviam perdido dinheiro com a MMM, fizeram filas para comprar novos papéis. Mavrodi acabou sendo cassado e perdeu a imunidade. Somente em 1997, uma corte de arbitragem, iniciada por dois investidores, declarou a falência da MMM.

A *Pallada Asset Management* foi encarregada de administrar um fundo público criado para compensar as vítimas da MMM e de outros Esquemas Ponzi, cujo surgimento foi favorecido pela transição do socialismo para a economia de mercado. A constituição desse fundo público dava um indicativo de que haveria a recuperação de perdas com fundos públicos, uma vez que o governo se sentia pressionado a compensar os investidores por fracassar na sua missão de fiscalizar o ambiente econômico e ter permitido que o canal de televisão estatal veiculasse os anúncios da MMM, favorecendo a associação direta entre a empresa e o Estado e dando ares de aprovação estatal do negócio, de onde derivava a noção de que o Estado seria, ao menos parcialmente, responsável pelos prejuízos sofridos pelos investidores.

Em 1998, o poder judiciário decretou novamente a prisão de Mavrodi. Ele, porém, já se encontrava foragido. Há evidências de que Sergey Mavrodi e sua prima Oskana Pavlyuchenko tenham comandado a fraude de Internet, conhecida como *StockGeneration.com*, uma empresa com base na República Dominicana.

Mavrodi foi preso em 2003 e processado civil e criminalmente por fraude e sonegação fiscal, além de já ter sido condenado a 13 meses de prisão por falsificação de passaporte. Seu irmão, Vyacheslav, teria iniciado, em 1996, uma versão light da MMM, mas acabou desmascarado e preso em 1998.

> *Caso extremo de fidelidade partidária: As autoridades russas, responsáveis pelas eleições, rejeitaram a criação do Partido do Capital das Pessoas proposto por Mavrodi. Nos estatutos do novo partido político, Mavrodi estabeleceu que somente aqueles que fossem membros do partido teriam direito à restituição dos recursos investidos na MMM.*

StockGeneration.com

StockGeneration.com foi um *website* que operou entre 1998 e 2000 e representa um dos mais infames capítulos de fraudes verificados na rede mundial de computadores. A empresa propunha um misto de Esquema Ponzi e pirâmide financeira e gerou perdas superiores a 6 milhões de dólares para mais de 250 mil investidores, espalhados pelos quatro cantos do mundo, graças à novidade representada pelo acesso da rede.

Investidores compravam com dinheiro real ações de 11 empresas virtuais, cujos preços variavam conforme um mecanismo oculto, que dependia da indicação de novos investidores, pois 30% do capital investido por estes novos entrantes era repassado para as contas dos investidores que os indicaram. Além disso, a empresa se reservava o direito de fazer reavaliações de precificação dos ativos quando bem entendesse.

Os recursos eram repassados por cartão de crédito, cheques, ordens de pagamento, enfim, qualquer forma de transferência para bancos localizados na Letônia, na Estônia, no *Chip*re, nos Estados Unidos e na República Dominicana. Investidores recebiam seus valores em cheques enviados pelos correios.

Quando a *Securities and Exchange Commission* iniciou uma investigação, os investidores reagiram afirmando se tratar de uma ingerência em assuntos privados, uma verdadeira "ação nazista no *cyberspace*", uma agressão à livre escolha dos cidadãos e à livre-iniciativa. A Interpol iniciou também uma investigação, encontrando ligações do *website* com Sergey Mavrodi, o promotor do MMM na Rússia. Certo dia, o *website* saiu do ar alegando toda a sorte de dificuldades: problemas com servidores, contratempos no acesso à rede, renegociação com bancos, atrasos nas transferências de recursos e roubo de senhas.

Em abril de 2000, o *website* voltou a funcionar, mas a empresa havia posto em vigor a Regra 13, reavaliando as contas, reduzindo os saldos em até 99,9% de seus valores, resultando em grandes perdas para os investidores. Funcionou ainda nos meses seguintes com os investidores tentando recuperar as perdas impostas pela *StockGeneration.com*, até que em julho de 2000 a *Securities and Exchange Commission* entrou com processo judicial contra a empresa, encerrando suas atividades sem que os responsáveis tenham sido identificados com exatidão.

> *Mezzo a Mezzo: A fraude promovida pela StockGeneration.com tinha características de um Esquema Ponzi, ao propor uma ideia de investimento inusitada, o investimento em ações virtuais negociadas pela Internet; ao prometer rentabilidade extraordinária, uma vez que o valor da ação da Empresa Nove, denominada "Golden Nuggets", tinha crescimento garantido de 10% ao mês; e ao criar a confiança dos investidores, com o pagamento inequívoco e rápido dos investidores iniciais. Por outro lado, ao premiar investidores pelo recrutamento de novos investidores, o esquema se caracterizava também como pirâmide financeira.*

Ponzi vai à TV Estatal da Albânia

No início de 1997, a Albânia foi abalada pelo estouro de uma série de Esquemas Ponzi que prometiam dobrar o capital em apenas seis meses. Esses esquemas tiveram seus certificados vendidos para quase a metade da população do país. Os valores envolvidos eram tão altos que representavam quatro vezes o orçamento nacional, duas vezes o montante de depósitos bancários, igualando-se ao valor de todo o Produto Interno Bruto do país. Quando o esquema ruiu, um sexto da população – quase 500 mil pessoas – havia perdido todas as suas economias, em um total estimado em 370 milhões de dólares. A ruína dos esquemas fez surgir todo tipo de hostilidade e enfrentamentos nas ruas. O descontentamento com o colapso do esquema foi direcionado ao governo, gerando a maior demonstração antigoverno desde que o Partido Democrático subira ao poder em 1992. Em janeiro de 1997, a polícia prendeu 188 pessoas, incluindo Maksude Kademi, Bashkim Driza e Rapush Xhaferi; respectivamente os promotores principais dos esquemas *Sude*, *Populli* e *Xhaferi*. O Parlamento aprovou leis proibindo Esquemas Ponzi, garantindo uma compensação para as vítimas e estabelecendo a pena mínima de 20 anos de prisão, além do confisco de bens e de direitos dos operadores de esquemas de investimento tipo Ponzi.

Esquema Ponzi: como tirar dinheiro dos incautos

No caso da Albânia, destaca-se o envolvimento com a classe dominante. Os esquemas eram abertamente promovidos na TV estatal, passando a impressão de que dispunham de aprovação oficial. Partidos políticos endossavam o esquema em suas manifestações públicas, e materiais de campanhas políticas traziam o logotipo dos esquemas. Ao final, o governo aceitou a responsabilidade moral de restituir ao menos uma parte dos milhões perdidos. O episódio também legou o uso do termo "Pirâmide da Albânia", que tem sido utilizado vez ou outra para se referir a fraudes, Esquemas Ponzi e pirâmides financeiras.

> *Dois coelhos, uma só cajadada:* Enquanto os partidos de oposição procuravam capitalizar com a insatisfação da população, exigindo a resignação do governo, o presidente Sali Berisha escolheu se livrar de todos os seus problemas de uma vez – encerrou os Esquemas Ponzi, prendendo seus promotores, e encurralou a oposição, prendendo seus mais proeminentes líderes.

Campo Largo, Leve Fardo

Em março de 2006, a pequena cidade de Campo Largo, no Paraná, amanheceu com o rumor de que o vereador Cláudio Thadeu Cyz havia sumido. Os moradores da cidade montavam guarda na frente do escritório de Cyz na Praça Getúlio Vargas, que não abriu naquela manhã. Aos poucos iam sendo reveladas as atividades e o *modus operandi* do vereador, para desespero daqueles que nele haviam confiado. Cyz trabalhava como consultor financeiro e, segundo a versão oficial, teria investido cerca de 200 milhões de reais dos campo-larguenses na Bolsa de Valores. Era certo que o vereador não teria condições de reembolsar seus clientes e daria o calote na população. Cyz não pôde ser achado em casa, não compareceu à sessão da Câmara Municipal e mandou avisar a família que iria sumir por uns tempos, não sem antes dispensar seus funcionários por escrito. O medo de ter levado um calote levou oito pessoas ao hospital. Foi aberto um inquérito policial para investigar o paradeiro de Cyz. A empresa dele, a Cyz Consultoria Ltda., não tinha autorização para atuar como instituição financeira, segundo o Banco Central. Por pelo menos oito anos, o consultor financeiro conquistou a confiança dos moradores ao aplicar suas economias, gerando rápido e significativo retorno. Em 2004, ele teria 3 mil clientes, que o ajudaram ao transformar admiração em votos para uma cadeira de vereador. Nos dois anos seguintes, a base de investidores teria sido ampliada. "Sempre ouvi falar que era um negócio correto, de confiança", teria dito um investidor que aplicou 180 mil reais, os quais se transformaram em mais de 280 mil reais em apenas 13 meses.

Os investidores mantinham-se esperançosos em receber seu dinheiro de volta. Estavam confiantes, pois conheciam o vereador desde criança. Entretanto essa era uma possibilidade bastante remota. Enquanto justificava os excelentes resultados, constituídos por ganhos consistentes, com sua maestria financeira e sabedoria ao trabalhar valores mobiliários na Bolsa de Valores, Cyz, na verdade, estava operando um Esquema Ponzi. Prometia rendimento de 4% ao mês ou mais e, de fato, cumpria suas promessas pagando os investimentos mais antigos com o dinheiro dos mais recentes. Charles Ponzi visitou Campo Largo.

Logo após Madoff, novos Ponzi

Em fevereiro de 2009, pouco após a prisão de Bernard Madoff, um novo Esquema Ponzi foi desmascarado no mercado financeiro norte-americano, quando a *Securities and Exchange Commission* acusou Robert Allen Stanford de criar um esquema fraudulento de proporções significativas, totalizando 8 bilhões de dólares, no qual prometia rentabilidade excepcional. Stanford teria enganado investidores prometendo taxas de juros classificadas pela SEC de improváveis e não justificadas. A operação considerava o concurso de três companhias no esquema: o *Stanford International Bank*, localizado em Antígua, o *Stanford Group* e o *Stanford Capital Management*, ambos com base no Texas.

Caritas

Caritas foi um Esquema Ponzi operado na Romênia nos anos de 1992 a 1994. O esquema atraiu 8 milhões de investidores, em um montante de investimentos da ordem de 5 bilhões de dólares, resultando em um rombo da ordem de 450 milhões de dólares. O esquema foi promovido por Ioan

Esquema Ponzi: como tirar dinheiro dos incautos

Stoica, fundador da Caritas, em 1992, na forma de uma sociedade de responsabilidade limitada contando com menos de mil dólares de capital incorporado. O esquema funcionava à base de depósitos em espécie que rendiam, em três meses, oito vezes o valor aplicado, suportados pela noção de ajuda mútua, de onde deriva o nome, que se relaciona à caridade, uma ajuda para facilitar aos romenos a transição para o capitalismo.

A Caritas prosperou com a ajuda da ligação que tinha com o Partido de Unidade Nacional Romena e com o prefeito de Cluj-Napoca, Gheorghe Funar, reforçando a credibilidade do esquema. Mas, ainda, Funar teria participado de aparições na televisão, acompanhado de Stoica. Estima-se que entre 35% e 50% das famílias romenas se envolveram no esquema. Foi preciso que o esquema Caritas desmoronasse para que o governo romeno proibisse oficialmente a operação de pirâmides e de Esquemas Ponzi. Mais tarde, o presidente Ion Iliescu teria confessado que permitiu a operação do esquema para evitar tumultos e protestos, pois entendia que quaisquer medidas seriam impopulares.

Quando chegou o outono de 1993, vários periódicos internacionais passaram a publicar artigos e notas indicando os riscos associados ao esquema e prevendo seu desmoronamento. O Parlamento então passou a discutir sua possível proibição. A televisão estatal, pela primeira vez, fez uma avaliação pessimista do esquema. A Caritas paralisou por dois dias, atribuindo a paralização a um problema no sistema de processamento de dados. Abriu ainda novas filiais em outras cidades, mas não conseguiu captar o suficiente para suas necessidades, dando o calote em todos aqueles que investiram depois dos primeiros dias de julho daquele ano.

Em fevereiro de 1994, Stoica reapareceu afirmando que o esquema estava sendo reorganizado. Porém, logo em seguida, interrompeu as atividades novamente. A cada interrupção culpava as autoridades de atrapalhar o bom funcionamento da empresa.

Finalmente, em maio de 1994, Stoica anunciou o encerramento da Caritas, prometendo devolver o dinheiro dos depositantes. Em 1995, Stoica foi condenado a sete anos de prisão por fraude, pena reduzida posteriormente para 18 meses. Era o fim de mais um Esquema Ponzi, estruturado sobre as expectativas irrealistas de um povo que, naquele momento, ouvira falar de capitalismo, mas não tinha noção de como funcionava.

Fórum Filatélico e Afinsa

O Fórum Filatélico era uma empresa espanhola especializada em transações de ativos filatélicos, criada em 1979, com base em Madri. A empresa contava em 2004 com 140 escritórios, 1.500 empregados e cerca de 200 mil clientes. Em maio de 2006, o Fórum Filatélico, juntamente com outra empresa, a *Afinsa Bienes Tangibles*, foi investigado judicialmente com base em acusações de fraude fiscal, lavagem de dinheiro e insolvência punível, além de outros delitos envolvendo as poupanças de mais de 350 mil investidores privados.

Segundo a Procuradoria Anticorrupção espanhola, o rombo causado pelo Fórum Filatélico teria sido de 2,4 bilhões de euros. A empresa foi fechada e quatro dirigentes foram detidos: Francisco Briones Nieto, presidente da sociedade; Miguel Ángel Hijón Santos, conselheiro; Agustín Fernández Rodríguez, secretário do conselho de administração; e Francisco José López, membro do conselho.

Pesou sobre a companhia a acusação de operar um Esquema Ponzi usando o dinheiro dos novos investidores para pagar os lucros dos antigos e de inchar o valor dos seus ativos filatélicos. O esquema operava oferecendo a pequenos investidores a oportunidade de comprar selos com a promessa de uma taxa de juro garantida de 6% ao ano e, principalmente, de que os seus produtos filatélicos se valorizariam.

Se hay gobierno, tô fora

A história do Esquema Ponzi coordenado por John Wayne Zidar traz um grande exemplo de investimento por afinidade, pois somente pessoas que têm algo em comum poderiam acreditar no ativo-objeto proposto nessa fraude. Operado nos Estados Unidos, o esquema que levou seu promotor a uma condenação, em 2000, por lavagem de dinheiro envolveu 2.500 pessoas e somou 74 milhões de dólares. Zidar teve ajuda de Steven

Moreland. Eles prometiam aos investidores investimentos com retorno de 120% em um ano. A maioria de seus clientes apresentava um traço de personalidade comum: eram patriotas antigoverno. Acreditavam que a economia norte-americana era inerentemente instável e assim Zidar e Moreland conquistaram seus investidores garantindo ter acesso a uma entidade secreta interessada em negócios e riqueza, conhecida pelo nome de *Private Economic Arena*.

Antes de fundar os clubes de investimento *Vista International*, *Oakleaf International* e *Rosewood International*, Zidar trabalhava como auxiliar de limpeza de uma rede de restaurantes na Flórida. Prometendo grande rentabilidade e nenhum risco, Zidar afirmava ter acesso a um número de oportunidades, no mundo todo, controladas por instrumentos bancários de primeira linha, os quais teriam sido emitidos por um dos maiores bancos do mundo e, discretamente, teriam sido reservados para poucos e seletos indivíduos.

Investidores que comprassem uma ação de um desses clubes por 1.294 dólares poderiam esperar receber 3,4 milhões de dólares após dez anos. O esquema acabou sem surpresas, com os investidores mais antigos sendo pagos com o dinheiro dos investidores mais recentes, até que faltaram novos investidores para rodar o esquema. Zidar e Moreland compraram imóveis, carros de luxo, e lavaram milhões de dólares por meio de contas bancárias em Samoa, Bahamas e Costa Rica.

CAPÍTULO XI

AVESTRUZ MASTER, PONZI MESTRE

A grandeza de um homem não está na quantidade de riqueza que ele adquire, mas na sua integridade e sua capacidade de afetar aqueles ao redor dele de forma positiva. (Bob Marley)

"A *estrutiocultura* ou pecuária do avestruz (*struthio camelus domesticus*), começou a ser desenvolvida comercialmente no início do século XIX, na África do Sul, atualmente o maior produtor mundial de derivados de avestruz, seguido de Estados Unidos, Austrália, Israel, China e Espanha. No Brasil, esta nova e altamente rentável atividade pecuarista está ainda em sua fase inicial, com as primeiras matrizes tendo sido importadas em 1996. Há poucas fazendas de estrutiocultura, e o momento é de investir nessa criação para aproveitar o crescente interesse pela ave, formando um plantel de reprodutores que permitirá, no futuro, o abate das aves e a comercialização dos subprodutos como carne, penas, couro e outros em escala industrial. Esperamos chegar a essa fase de maior maturação por volta de 2005, para quando está programada a entrada em operação de nosso abatedouro, alcançando então os grandes lucros desse mercado, potencialmente enorme, pois compreende consumidores nacionais e internacionais. As penas, por exemplo, são procuradas para decoração, confecção de fantasias e produção de espanadores. Como cada ave dá mais ou menos 1,5 quilograma de penas e o mercado internacional paga entre 50 e 100 dólares o quilo delas, já dá aí para antever quão lucrativa pode ser a criação de avestruzes. O couro é utilizado para a confecção de roupas, calçados, bolsas, chapéus e carteiras luxuosas. Somente o chapéu custa algo em torno de 2 mil reais. As plumas são outra preciosidade. Além de servirem para a fabricação de espanadores, são finas peças de fantasias e alegorias de carnaval. Os ovos têm também mercado garantido. São úteis na indústria farmacêutica, na decoração e no artesanato. O óleo vira cosmético; o bico e as unhas transformam-se em bijuterias. Os ossos tornam-se ração. O couro tem se valorizado bastante no exterior, onde pagam de 200 a 500 dólares por peça, dependendo do grau de beneficiamento. Note que cada ave, em média, produz até dois quilos de couro. Além disso, o subproduto é de fácil extração e curtimento. Pense na indústria calçadista brasileira, que vem alcançando grande sucesso no exterior; nos demais produtos como bolsas, cintos e carteiras; e em como essa indústria demandará nossa produção. Deixei a carne para o final, pois esse subproduto é especialmente promissor; já sendo regularmente consumido em toda a Europa, em muitos países da Ásia, nos Estados Unidos e na Austrália. Seu sabor é semelhante ao do filé-mignon bovino, mas apresenta a vantagem de ter baixo teor de gordura e de colesterol. As aves de um ano resultam em mais de 35 quilos de carne, cujo preço médio no exterior é de 20 dólares por quilo. Além disso, o mercado nacional está sendo trabalhado e deverá tornar-se um grande consumidor quando os abatedouros tiverem condições de fornecer em escala industrial. Há ainda outros subprodutos como as cascas dos ovos, as unhas, a gordura e a carcaça, de interesse de um grande número de setores industriais. Atualmente, nossa preocupação é a de formação de matrizes reprodutoras, por isso há oportunidades comerciais de venda de aves vivas, filhotes e matrizes, para novos criadores que estejam iniciando seu plantel. Nosso planejamento estratégico considera primordial o rápido crescimento dos reprodutores para o quanto antes iniciar a construção do abatedouro, quando os lucros virão rapidamente. Por esse motivo, estamos procurando parceiros para acelerar o desenvolvimento do plantel. Os parceiros investem nas aves vivas, podendo escolher entre a aquisição de filhotes ou aves adultas. Os parceiros lucrarão sempre, seja com o crescimento e a engorda dos filhotes, seja com os ovos e filhotes gerados pelas aves adultas. O investidor pode se assegurar de que não há como perder. Cada ave terá um *chip* de identificação que manterá, em banco de dados, as informações do animal e de seu proprietário. Caso ocorra algum acidente, porque essas aves são frágeis, nós faremos a reposição de outro animal com o mesmo tempo de vida. Esse é um grande negócio para todos, e você não pode perder." Com essa argumentação ou outra nessa linha, algumas empresas surgidas no Brasil ofereceram a oportunidade de enriquecer no melhor estilo Ponzi. Entre essas empresas, operou uma chamada Avestruz Master, cujo modelo do negócio apresentava os elementos essenciais de um Esquema Ponzi (investimento em ativo inusitado com expectativas de alta lucratividade, construção da confiança pela recompra dos ativos e controle por parte dos promotores), apresentando um paralelismo notável com os eventos ocorridos em 1920.

Deu Zebra no Avestruz

Os problemas da Avestruz Master vieram à tona no início de novembro de 2005, quando o gerente de um banco comercial de Goiânia avisou alguns clientes da devolução de dois cheques de 50 mil reais cada. A partir daí, os boatos cresceram e a procura por saques também. Investidores reclamaram de dificuldades em resgatar seus investimentos. A empresa jogou a culpa no sistema de informática e fechou as portas para evitar a corrida ao saque. No dia seguinte, a sede da empresa e os escritórios em diversos estados brasileiros amanheceram de portas fechadas, levantando a suspeita de falência, o que levaria ao desespero um grande número de investidores, portadores das Cédulas de Produtor Rural negociadas pela Avestruz Master. Após um dia tumultuado, o juiz da 1ª Vara Cível de Goiânia, Márcio de Castro Molinari, decidiu bloquear contas bancárias, arrestar bens e determinar a apreensão de aves da Avestruz Master, na tentativa de resguardar o capital dos investidores, que aos milhares foram aos escritórios e às fazendas, causando grande tumulto, principalmente na

Esquema Ponzi: como tirar dinheiro dos incautos

cidade-sede da empresa. A porteira da fazenda de Bela Vista de Goiás foi lacrada. Houve saque em uma das fazendas em Araguaína, no Tocantins, com os investidores levando embora as aves de caminhão, já que entendiam que elas eram sua propriedade. Nem máquinas, telhas e janelas foram poupadas. Também houve saque no escritório da empresa no mesmo Estado. Em Bela Vista de Goiás, investidores obtiveram liminares ordenando a apreensão de cerca de trezentas aves. Em Palmas, uma fazenda foi interditada a pedido do Ministério Público. O juiz Sérgio Divino Carvalho, da 12ª Vara Cível de Goiânia, determinou a apreensão de R$ 129,5 mil na conta da empresa no Bradesco, outro tanto na Caixa Econômica Federal, além do arresto de uma Kombi (2005), um Ford Ranger XLS (2004), um Corolla XLI (2004), uma caminhonete Mitsubishi (2003), uma caminhonete S10 (2003) e um Ford F-350 (2003). Cerca de 30 pedidos de confisco chegaram ao Tribunal de Justiça de Goiás, com uma das ações demandando o arresto de uma aeronave.

Diante da movimentação, o Ministério Público Estadual instaurou processo administrativo para analisar a situação da empresa, em atenção a uma comissão de investidores pernambucanos cujo maior temor consistia na possibilidade de falência do grupo, o que poderia resultar em muita demora até que pudessem reaver seus recursos.

Apesar de não abrir para negócios, a empresa mantinha sua assessoria de imprensa na linha de fogo, negando o boato de falência e divulgando uma nota oficial, na qual a empresa explicava que, devido a uma falha no setor de contabilidade, problemas haviam sido detectados na transmissão de dados entre a matriz, as franquias e filiais a respeito da comercialização de aves, acarretando a devolução de cheques. A empresa terminava a nota dizendo que o fechamento era temporário e que, terminado o balanço, voltaria a abrir nos próximos dias.

Em frente ao prédio, investidores se agrupavam em busca de informações oficiais, especulações ou palpites, prevalecendo um clima de desespero, com cada nova informação sendo recebida com muito interesse. Investidores falavam com familiares e com outros investidores para saber o que se passava, mas nenhum conseguiu fazer contato com a empresa.

Para os investidores, a necessidade de falar sobre a má fortuna era premente, e igualmente se consolavam ao saber os detalhes dos demais envolvidos. As histórias individuais iam se multiplicando. Uma mulher falava de como teria ganhado 22 mil reais em apenas nove meses. Um investidor temia perder os recursos obtidos com a venda da própria residência. Outro teria perdido 9 milhões de reais. Muitos deles, empolgados com os lucros que viam amigos, colegas e parentes obterem no "negócio do avestruz", teriam tomado empréstimos em bancos comerciais, com agiotas ou em financeiras. Nas cidades de Salvador e Recife, o fechamento das filiais deixou mais de 3 mil investidores apreensivos.

Durante muitos meses, os participantes iniciais do esquema tiveram rendimentos astronômicos, acima de 100% ao ano. Naquele dia, o medo de perder seus recursos foi maior. Temia-se que os proprietários encontrassem uma maneira de fugir levando todo o dinheiro. O temor pela falência da empresa também era grande. A possibilidade de uma repetição de casos passados que deixaram milhares de investidores com prejuízo figurava em todas as previsões a respeito do desenvolvimento da situação.

As autoridades emitiram mandatos de prisão preventiva dos proprietários e a Polícia Federal passou a procurá-los. Só no Distrito Federal e em Goiás, 206 ações judiciais exigiam bloqueio de bens da firma e de seus diretores. Um grupo de investidores assumiu o controle da empresa, indicando que o desfecho da fraude seria o mesmo de sempre: a criação de uma associação de investidores.

Três por cento do Investimento Inicial

Em parecer sobre o caso da Avestruz Master à 11ª Vara de Goiânia, onde a empresa foi julgada por crime contra o sistema financeiro e contra a economia popular, o advogado Hipólito G. Remígio sustentava, em janeiro de 2006, que os mais de 53 mil investidores em avestruzes perderam 97% do capital investido, uma vez que os ativos da empresa valeriam em uma avaliação otimista pouco mais de 30 milhões de reais, representando apenas 3% das dívidas da empresa. Jerson Maciel da Silva, o proprietário da Avestruz Master, causou uma perda percentual maior que Ponzi, restituindo menos que um décimo daquilo que o rescaldo da operação com cupons de resposta internacional restituiu a seus investidores.

Na Mira da Fiscalização

Como se deu com Ponzi, os representantes dos órgãos de defesa do consumidor se reuniram para traçar estratégias de ação conjunta para defesa dos interesses dos investidores da Avestruz Master, entre eles, os representantes da Procuradoria da República, da Promotoria de Defesa do Consumidor e da Superintendência de Proteção aos Direitos do Consumidor (PROCON). Ainda na mesma linha do que se passou com Ponzi, as autoridades decidiram realizar uma auditoria, nesse caso, um levantamento da real situação da empresa com especial atenção à realização de um inventário do plantel de aves nas fazendas, para verificar se a quantidade de animais disponíveis conferia com o total adquirido contratualmente pelos investidores.

Na verdade, mais órgãos e autarquias estaduais e federais estavam de olho no fabuloso negócio dos avestruzes. Desde abril de 2005, tanto o Ministério Público Federal quanto o Ministério Público Estadual de Goiás, desconfiados do alto rendimento proporcionado pelo investimento, já vinham monitorando as atividades da empresa. Esses órgãos estatais tinham sua atuação limitada pelo princípio constitucional da livre-iniciativa, afastando de seu raio de ação a proibição de venda de aves e de assinatura de novos contratos de investimento por parte da empresa. Em setembro de 2005, o Ministério Público Estadual emitiu uma medida cautelar, expressa por um Termo de Compromisso de Ajustamento de Conduta, no qual a empresa se comprometia a não alienar alguns imóveis. Isso representava uma porção pouco significativa do total de recursos entregues à Avestruz Master, principalmente porque a maioria das fazendas apresentadas como ativo da empresa em suas peças de *marketing* era, na verdade, arrendada.

> *Seu dinheiro por uma nota oficial: Aos investidores sem qualquer informação do paradeiro de seus recursos restou se contentar com a Nota Oficial deixada pela empresa: "O Grupo Avestruz Master vem esclarecer a imprensa, colaboradores, clientes e parceiros, sobre o momento pelo qual está passando. Na terça-feira (1/11/2005), o trabalho de integração de sistemas entre as empresas do Grupo e o frigorífico e abatedouro Struthio Gold causou transtornos na transmissão de dados entre a matriz e as franquias e filiais da empresa e, consequentemente, na comercialização de aves. Além disso, o fato também causou transtornos financeiros e a devolução de diversos cheques da empresa. Isso ocorreu por erro na provisão de recursos para as contas da empresa. Na quinta-feira (3/11/2005), a Avestruz Master entrou em contato com seus clientes e fornecedores prejudicados e buscou formas de ressarcir os prejuízos. Com todos estes fatos, o Grupo passou a ser vítima de boatos diversos, resultando em tumulto e desconfiança por parte de seus clientes e parceiros. Nesta sexta-feira (4/11/2005), a empresa paralisou suas atividades para concluir o trabalho iniciado na terça-feira (1/11/2005), realizar o balanço de seus prejuízos e organizar seus departamentos, visando retornar seu atendimento normal na próxima segunda-feira (7/11/2005). Por fim, o Grupo Avestruz Master se coloca à disposição da imprensa para prestar informações e esclarecer dúvidas sobre os fatos ocorridos."*

Modus Operandi da Avestruz Master

A Avestruz Master era considerada a maior empresa criadora de avestruzes da América Latina. Atraiu investidores para uma proposição denominada Projeto 33, na qual o investidor adquiria um casal de avestruzes, pagando por ele uma entrada de 980 reais, seguida de 33 prestações de 365 reais, corrigidos pelo Índice Geral de Preços Médios. A série de pagamentos somava pouco mais de 13 mil reais, mas a empresa garantia que ao final do período as aves teriam um valor aproximado de 26 mil reais. A empresa garantia a existência de um seguro de reposição de plantel, a ser acionado em caso de morte das aves, fosse esta acidental ou natural. Mais ainda, a empresa garantia que as condições de criação seriam dignas, com uma hotelaria honesta e a supervisão de veterinários e técnicos em zootecnia. Depois de 33 meses, o casal entraria em fase reprodutiva e o investidor passaria a lucrar com a postura de ovos, podendo gerar até 30 filhotes, uma possibilidade muito lucrativa, pois aos três meses de vida um filhote valeria 1,5 mil reais; e aos seis meses de vida valeria 2,3 mil reais.

Para garantir o crescimento da empresa, a Avestruz Master abriu mais de 30 escritórios de captação em vários pontos do país. Depois de sete anos de operação, a empresa mantinha fazendas de avestruzes e escritórios de atendimento aos investidores em Mato Grosso, Goiás, Minas Gerais, Tocantins, Bahia, Ceará, Pernambuco e Distrito Federal. O contrato de investimento se concretizava com a assinatura de Cédulas de Produtor Rural, com garantia de recompra com lucro, pelo Abatedouro *Struthio Gold*. O abatedouro, também pertencente à Avestruz Master, tinha sua inauguração prometida para novembro de 2005, em Bela Vista de Goiás. Os contratos foram sendo alterados conforme a conveniência da empresa, que procurava alternar a captação e a duração do contrato com as necessidades de caixa. O Projeto 33 foi dando espaço a contratos menores, de três a nove meses, com uma promessa de recompra que se traduzia em um rendimento da ordem de 10% ao mês, e a captação diária era de algo em torno de 40 milhões de reais.

CVM fez a sua parte

Em novembro de 2004, um ano antes da quebra da Avestruz Master, a Comissão de Valores Mobiliários emitiu nota de esclarecimentos informando que, em agosto daquele ano, havia iniciado o processo de investigação. A autarquia, assim, dava respostas à série de denúncias recebidas sobre a suposta venda de Cédulas de Produtor Rural com compromisso de recompra. A investigação teria concluído que a oferta de cédulas pela Avestruz Master caracterizava atividade de oferta pública de valores mobiliários e, portanto, exigia registro prévio. Mais ainda, a oferta pública de valores mobiliários somente pode ser realizada por empresas registradas na comissão na condição de companhias abertas, o que não era o caso da Avestruz Master. Dessa forma, tendo constatado a distribuição pública irregular de valores mobiliários, a comissão determinou a suspensão das atividades de negociação de cédulas. Em outro alerta aos investidores, em dezembro de 2004, a comissão destaca que, para burlar a proibição, a Avestruz Master passou a utilizar a empresa *Struthiogold*, a ela ligada, para realizar oferta de recompra das aves alienadas. O Ministério Público exigiu a celebração de Termo de Ajustamento de Conduta, no qual a empresa se comprometia a obter registro de companhia aberta, abstendo-se de ofertar publicamente quaisquer títulos ou contratos que conferissem direito de remuneração. Outra sociedade, aparentemente ligada à Avestruz Master, denominada Avestruz Master Agropecuária e Participações S/A, de fato solicitou registro inicial de companhia aberta, em outubro de 2005, solicitando juntamente registro para distribuição pública de debêntures, em oferta estimada em 215 milhões de reais, sendo que ambos os pedidos se encontravam ainda em análise pelas respectivas áreas técnicas da Comissão de Valores Mobiliários quando o Esquema Ponzi da Avestruz Master desabou.

Antes disso, a CVM teria ainda refutado o teor da Nota de Esclarecimento publicada no jornal O *Sucesso* de 2005. A autarquia afirmava que a nota veiculava informações de maneira distorcida, podendo induzir a equívocos sobre a sua atuação, informando ainda que a fiscalização havia constatado a captação de recursos do público investidor em conjunto com a utilização de outros instrumentos contratuais que asseguram ao adquirente desse título um direito de remuneração, para o que se exige prévio registro da distribuição e que a empresa emissora esteja registrada na CVM como companhia aberta. Esses registros têm por finalidade divulgar informações sobre a empresa emissora, auxiliando o investidor na tomada de decisão sobre o investimento ofertado, permitindo adequada avaliação dos riscos envolvidos, em especial acerca da capacidade do emissor de honrar os compromissos financeiros assumidos.

Uma série de exigências foi levantada para que a empresa pudesse ainda continuar a efetuar oferta ao público de cédulas representativas de vendas para entrega futura de aves: incluir nos instrumentos contratuais cláusula grafada em destaque, com expressa ressalva de que a empresa ou quaisquer outras empresas a ela ligadas, ou que com ela mantenham relação de natureza comercial, não se obrigam a recomprar as aves; abster-se de utilizar o "Certificado de Garantia de Mercado" ou quaisquer outros documentos semelhantes contendo estipulações que possam configurar um compromisso de recompra; abster-se de fazer referência, nas cédulas ou em quaisquer outros instrumentos contratuais e em materiais de divulgação, a importâncias em dinheiro correspondentes ao valor futuro das aves comercializadas pela empresa; e fazer constar, em destaque, dos títulos, instrumentos contratuais e materiais de divulgação utilizados, a advertência de que a Avestruz Master e os investimentos por ela ofertados não são regulados ou fiscalizados pela Comissão de Valores Mobiliários.

Tal e qual Ponzi

A comparação do caso da Avestruz Master com a história vivida por Charles Ponzi, mais de 80 anos antes, revela um paralelismo interessante. As semelhanças entre os casos podem ser observadas em seus aspectos relacionados com o investimento como a captação de altas somas, as perdas financeiras de um grande número de investidores, o desespero e desconsolo destes investidores, enfim, naquilo tudo que esse tipo de fraude acarreta. Mas é na observação de aspectos marginais que as semelhanças se mostram mais surpreendentes.

Charles Ponzi, em seus poucos meses de glória, recebeu grandes manifestações de apreço da população de Boston, sendo reconhecido como um expert em finanças, um gênio que colocava no chinelo os representantes da banca estabelecida. Corriam boatos de que concorreria a um cargo eletivo, e ele mesmo confirmava suas aspirações políticas. Até mesmo depois de condenado e preso, Ponzi teria recebido votos em uma eleição em Nova York. Sua admissão ao restrito *Kiwanis Club* era uma expressão do reconhecimento social a sua contribuição para a economia. Em regra, enquanto na fase ascendente de seus esquemas, operadores da fraude passam a ser considerados indivíduos de grande visão e tino para os negócios. Com Jerson Maciel não foi diferente. Em setembro de 2004, tendo vivido durante oito anos no Estado de Goiás, ele recebeu o título honorífico de Cidadão Goiano, concedido pela Assembleia Legislativa.

Quase um ano depois, quando ficou claro que as atividades de Jerson não fizeram qualquer bem para a economia local, os deputados estaduais se dividiam entre indignados e envergonhados, empenhados em rever seus critérios para a concessão do título. A deputada Rachel Azeredo, do Partido do Movimento Democrático Brasileiro, dizia: "... é preciso que se pense na comunidade e não só nos interesses particulares na hora de conceder um título de cidadão. Não se pode pensar apenas no próprio umbigo. Afinal, somos mais de 5 milhões de goianos". Na sessão que concedeu o título a Jerson, a deputada deu o único voto contrário, mostrando estar imune à cegueira que acomete comunidades quando Esquemas Ponzi estão em funcionamento. Ao que parece, ela conseguia ver que o imperador estava nu, como o garoto no conto de Hans Christian Andersen. O sucesso do esquema, naquele momento, aliado à realização de investimentos maciços em propagandas, favorecia a exposição da família Maciel da Silva, emprestando a eles notoriedade, ao que contribuía o patrocínio de eventos e a manutenção de um estilo de vida *country*, tão valorizado localmente. Os demais deputados não conseguiram ou não acharam conveniente aceitar que se não viam a roupa era porque ela, de fato, não existia.

Depois de alguns anos de encarceramento, Charles Ponzi se envolveu com os loteamentos na Flórida. Jerson Maciel teria feito a mesma coisa, só que antes de operar seu esquema de aves, tendo também se envolvido em transações imobiliárias duvidosas. Segundo investigações da polícia de Ilhabela, no litoral do Estado de São Paulo, o bairro Tesouro da Colina, erguido pelo empresário na ilha, seria resultado de grilagem de terras.

As atividades em Ilhabela resultaram em dois processos criminais por estelionato. Além disso, ele respondia por outros 56 processos cíveis na cidade, acusado, entre outros crimes, de estelionato e sonegação, engendrados durante sua atuação no ramo imobiliário. Charles Ponzi também não tinha uma vida pregressa de causar orgulho. Culpado ou não, Ponzi tinha uma ficha policial e passagens na prisão que não o recomendavam como gestor financeiro. Como se vê, a ficha de Jerson Maciel tampouco o qualificava para lidar com os sonhos e as esperanças dos investidores.

Esquema Ponzi: como tirar dinheiro dos incautos

A revelação do passado aviltante de Charles Ponzi diminuiu suas chances de escapar incólume pelas auditorias estadual e federal e pelas investigações do comissário dos bancos. Determinado a expor as inconsistências do negócio com os cupons de resposta internacional, o editor do jornal *Boston Post*, Richard Grozier, jogou essa decisiva cartada. Os processos criminais e civis pelos quais respondia Jerson da Silva se tornaram mais evidentes após a bancarrota da Avestruz Master. Entretanto houve quem trouxesse esse passado à tona muito antes de as pessoas estarem predispostas a digerir esse tipo de informação. Assim como Ponzi duelou com Grozier, Jerson duelou com o jornalista Antônio Lisboa, do jornal *O Sucesso*, de Goiânia.

Em março de 2004, o jornal trazia uma reportagem com o título "Avestruz: investimento ou arapuca?". Lisboa dava o primeiro alerta sobre o risco de investir na empresa, trazendo opiniões de economistas de que o negócio era arriscado e apresentando semelhanças com o caso das Fazendas Reunidas Boi Gordo, outro Esquema Ponzi, ofertado anos antes, cujo desmonte obteve grande repercussão. Jéferson de Castro Vieira e Walter Chaves Marim, os economistas entrevistados, tiveram no caso da Avestruz Master o mesmo papel de Clarence W. Barron, entrevistado na primeira matéria do *Boston Post*. O jornal publicou ainda mais oito edições consecutivas, dando sequência ao assunto, trazendo em cada uma dessas matérias a descrição das atividades imobiliárias e dos processos judiciais que Jerson Maciel enfrentava.

> *Jornalismo a qualquer custo: Nenhum outro veículo de comunicação se juntou ao O Sucesso na exposição do Esquema Ponzi da Avestruz Master. Segundo o jornal, o fato de outros veículos não terem se envolvido na denúncia decorre do benefício representado pelas verbas publicitárias da empresa. Assim, jornal atuou de modo isolado. Ao jornal restou a satisfação jornalística, representada pela ação de seus leitores que, levando a sério a denúncia, escaparam de se tornarem "vítimas da arapuca". O jornal manteve suas "páginas abertas para a defesa dos interesses da sociedade e para o bom jornalismo", merecendo um reconhecimento ainda não materializado.*

Respondendo às denúncias publicadas pelo jornal, a empresa resolveu reagir, intensificando seus gastos em propaganda, adquirindo espaços publicitários em vários veículos, em uma resposta que incluía o patrocínio da novela das seis da Rede Globo. Nessas peças publicitárias, o próprio Jerson Maciel declarava que comandava um negócio sólido, sério e com grandes perspectivas de crescimento. O jornal *O Sucesso* prosseguia com a oposição ao negócio de avestruzes, informando ao público que o caso havia chamado a atenção do Ministério Público e do órgão de defesa do consumidor, o PROCON estadual.

A Avestruz Master entrou com uma ação na Justiça contra o PROCON, tentando embargar a abertura da investigação. Realizada em março de 2004, essa investigação revelaria a existência de apenas 4.383 aves, quando nos registros da empresa constavam 5.813 aves. Faltavam 1.429 avestruzes. Para afastar a noção de que esses mais de mil avestruzes estivessem apenas no papel, a empresa alegou que os animais teriam sido transferidos para outro estado, apesar de que, na data, os documentos e prospectos da empresa indicavam fazendas apenas em Bela Vista e em Senador Canedo, ambas em Goiás.

Nesse mesmo mês, Ponzi se encontrou novamente com Jerson Maciel. O italiano entendeu que deveria reagir judicialmente às afirmativas de Clarence W. Barron processando-o por calúnia. Jerson Maciel, similarmente, apresentou uma queixa-crime contra o jornal *O Sucesso*, por crime de calúnia e extorsão. O jornal avaliou a manobra como "diversionista, uma jogada ridícula com o mero objetivo de tentar desqualificar as incômodas revelações que vêm sendo publicadas e, por outro lado, intimidar o andamento das apurações em curso", exatamente a mesma avaliação que os biógrafos de Charles Ponzi fizeram de sua tentativa de desqualificar o reconhecido financista.

Em maio de 2004, um jornal local trouxe a reportagem transcrita a seguir. O texto procura conquistar corações e mentes dos investidores, trazendo um viés claramente favorável ao negócio, ao que o depoimento de Jerson Maciel empresta forte poder de convencimento para a matéria: "O avestruz é uma ave ratita, estrutioniforme, cujo couro e carne atraem cada

Esquema Ponzi: como tirar dinheiro dos incautos

vez mais adeptos em todo o mundo. É, portanto, natural que a criação deste animal, antes restrita a zoológicos, seja feita em escala comercial em todo o Brasil. No papel de *commodity*, o avestruz passa de animal exótico a investimento e, como tal, sujeito a riscos. Os vendedores de aves, e mesmo alguns investidores que aplicaram nesta opção, afirmarão que os lucros compensam, de longe, os riscos. Entretanto algumas pessoas não se encantam com a novel ideia e pensam que pode haver riscos ainda maiores do que o de um investimento normal. Em outras palavras, existe, ainda, o medo de que o negócio incipiente, que movimenta vultosas quantias de dinheiro, transforme-se em uma fraude, que deixaria muitos investidores em situação complicada. Dentre as empresas que existem em Goiás, nenhuma resume melhor a situação do que a Avestruz Master Importadora e Exportadora Limitada. A empresa, com sede no Setor Oeste, é das mais pujantes neste segmento na América Latina, com respeitável infraestrutura. Mas também foi acusada de ser um esquema fraudulento pelo semanário *O Sucesso*, fato, aliás, noticiado pelo jornal em edições anteriores. Mesmo que não haja qualquer verdade nas denúncias, boa parte dos funcionários da empresa reconhece que houve uma retração nos investimentos que recebiam a cada dia. No entanto o tempo em que a estrutiocultura, nome dado à criação de avestruzes, vem permanecendo firme no mundo inteiro é prova da solidez do investimento, afirmam. O presidente da empresa, Jerson Maciel da Silva, conta que a criação de avestruzes existe há cerca de 30 anos, tendo começado na África do Sul e logo chegado à Austrália e aos Estados Unidos. Jerson Maciel foi construtor de casas em Ilhabela, São Paulo, ao mesmo tempo em que atuava como diretor de promoções de uma empresa fabricante de bebidas. Depois disso, afirma, é que se dedicou à estrutiocultura. No Brasil, no entanto, este é um negócio mais recente. 'Não chega a dez anos', estima. Jerson Maciel percebeu o nicho do mercado e foi um dos primeiros criadores, tendo contato com os animais na fazenda-modelo JVC de criação de avestruz, há cerca de oito anos. 'Vi que era um grande negócio.' Depois de investimentos em cursos e dispêndios descomunais com publicidade, a empresa começou a atrair investidores. Em cinco anos de vida, a Avestruz Master já se consolidou com dez criatórios espalhados pelo Estado de Goiás (mais perto de Goiânia), e com filiais em Palmas (TO) e Uberlândia (MG). Só que ainda há temores. Alguns criadores e vendedores mais otimistas comparam avestruzes com o gado vacum, tentando transmitir segurança aos investidores que porventura estejam receosos de aplicarem suas finanças em um novo animal no mercado. O presidente da empresa é ainda mais otimista. Ele afirma que os avestruzes possuem vantagens sobre o gado, a começar pela economia de espaços. 'Um boi ocupa uma área de um hectare, ou seja, dez mil metros quadrados. Um casal de avestruzes ocupa mil metros quadrados.' O tempo para o abate, também, é menor. 'O abate do gado demora dois anos, e o do avestruz, 11 meses.' Além disso, destaca, um avestruz pode viver quase 80 anos, tendo aproximadamente 45 anos de vida fértil. Para os que desconfiam do lucro anual de 100% oferecido pela empresa, Jerson garante que não há mistério. 'Para nós, fica um valor ainda maior. Eu pago a recompra a 4.600 reais, mas vendo os animais para o exterior a 6.500 reais cada.' E este é o segundo grande lucro da empresa, garante. 'Quando a pessoa compra o avestruz a 2.300 reais cada, nós já compramos os ovos pré-chocados a 1.400 reais cada um.' A empresa vende, normalmente, os animais com 18 meses, quando eles têm maior valor, por estarem em sua primeira postura. A empresa não trabalha, segundo Jerson Maciel, com o sistema de compra de títulos, venda de cotas, ou qualquer outro processo semelhante. O investidor compra o avestruz, pura e simplesmente. Aliás, Jerson Maciel evita o termo 'investidor', preferindo chamar os compradores de 'criadores-parceiros'. Os interessados têm automóveis à disposição para levá-los às fazendas e possibilitar maior leque de escolha dos animais. Uma vez escolhido, a assistente que trabalha no local passa um aparelho leitor que identifica o *chip* que o animal possui. 'De acordo com esse número, emitimos o contrato juntamente com o certificado de propriedade do animal adulto.' Entretanto o certificado de propriedade não vem com os filhotes. Crescimento Acelerado: Qual a utilidade de um avestruz? Por que há tanto interesse do mercado externo nestes animais? O couro do animal é o principal produto, sendo a carne um subproduto. O preço do couro do avestruz no mercado internacional está próximo de 200 a 300 dólares por metro quadrado. O presidente da empresa explica que não vê o avestruz como algo que possa ser usado para a venda e o consumo internos. 'Isso representa, no máximo, 5% de nossa produção.

Esquema Ponzi: como tirar dinheiro dos incautos

Os 95% restantes vão para o exterior.' De acordo com Jerson Maciel, os europeus já descobriram os benefícios da carne de avestruzes, que possui menos colesterol do que os cortes de frango e peru, e não possui gorduras polissaturadas. É por isso, prossegue Jerson, que os europeus têm predileção pela ave. E são países-alvo das vendas da Avestruz Master, sem nenhuma ordenação que não seja a alfabética, a Alemanha, a França e a Suíça. No entanto, há boas perspectivas de venda para os EUA, afirma Jerson Maciel. As exportações foram um dos fatores que fizeram a estrutiocultura, inicialmente, restringir-se à região Sudeste do Brasil, onde há melhor logística para esta empreitada. Mas o presidente da empresa pensou que poderia haver melhores possibilidades de crescimento fora de São Paulo, Estado onde se localizava a fazenda JVC, e região pioneira na implantação da criação de avestruzes. Através de pesquisas, conta o presidente da empresa, ele constatou que o Centro-Oeste brasileiro seria o melhor local para instalar os animais, por questão de clima, umidade do ar e topografia, semelhantes às condições originais dos animais na África. De acordo com estimativas feitas pelo estrutiocultor, um avestruz criado em Goiás, com seis meses de vida, atinge cerca de 1,80 m de altura. Em São Paulo, um animal com seis meses de idade dificilmente ultrapassa a altura de 1,60 m. Uma garantia oferecida pela empresa é a reposição de animais quando ocorre morte durante a hotelaria. O avestruz é um animal rústico, pouco suscetível a doenças, intempéries ou acidentes, mas tal fatalidade não pode, de todo, ser descartada. Caso ela ocorra, explica o presidente da empresa, o animal será substituído por outro de mesma idade e mesmo sexo. 'É a garantia de reposição que a firma dá.' Por mais óbvia que esta estratégia possa parecer, Jerson afiança que os demais criatórios goianos não estão em condições de oferecê-la. 'A raça de nossos animais é melhor. É o *African Black* legítimo. Os demais não têm a mesma raça. Trouxeram avestruzes mais frágeis da Espanha, e a nossa é só da África do Sul. Assim, eles não podem oferecer esta garantia', espicaça. No caso de uma epidemia que afete as ratitas, o que Jerson Maciel afirma ser pouquíssimo provável, pois não há registros desta ocorrência na medicina veterinária mundial, haverá um seguro que cobrirá as perdas. Mas o seguro, confeccionado na Holanda, ainda demorará entre três a quatro meses a chegar ao Brasil, diz o presidente da empresa. Pedra fundamental:

a estrutura da empresa comporta, além das sedes, das filiais e dos criatórios, os veículos, laboratórios para chocagem e um plantel estimado em quase 6 mil animais. Gera, de acordo com seu presidente, de 300 a 350 empregos diretos e outros 800 empregos indiretos, número que deve ser ampliado com a construção de um abatedouro. Jerson Maciel afirma que a fazenda Bela Vista, visitada pela reportagem do jornal, é particular, arrendada para a empresa. 'As outras fazendas são de propriedade da companhia.' A fazenda de Bela Vista está estimada em 20 milhões de reais pelo presidente da empresa. O jornal não conseguiu obter os valores exatos com a contabilidade da Avestruz Master, que afirmou que tais documentos estavam sendo analisados pela diretora financeira da empresa. Jerson estima, ainda, que a fazenda de Bela Vista possui 3 mil avestruzes, com 2 mil adultos, a uma quantia média de 10 mil reais cada. 'Somente lá, há quase 200 milhões de reais. Mas são de clientes, não nossos.' A fazenda de Bela Vista, conhecida como Master I, é chamada, pela empresa, de 'maior criatório da América Latina' e, de acordo com projeções de funcionários, caminha a passos largos para se tornar a maior do mundo. Contando, hoje, com 4 mil animais, o criatório emprega três veterinários e três técnicos em zootecnia, com um total de 80 empregos diretos, a maioria de pessoas do próprio município. São 1.100 piquetes, com uma pista de corrida e bom espaço para desenvolvimento. Avaliações feitas pelos técnicos preveem que há potencial para que 15 mil avestruzes fiquem no local, sem nenhum problema de espaço. Além disso, há uma sofisticada incubadora e técnicos que fazem permanente intercâmbio com especialistas mundiais no assunto, notadamente com os sul-africanos. Um dos principais problemas apontados por opositores da empresa é a falta de um abatedouro que absorva a produção da Avestruz Master. Mas Jerson já lançou a pedra fundamental de um abatedouro que pretende construir em Bela Vista de Goiás, próximo à Master I. O presidente da empresa estima que o abatedouro valerá cerca de 8 milhões de reais, a serem divididos entre 200 pessoas. O projeto do abatedouro surgiu, de acordo com o presidente da empresa, na África do Sul. A ideia, conta, era fazer algo semelhante ao que era adotado pela *Klein Karoo Co-Operative Limited*, empresa da Cidade do Cabo, considerada a maior do mundo no ramo. 'A *Klein Karoo* detém a patente das máquinas e já construiu abatedouros nos Estados Unidos e na Austrália, além da África do Sul', explica Jerson. O presidente da empresa garante que o abatedouro foi aprovado por todos os órgãos competentes. A ideia é inaugurá-lo, relata, em dezembro deste ano, mas o funcionamento efetivo se daria a partir de março de 2005. Metade do projeto do abatedouro é capital da empresa, mas a outra metade é fornecida pelos próprios criadores. É por isso, afirma, que a estrutura não precisa da captação de recursos de bancos. E, por mais arriscada que a ideia possa parecer, é um investimento sensato para quem já cria avestruzes, afirma o presidente da empresa. 'Como a ideia é criar para abater, quase todos os investidores querem ser sócios.' Mas nem tudo são flores na caminhada da empresa. Um espinho no caminho da Avestruz Master é o jornal semanal goiano *O Sucesso*. Conforme o jornal noticiou há duas semanas, a Avestruz Master protocolou notícia-crime por calúnia, difamação e extorsão contra o proprietário do jornal *O Sucesso*, José Allaesse Lopes. No documento, José Allaesse Lopes é acusado de tentar extorquir a empresa. Depois de um mal-entendido, a empresa teria procurado o jornal para esclarecer os fatos que foram divulgados, mas Allaesse teria retrucado com uma proposta de 75 mil reais mensais como forma de impedir a veiculação de novas matérias danosas. Como não houve acordo, alega a empresa, o jornal segue em uma campanha para, de acordo com o proprietário, difamar a Avestruz Master. Jerson Maciel remete a matérias publicadas na imprensa diária na última semana, atestando que os documentos usados pelo jornal *O Sucesso* como base de suas denúncias são falsos. Outra matéria, publicada pelo semanário, afirma que o dono da empresa tem processos por estelionato tramitando em São Paulo, referentes aos lotes que deixou em Ilhabela. 'O jornal fala que existem 38 processos de crimes em Ilhabela, mas não são processos. São cobranças de carnês que estão sendo saldadas.' Jerson afirma que está retrucando a todas as acusações judicialmente, com processos movidos por tentativa de extorsão, indenização moral à empresa, indenização moral à pessoa e indenização de danos acoplados a cada processo mencionado anteriormente. 'Não tenho medo de nada. A empresa está toda certa', desabafa. No entanto, por mais impressionantes que sejam a empresa e sua estrutura, é preciso ser cético em relação a alguns aspectos do negócio. Certamente, é injusto comparar a empresa ao escândalo do Boi Gordo, que deixou vários empresários goianos em situação constrangedora. De acordo com Jerson Maciel, ao contrário do projeto Boi Gordo, os avestruzes não são papel, mas bem reais. 'Quando você compra, está comprando não o papel, mas o avestruz.' Mesmo assim, há outros riscos inerentes ao negócio, apontados por especialistas ouvidos pelo jornal. O principal problema está na ausência de mercado nacional. Com o preço da carne de avestruz sendo vendida a 69 reais o quilo, e por apenas um hipermercado de Goiânia, quase nenhum restaurante da capital aventurou-se a vender avestruz, e alguns decidiram parar por conta da pequena margem de lucro que obtinham. Além disso, o negócio depende da formação de plantel para passar, depois, à fase do abatedouro. Portanto as margens de lucro tenderão a diminuir quando o plantel crescer e os avestruzes não tiverem meios de ser abatidos. E não há, ainda, muitos contratos de exportação que garantam a compra da ave pelos europeus, tradicionalmente protecionistas. Caso consiga vencer estes obstáculos, no entanto, a estrutiocultura poderá tornar-se um investimento corriqueiro, sujeito apenas aos mesmos problemas que afetam o agronegócio brasileiro. Até lá, o investidor terá de analisar com cautela antes de fazer um negócio que, apesar de rentável, possui alta margem de risco."

Como se vê, a matéria, em uma análise *ex-post*, apresenta excessiva argumentação, a qual seria dispensável se a solidez e a sustentabilidade do empreendimento se verificassem. Não se pode negar que, *ex-ante*, isto é, antes da quebra dos contratos, a argumentação caudalosa, rica em detalhes e em assertivas, levava os incrédulos a pender favoravelmente ao investimento no esquema.

Às investidas de *O Sucesso* veio se juntar outra similaridade, materializada no caso de uma investidora a quem a Avestruz Master se recusou a honrar o contrato, alegando falsificação das cédulas de produtor rural. Ela levou o caso à Justiça, ganhando o direito de receber pouco mais de 50 mil reais. Um dos primeiros sinais da ruína de Charles Ponzi, segundo alguns de seus biógrafos, teria sido um processo judicial no qual ele respondeu como réu. Um comerciante de móveis teria vendido os móveis para o escritório da *Securities Exchange Company*. Teria sido acertado que o comerciante faria jus a uma participação na empresa de Ponzi como pagamento dos 200 dólares em móveis. Com a ação, o comerciante pleiteava sua parte na empresa, naturalmente, antes da falência.

> *Cash or Stock Options: Sem capital, sem clientes, sem receitas e sem ativos, a empresa de Ponzi era um startup em seus meses iniciais. Uma startup procura oferecer a seus primeiros fornecedores de materiais e de equipamentos ou a seus primeiros prestadores de serviços participação no capital social em oposição ao efetivo pagamento em dinheiro. Ponzi ofereceu participação na empresa como pagamento dos móveis de que necessitava para se instalar comercialmente. O mesmo se deu com o Facebook. Em 2005, a empresa, então de futuro incerto, contratou David Choe para pintar os murais do primeiro escritório da empresa e ofereceu, como compensação pelo serviço, certo número de ações da empresa. Embora não avaliasse a empresa como promissora, o artista acabou aceitando ações, as quais, sete anos depois, por ocasião da oferta pública de ações do Facebook na National Association of Securities Dealers Automated Quotations (NASDAQ), valeriam em torno de 200 milhões de dólares. O caso de Choe não é único. De fato, a oferta pública inicial do Facebook resultou em muitos milionários e bilionários.*

Mais tarde, enquanto se via acossado entre auditores, jornalistas e seus investidores, Ponzi teria entrado em acordo com o litigante, mediante o oferecimento de uma polpuda compensação. O maior prejuízo causado pela repercussão do caso foi o de levantar suspeitas sobre seu início e sua vertiginosa ascensão. Assim, tanto Ponzi quanto Jerson Maciel responderam judicialmente nas vésperas de suas quebras. Mais ainda, Jerson acusou um investidor de falsificação e Ponzi também utilizou as falsificações como desculpa para o descasamento de passivos e ativos.

> *O homem que copiava: A história se repete e mais uma similaridade faz parecer que o destino quis escrevê-la novamente. Boas e más ideias são copiadas, um fato da vida. A empresa de Charles Ponzi teve inúmeros concorrentes, que observando o sucesso da Securities*

> Exchange Company passaram a competir pelos recursos dos investidores. A Avestruz Master teve também seus competidores divididos entre sérios e honestos criadores de avestruzes e outros não tão confiáveis. Em dezembro de 2004, a Comissão de Valores Mobiliários, na deliberação 474, impediu também a venda de Cédulas de Produtor Rural emitidas pela empresa Top Avestruz. De propriedade de Oinareves Moura, um ex-deputado federal, a empresa, que garantia um retorno de 3% ao mês, foi fechada, em abril de 2005, por liminar obtida pelo Ministério Público de São Paulo.

A batalha pelos corações e mentes dos investidores e da opinião pública em geral, outra similaridade, foi travada por Ponzi enquanto lidava com auditores de diferentes origens. No caso da Avestruz Master, diversos órgãos públicos fiscalizadores ou supervisores também quiseram sua parte na investigação. De maneira fragmentada e descoordenada, típica da atuação estatal, o Ministério Público Federal de Goiás afirmou que, em conjunto com promotores do Estado e com o PROCON, cada qual em sua velocidade e dentro de sua esfera de competência, trabalhou para descobrir irregularidades, atender a denúncias de investidores e levantar a situação econômica e financeira do negócio, tão logo começaram a circular rumores de dificuldades financeiras após a empresa ter cheques devolvidos e paralisar suas atividades. Enquanto via a continuidade de seus negócios dependendo do parecer das auditorias, Ponzi entendeu como a melhor estratégia pagar as notas promissórias vencidas e restituir os investimentos daqueles que assim o desejassem, tentando mostrar que estava solvente. Enquanto seus recursos iam sendo drenados pela corrida de investidores, Ponzi declarava que todos seriam servidos, dando garantias de pagamento aos investidores. Jerson Maciel da Silva Júnior, sócio minoritário da Avestruz Master, veio também a público nos primeiros dias após o fechamento da empresa para garantir que a intenção prevalecente era a de devolver todos os valores investidos. Fechada, a empresa passou a ganhar tempo para contornar a crise, trabalhando as expectativas dos investidores, prometendo retorno à normalidade. Assim como Ponzi fazia declarações aos principais jornais, a empresa emitiu nota oficial na qual culpava os sistemas de informação. A empresa reafirmou a viabilidade da estrutiocultura e sua capacidade de gerar recursos financeiros que garantiriam a sustentabilidade dos negócios, a expansão da atividade e o cumprimento de seus compromissos, solicitando a compreensão dos investidores, dando ênfase para o fato de que somente dentro de um ambiente de tranquilidade nas fazendas e nos escritórios da empresa poderia se reorganizar operacional e financeiramente para retomar o atendimento. Prometeu ainda reabrir os escritórios, o que nunca aconteceu. Dias depois, a empresa informava que uma nova direção tomaria conta do negócio, auxiliada por uma equipe de 30 pessoas. A promessa era de reestruturar as contas da companhia, se preciso, com o alongamento dos prazos dos contratos e consequente perda de rentabilidade. Nesse ponto, as posições assumidas pela Avestruz Master não foram exatamente iguais àquelas assumidas por Ponzi, no calor dos acontecimentos. Ele aventou planos grandiosos sobre os quais não podia dar detalhes, mas que fariam maravilhas ainda mais surpreendentes que o negócio dos cupons de resposta internacional. Aparentemente dissonantes, as duas estratégias objetivaram os mesmos resultados: ganhar tempo para protelar a quebra e suas consequências, na esperança de encontrar um modo de contornar as dificuldades do momento.

O que os Investidores deixaram de considerar

Cegos pela riqueza futura prometida pelo esquema ou, cinicamente, cientes dos riscos envolvidos, de que o esquema em algum ponto colidiria levando lucros e capital inicial, os investidores deixaram de considerar ou escolheram negligenciar diversas informações relevantes. Na ocasião, houve depoimento de criadores de avestruzes afirmando que não existiam quaisquer empresas, no Brasil, que estivessem efetivamente exportando carne, excetuando-se algumas iniciativas de exportação de couro. Mais ainda, não havia nenhum abatedouro credenciado junto ao Ministério da Agricultura na atividade exportação da carne de avestruz. Sinais de que algo não estava bem surgiam a todo momento. Especialistas vinham a público ou por meio da imprensa, que aos poucos ia aceitando a queda da máscara do esquema Ponzi, tecer considerações. O professor e economista Walter Chaves Marim disse: "No sistema capitalista, o volume de seu bem-estar é diretamente proporcional aos bens financeiros. Não existe essa generosidade. Nenhum investimento garante isso. Como eles vão dar garantia de compra?". E finalmente ele fez a pergunta mais importante que investidores deveriam se fazer: "Por que eles mesmos não criam as aves se o negócio é tão rentável?". Se o negócio dos avestruzes era tão lucrativo para pagar 3% de juros ao mês para os investidores, por que a Avestruz Master não buscava outras fontes de financiamento? O mesmo paradoxo foi levantado no caso de Ponzi, expondo sua posição. O promotor dos Estados Unidos Daniel J. Gallagher, interrogando Ponzi, perguntou-lhe o que o levava, tendo milhões em muitas contas bancárias e um negócio altamente lucrativo, a solicitar investimentos adicionais. A resposta de Ponzi recaiu ainda no seu jogo de cena, ao dizer que não precisava do dinheiro, mas eventualmente precisaria das pessoas.

Epílogo do Avestruz

A Justiça afastou Jerson Maciel e sua família do controle da Avestruz Master. Como alternativa à recuperação judicial, investidores propuseram criar uma sociedade anônima com 75% das ações para credores e os outros 25% para a família Maciel. Naquele momento, dos mais de 53 mil credores, apenas 8 mil haviam se habilitado para participar do processo judicial. Foi criada uma associação, a Anavestruz, representando um grupo de credores. Ainda em junho de 2006, temendo desvios de patrimônio durante o curso do processo de recuperação judicial, a Anavestruz pediu a falência da empresa. Jerson Maciel da Silva morreu em 2008. Seus filhos Jerson Maciel da Silva Júnior e Patrícia Áurea Maciel da Silva, juntamente com o marido de Patrícia, Emerson Ramos Correia, atuavam ativamente como diretores da empresa e foram condenados, em 2010, a mais de 16 anos de prisão, além do ressarcimento de 100 milhões de reais aos investidores lesados. Os réus recorreram e puderam aguardar o julgamento em liberdade. Em 2014, tiveram suas penas confirmadas, em regime semiaberto, sendo também desobrigados do ressarcimento de fundos, no mais recente capítulo desse empolgante Esquema Ponzi que envolveu mais de 50 mil investidores, somando um total de 1,4 bilhão de reais.

CAPÍTULO XII

FAZENDAS REUNIDAS PONZI S/A

Os sábios não precisam de conselhos. Os tolos não os querem ouvir. (Benjamin Franklin)

Um Esquema Ponzi geralmente envolve uma oportunidade de investimento em um negócio inovador, inusitado e pouco explorado, como palmito, madeiras de reflorestamento, formigas, palmeiras, jacarés, avestruzes, emas, bichos-da-seda, camarões, coelhos, cervos, gaivotas, faisões, pavões, codornas, ovinos, caprinos, búfalos, gado e até cobras e minhocas. São tantos os animais que Charles Ponzi poderia formar uma fazenda ou um zoológico.

Palmeira Real de Charles Ponzi

Em novembro de 2005, a Comissão de Valores Mobiliários suspendeu as emissões, consideradas irregulares, de títulos da Reflomar Reflorestamento. A empresa vendia cotas de investimento, na forma de Contratos de Investimento Coletivo, tendo como objeto o plantio da Palmeira Real, com a promessa de rendimento de até 200%. A planta, tal como o açaí e a pupunha, fornece palmito para consumo humano e era cultivada pela empresa em Nova Trento, em Santa Catarina, onde mais de 500 mil mudas já haviam sido plantadas. Emitindo títulos desde 2003, a empresa já havia levantado cerca de 200 mil reais com 100 investidores. O caráter fraudulento do empreendimento não está determinado, embora a oferta de rentabilidade seja extraordinária, um elemento crítico de Esquemas Ponzi. Relevante, neste caso, é a proposição de palmeiras de palmito na condição de ideia diferenciada de investimento, mais uma cultura das Fazendas Reunidas Ponzi S/A.

Minhocas Ponzi

Minhocas há muito têm sido o objeto de fachada de Esquemas Ponzi. Já em 1978, o *Wall Street Journal* reportava fraudes operando contratos de recompra de minhocas, entre elas, uma empresa denominada *Worm World*, de Denver, que teve seus dois promotores condenados por roubo de 2,5 mil dólares e por venda de título mobiliário não registrado, dado que a natureza desses contratos exige o registro da oferta. Também Charles Ponzi foi condenado com respeito a essa exigência, quando operou os contratos de terrenos na Flórida.

Na utilização de minhocas em Esquemas Ponzi atribui-se ao anelídeo toda a sorte de benesses; desde servir como farta fonte de proteína para alimentação humana até representar excelente agente de transformação do lixo orgânico em fertilizante. Os operadores do esquema sustentavam que a produção tem grande aceitação no exterior. Assim como Ponzi afirmava ter inúmeros contatos e agentes em vários países, operadores de um esquema como esse utilizam a ideia distorcida que investidores têm dos outros povos e de suas culturas. Favorecendo a aceitação de que usos e costumes, nada populares localmente, possam ser amplamente aceitos e difundidos entre essa "gente de hábitos estranhos".

De tempos em tempos, surge um novo esquema de cultivo e recompra dos vermes, no qual essas benesses são repetidamente incluídas no arsenal disponível para o convencimento de novos investidores. O caso da *B&B Worm Farms* talvez não seja o mais recente, mas seguramente é o mais significativo. A empresa entrou em operação em 1998, estabelecida em Oklahoma, idealizada por Gregory M. Bradley e Lynn Bradley, tendo a razão social de produzir minhocas para uso em projetos de manuseio de rejeitos, objetivando vendê-las para novos criadores, e fabricar subprodutos ou artefatos de minhocas para a formação de solo orgânico. Assim, o plano de negócios, comunicado ao público, considerava suprimento inicial de reprodutores e equipamentos aos investidores, os criadores, recompra da produção desses criadores e venda dos animais para empresas de jardinagem, de paisagismo e de produção de mudas e plantas adultas. A empresa realizava seminários em pequenas cidades do Meio-Oeste norte-americano, distribuindo dicas sobre a criação de minhocas, sobre o pouco manejo requerido, sobre as vantagens ambientais da redução de rejeitos e produção de fertilizante, sobre as exportações para Serra Leoa e sobre os contratos com as enormes granjas de Ohio.

No início, a empresa recomprava as minhocas dos investidores, as quais eram revendidas para novos investidores, em vez de serem vendidas para terceiros com lucro anunciado, em um perfeito Esquema Ponzi. Kelly Slocum, uma especialista na comunidade de criadores de minhocas, afirmou nunca ter presenciado qualquer venda de minhocas para terceiros. Também descreveu o esquema como um Esquema Ponzi típico: um fazendeiro assinava contrato com a empresa, comprando toneladas de minhocas, que depois de desenvolvidas e tendo reproduzido um número suficiente de indivíduos eram recompradas pela *B&B Worm Farms*, que vendia essas minhocas para outro fazendeiro e assim por diante. Sem terceiros compradores, o esquema estava fadado a estourar quando muitos investidores começassem a enviar minhocas para ser recompradas, comprometendo o fluxo de caixa da empresa.

Nos três anos de operação, cerca de 2.900 investidores assinaram com a empresa. A maioria deles perdeu dinheiro. Gregory M. Bradley morreu em 2001 e a empresa declarou a bancarrota. Há especulações de que ele tenha encenado sua morte, esgueirando-se dos contratos e fugindo para algum lugar onde estaria vivendo com uma parte dos 29 milhões de dólares que a empresa teria arrecadado.

O modelo de negócio considerava a compra mínima de 100 mil reprodutores por 15 mil dólares, com a provisão de recompra de qualquer quantidade de minhocas, pesando no mínimo de 100 libras, a um preço garantido entre 7 e 10 dólares por libra. Além disso, os operadores do esquema passaram a desviar recursos para um negócio de autopeças de propriedade de um parente deles, além de transferir fundos para uma empresa de entretenimento de adultos em Las Vegas.

Gallus ou Boois?

O boi gordo escondido no pasto por pecuaristas representou a *pièce de résistence* do lado real da economia durante o Plano Cruzado, plano de estabilização da economia brasileira decretado em 1986. Tratava-se de um plano heterodoxo, uma tentativa de estancar o processo de hiperinflação para o qual caminhava ou no qual já se encontrava a economia brasileira. Tinha como elemento central o congelamento de preços do varejo. Em resposta à manutenção forçada dos preços nos valores anteriores à decretação do plano, os produtores ameaçaram a sociedade com o desabastecimento de gêneros alimentícios e de outros produtos de primeira necessidade. Notícias de bois escondidos nos pastos, de fiscais do Ministério da Agricultura revirando fazendas à procura do gado e de delações e acusações mútuas entre os criadores deram o colorido à tragédia econômica. A memória desse período emprestou ao investimento na Gallus Agropecuária o caráter inusitado necessário para a perpetuação de um Esquema Ponzi, facilitando o convencimento de investidores de que investir na criação e engorda de gado poderia representar um negócio capaz de proporcionar altas taxas de rentabilidade. A empresa captava recursos financeiros de investidores seduzidos por uma proposta de investimento em gado, com promessas de retorno extraordinário, da ordem de 12,8% em quatro meses. Quando a empresa faliu em 1998, deixou mais de 3 mil investidores com um prejuízo total da ordem de 35 milhões de reais. Em maio de 2004, o proprietário da Gallus Agropecuária, Gelson Camargo dos Santos, foi condenado em primeira instância a 11 anos de prisão, sentença referente às acusações de desvio de bens, fraude falimentar, omissão na escrituração e falsidade material e ideológica.

Esquema Ponzi: como tirar dinheiro dos incautos

Entre as irregularidades consta que a empresa afirmava ser proprietária de fazendas que não existiam ou que, quando existiam, pertenciam a terceiros. Seu proprietário cometeu irregularidades com a escrituração de livros contábeis e desviou bens da massa falida. A ocorrência de Esquema Ponzi foi notada pelo Ministério Público logo na denúncia inicial, na qual afirmava que o empresário teria oferecido contratos de parceria com remuneração muito acima do padrão de mercado e que o dinheiro captado para investimentos agropecuários em contratos pecuários de engorda de animais ou produção de leite era desviado para proveito próprio, num esquema de administração paralelo.

Planos de Estabilização Econômica: Primeiro Plano Cruzado: lançado em março de 1986, pelo ministro da Fazenda Dílson Funaro, muda o nome da moeda de cruzeiro para cruzado, congela preços por um ano, estabelece o reajuste automático de salários (gatilho) sempre que a inflação atingir 20%. No início, os preços ficam contidos e há aumento do poder aquisitivo da população. Consumidores denunciam remarcações e ficam conhecidos como "fiscais do Sarney". O Congresso aprova as medidas, mas nove meses depois o plano fracassa, desaguando em inflação alta e desabastecimento.

Segundo Plano Cruzado: lançado em novembro de 1986, libera os preços e altera o cálculo da inflação. Eleva o preço da gasolina, dos serviços de telefonia e da energia elétrica, dos automóveis, de cigarros e de bebidas. Protestos em Brasília ficam conhecidos como "badernaço". Sarney é hostilizado nas ruas.

Plano Bresser: lançado em julho de 1987 pelo ministro da Fazenda Luiz Carlos Bresser Pereira. Congelamento de preços, aluguéis e salários por 60 dias. Aumento de tributos e desativação do gatilho salarial. Mesmo assim, a inflação chega a 366% em dezembro de 1987. O fracasso derruba o ministro em janeiro de 1988.

Plano Verão: apresentado pelo ministro da Fazenda Maílson da Nóbrega, em janeiro de 1989. Corta três zeros da moeda, criando o cruzado novo. Congela os preços, extingue a correção monetária, propõe a privatização de estatais, corta gastos públicos. Os funcionários contratados nos últimos cinco anos seriam exonerados, mas os cortes não ocorreram. O Congresso rejeita quase todo o pacote, aprovando apenas o congelamento de preços. Entre fevereiro de 1989 e fevereiro de 1990, a inflação atinge 2.751%.

Plano Collor: primeira medida decretada pelo presidente Fernando Collor de Melo, lançada em março de 1990. O plano conduzido pela ministra da Fazenda Zélia Cardoso de Melo bloqueia por 18 meses os saldos das contas-correntes, das cadernetas de poupança e dos demais investimentos superiores a 50 mil cruzados novos. Os preços são tabelados, os salários são pré-fixados, os impostos e as tarifas aumentam. São feitos cortes nos gastos públicos, funcionários públicos são demitidos e estatais são privatizadas. O mercado é aberto para produtos importados. O plano reduz – mas não controla – a inflação. Mesmo as medidas mais amargas, como o confisco da poupança, são aprovadas pelo Legislativo. A inflação volta a subir.

Plano Real: o presidente Itamar Franco lança o Plano Real, conduzido pelo ministro da Fazenda Fernando Henrique Cardoso. O plano cria a Unidade Real de Valor (URV), que corresponde a 1 dólar, referência de cálculo para preços e contratos. O cruzeiro real é aos poucos substituído pelo real. O plano acaba com a indexação da economia e a inflação chega ao nível mais baixo da história até então. A Medida Provisória do Plano Real foi reeditada 73 vezes, sendo aprovada somente seis anos após a sua edição.

Fazendas Reunidas Boi Gordo

Em paralelo ao caso da Gallus Agropecuária, deu-se a criação da empresa intitulada Fazendas Reunidas Bois Gordo, em 1988, comandada por Paulo Roberto Andrade, que se apresentava como descendente de tradicional família de pecuaristas, reforçando a imagem de promotor capacitado e dotado do conhecimento e das habilidades que podiam gerar valor para o negócio. O esquema era vendido disfarçado em um manto de grande legalidade e solidez. A empresa anunciava ser proprietária de mais de uma centena de fazendas, perfazendo uma área total estimada em 255 mil hectares, além de ser arrendatária de outras 29 propriedades, estas representando adicionais 45 mil hectares, localizadas em sua maioria em Comodoro, no Estado de Mato Grosso. A empresa informava também ter à disposição um complexo agropecuário moderno e sofisticado, no qual era aplicada tecnologia de ponta em desenvolvimento genético, com a capacidade de criação e engorda de mais de 300 mil cabeças de gado por ano.

O financiamento das operações da empresa Boi Gordo se dava por um sistema de parcerias formadas com investidores. Os investidores compravam, à vista ou em parcelas, um número mínimo de cabeças de gado, avaliadas em termos de arrobas, com a garantia contratual de que a empresa engordaria o ativo por um período de tempo. O ativo poderia ser classificado em três categorias: bezerro, garrote ou boi magro. Na maioria dos casos, era cobrada uma taxa de administração. Ao término do contrato, o parceiro teria direito ao preço da cotação do dia da arroba do boi. Assim, investidores entregavam seus recursos com a promessa de rendimentos vinculados à variação do peso dos animais, em operação que tinha como instrumento formal o Contrato de Investimento Coletivo em Gado Bovino. O ciclo de investimento durava 18 meses e a empresa garantia um rendimento mínimo de 42% em peso, do qual 10% era pago à empresa a título de despesas.

Quando a empresa entrou com pedido de concordata preventivo, em 2001, foi dado o primeiro passo para que cerca de 30 mil investidores perdessem nada menos que 4 bilhões de reais. A falência somente teria ocorrido em 2004, deixando os investidores na esperança de recuperar seus recursos. Como o mago dos cupons de resposta internacional, a empresa tentou ganhar tempo com o pedido de concordata, no qual alegava ter experimentado prejuízos decorrentes de oscilações de mercado e que teria tido sua imagem prejudicada por outras empresas operando o mesmo modelo de negócio, as quais teriam deixado de honrar os contratos feitos com investidores. Também culpava o agente regulador, a Comissão de

Valores Mobiliários, por impor uma série de dificuldades, como a proibição dos contratos vinculados a garrotes, prejudicando o ciclo completo de cria, recria e engorda, não permitindo o aproveitamento mais racional e produtivo de suas fazendas. Afirmava que a ação da autarquia teria criado dificuldades e excessiva burocracia para a emissão de novos certificados, impedindo a rápida renovação dos investimentos e manutenção de capital de giro. Por esse motivo, a empresa Boi Gordo teria passado a ser obrigada a vender mais bois do que o planejado, reduzindo a lucratividade da operação.

Em março de 2001, a Comissão de Valores Mobiliários, atuando no interesse da proteção do investidor, proibiu a Boi Gordo de fazer reservas de contratos antes da autorização para novas emissões. A empresa entrou, em outubro de 2001, com o pedido de concordata preventivo, propondo o pagamento integral de seus credores quirografários em 24 meses, por meio de duas parcelas anuais, sendo a primeira de dois quintos. Curiosamente, os credores se concentravam em uma única categoria, a de credores quirografários, pois eram todos detentores de Certificados de Investimento Coletivo. Pouco ou quase nada devia a Boi Gordo na ocasião da concordata preventiva a outros tipos de credores como instituições financeiras, fornecedores, Receita Federal, Previdência Social ou trabalhadores. A empresa argumentou que o excessivo descompasso entre os resgates e as novas aplicações não permitia a maturação dos investimentos e o aproveitamento do ciclo do gado, e que, nos últimos meses, tinha sido obrigada a negociar bois magros, resultando em vultosos prejuízos operacionais. Ainda segundo a empresa, continuar a operar nessas condições poderia fazer ruir todos os seus esforços na montagem das fazendas, no desenvolvimento de novas técnicas para maior produção com menor custo, todo o trabalho na área pecuária e o respeito comercial, obtidos nos mais de 13 anos de suas operações.

Tal como Charles Ponzi culpou a auditoria, a Boi Gordo culpou o braço fiscalizador do Estado por suas dificuldades financeiras. Sem a auditoria, Ponzi pensava que continuaria para sempre a rolar sua bola de neve. Assim como a Boi Gordo, tentava convencer juízes, investidores e a opinião pública. A imputação de culpa à ação do Estado, como parte da

Esquema Ponzi: como tirar dinheiro dos incautos

batalha pela opinião pública, consiste em um recurso constantemente empregado, sempre presente quando uma fraude é revelada ou combatida. Tendo optado pelo investimento na empresa Boi Gordo em decorrência do alto retorno, os investidores viram seu capital sujeito à grande risco, chegando mesmo a perder o principal investido. Estavam, na verdade, investindo em um Esquema Ponzi muito bem montado.

Avestruzes da Raça Ponzi

A criação de avestruz consiste em mais um exemplo de animais exóticos utilizados como objeto de investimento em Esquemas Ponzi. O caso da Avestruz Master não foi um caso isolado. De fato, a utilização de avestruzes nessas condições é cíclica e tem ocorrido em escala mundial. O investimento em avestruzes, assim como todo Esquema Ponzi, se dá na forma de parceria. Investidores pagam para participar na propriedade de casais de reprodutores, dos ovos por eles gerados ou da criação dos filhotes, a qual ocorre em fazendas especialmente preparadas para esse tipo de criação.

O exotismo associado a esta ave garante as características necessárias para capturar a imaginação dos investidores, levando-os a acreditar que é apenas uma questão de tempo para que os consumidores em geral percebam as vantagens de sua carne magra, tornando-se um item de consumo de massa. Suas plumas e seu couro também são enumerados entre as vantagens. Enfim, no jargão dos promotores, a cultura de avestruzes resume-se em um investimento seguro em uma "vaca leiteira", isto é, um negócio que gera fluxo de caixa abundante e constante. Normalmente, um investimento em avestruzes oferece lucros quase imediatos da ordem de 20% a 300%. Dificilmente os promotores vão mencionar os riscos envolvidos na criação dessas aves, incluindo a difícil reprodução em cativeiro, as doenças a que são suscetíveis e, principalmente, a demanda incerta para os subprodutos do animal, cujo mercado é extremamente limitado. Os promotores dirão, sim, que serão empregadas técnicas modernas de reprodução, que os contratos terão cláusulas de seguro contra perdas e que as aves e seus subprodutos serão exportados para o sempre também exótico exterior.

FAZENDAS REUNIDAS PONZI S/A

A onda dos avestruzes passou certamente pelos Estados Unidos. Lá, como em outros países, capturou a atenção do agronegócio sério, mas também de um grupo de oportunistas. Patrick L. Antrim e David T. Hudson III criaram, em 1995, *The Ostrich Group*, uma empresa especializada na venda de matrizes e ovos, de modo a lucrar com o crescente interesse nessas aves. Alugaram escritórios em Santa Ana, na Califórnia, e contrataram funcionários. Mesmo sem saber qualquer coisa sobre avestruzes, os dois rapidamente estudaram o assunto para poderem treinar os funcionários. Em pouco tempo, a empresa tinha um bom número de investidores ansiosos por ganhar dinheiro em um negócio que nada mais exigia além de um investimento inicial e o envio regular de cheques para cobrir a manutenção dos animais.

Assim, em maio de 1995, a empresa vendeu seu primeiro casal de matrizes por 31,5 mil dólares americanos, garantindo a produção mínima de 20 ovos por acasalamento. Afirmando que a probabilidade de o casal colocar 40 a 60 ovos era alta, a empresa prometia cobrir a diferença de renda na eventualidade de a cota mínima não ser alcançada. A oferta ainda era acompanhada de material impresso mostrando a projeção da renda futura disponível para os investidores, representando grandes e crescentes lucros. Depois de oito anos, um casal de matrizes teria gerado um retorno da ordem de 480 mil dólares americanos. Bastaria os investidores enviarem seus cheques para a compra das matrizes que a empresa cuidaria de todo o resto, de todos os cuidados necessários para a manutenção de animais saudáveis e produtivos, ao custo adicional de 30 dólares americanos por ave.

Ao final daquele ano, a *The Ostrich Group* já havia vendido centenas de contratos e mudou-se para novos escritórios em um edifício comercial altamente valorizado, localizado em uma das áreas mais caras da região. Os escritórios eram decorados com móveis de couro, mesas de conferência, objetos de arte e outros elementos indicativos de prosperidade. A ideia era atrair investidores para as luxuosas instalações da empresa e apresentar a instituição por meio de vídeos mostrando os avestruzes nas fazendas de criação. Adicionalmente, a companhia iniciou uma campanha publicitária extensiva no rádio, na televisão, em jornais e

Esquema Ponzi: como tirar dinheiro dos incautos

revistas. Em novembro de 1996, a empresa negociou um espaço de 15 minutos no noticiário do canal de televisão KTLA, o maior de Los Angeles, no qual apareciam Antrim, Hudson III e o repórter Gayle Anderson cavalgando um avestruz. O audiovisual mostrava os animais em uma fazenda localizada a 200 quilômetros de Los Angeles e os diretores da *The Ostrich Group* decorrendo sobre os pontos favoráveis do negócio. A empresa mandou produzir ainda outras peças publicitárias, entre elas uma que mostrava Antrim e Hudson III em seus escritórios bem decorados, discutindo o tempo que passavam verificando o mercado internacional de avestruzes; trazendo também testemunhos favoráveis de veterinários, fazendeiros, banqueiros e investidores.

Entre 1995 e 1997, a empresa vendeu 247 matrizes para 83 investidores. Depois de definida a participação de um investidor no esquema, lhe era revelado o nome da fazenda onde estariam hospedadas as aves contratadas. Dias depois, investidores recebiam pelo correio um Certificado de Propriedade, informando a idade, o sexo e o número de registro do *chip* de identificação. Depois, a empresa enviava regularmente relatórios sobre a produção de ovos e as condições de saúde de cada animal. Animados com os lucros, investidores começaram a solicitar visitas para conhecerem suas aves. Atender tal solicitação não estava nos planos da *The Ostrich Group*. Seus funcionários sempre encontravam uma desculpa para afastar a possibilidade de uma visita: era período de acasalamento e as aves não podiam ser perturbadas; as aves estão estressadas pelo mau tempo ou as estradas estão fechadas no momento e as fazendas podem apenas ser acessadas por via aérea. Quando um ou outro investidor insistia, a empresa agendava uma visita em algumas semanas, mas sempre cancelava a visita de última hora, alegando que as aves haviam sido removidas de uma fazenda para outra por motivos de produtividade, inviabilizando a visita. As barreiras impostas pela empresa para a visita das fazendas começaram a indicar para os investidores que alguma coisa estava errada.

Adicionalmente, a empresa era administrada com desleixo, o que acabou fornecendo outra indicação de que os negócios não estariam andando assim tão bem como ela pretendia fazer os investidores crer. Essa desconfiança de que algo estava errado derivava das práticas contábeis da empresa, que começou a se enganar passando a enviar balanços e relatórios inconsistentes. Ora eram os números de identificação que vinham impressos com erro, ora a quantidade de aves, além de outros pequenos enganos. Investidores que tinham um par de matrizes receberam cobranças de manutenção relativa a três aves. Foi então que as queixas começaram a ser prestadas junto a Securities and Exchange Commission, que começou a investigar a empresa por fraude mobiliária em novembro de 1996, ao mesmo tempo em que a empresa intensificava a campanha na televisão. Os Correios passaram também a investigar a empresa com respeito a uma acusação de fraude contra Patrick Antrim e sua mãe Loretta. A empresa passou a deixar de atender a telefonemas e a responder às mensagens eletrônicas. Finalmente, a paciência de alguns investidores se esgotou e eles fizeram um esforço maior para descobrir o que realmente estava acontecendo com a empresa. A descoberta foi a mais chocante realidade: a empresa não possuía uma fazenda sequer e nunca comprou um único avestruz. Charles Ponzi passava montado em um avestruz deixando investidores no prejuízo. Como em todo Esquema Ponzi, Antrim e Hudson III desviaram uma parte dos recursos não só para construir uma imagem de prosperidade, mas também para gastos pessoais.

Em 1998, Patrick Antrim e sua mãe Loretta foram indiciados no Estado de Nebraska por fraude, sendo condenados a dois anos de prisão e à restituição dos recursos tomados das vítimas. Investidores entraram com uma ação coletiva contra a empresa e a *Securities and Exchange Commission* ganhou a ação civil por fraude com valores mobiliários, desta vez em uma corte federal. Patrick Antrim, sua mãe Loretta e David Hudson III, juntamente com Michael Whitney, um associado com responsabilidades dentro do grupo, foram condenados a pagar, solidariamente, mais de 3,2 milhões de dólares adicionados de juros.

Em março de 2000, os fraudadores sofreram um processo no Estado da Califórnia por fraude postal e lavagem de dinheiro, no qual dezenas de investidores atuaram como testemunhas. A oitiva das testemunhas iniciou-se somente em janeiro de 2003, revelando o perfil dos fraudados,

Esquema Ponzi: como tirar dinheiro dos incautos

pessoas com idades variando entre 40 e 80 anos, muitos deles médicos, advogados e dentistas. Proprietários das fazendas indicadas como sendo os criadouros deram seu testemunho de que nunca tiveram contratos com a empresa e que muito menos cuidaram de avestruzes. David Hudson III, por ter sofrido um enfarte, teve sua sentença reduzida para um ano de detenção domiciliar. Patrick Antrim foi sentenciado a cinco anos de prisão e os outros dois receberam sentenças similares; além disso, cada um deles foi de novo condenado a restituir 822 mil dólares ao conjunto de investidores.

A Fazenda de Avestruzes de Jack Bennett

Em dezembro de 1994, a Ostrich Farming Corporation iniciou as vendas de oportunidades de investimento em avestruzes, induzindo o público, por meio de seus anúncios publicitários, a comprar aves a preços que variavam de 1,4 mil libras esterlinas por um filhote a 14 mil libras por um animal adulto em idade de reprodução. O material publicitário prometia rentabilidades altas, portanto, tentadoras, nos contratos envolvendo reprodução de avestruzes – de até 20 vezes o investimento inicial em dez anos. O esforço de vendas, que ocorria principalmente no Reino Unido, compreendia vídeos promocionais, folhetos e brochuras e o envio de investidores interessados à Bélgica para visitar as fazendas de criação das aves. A credibilidade era ainda favorecida com a declaração de que novas instalações estariam abrindo, num futuro próximo, em toda a Europa Ocidental e no Oriente Médio.

Em apenas 15 meses o negócio atraiu 2.800 investidores, arrecadando 21 milhões de libras. Contribuiu para o sucesso da aventura o agravamento da crise causada pela Doença da Vaca Louca, do que a empresa se aproveitou para destacar as vantagens da carne de avestruz e enfatizar que a doença favoreceria a rápida assimilação dessa carne por parte do mercado consumidor. Como sempre, os promotores alardeavam a baixa taxa de gordura e a ausência de colesterol como principais características da carne de avestruz. O preço subiria também, segundo os operadores do esquema, para um valor em torno de 40 libras o quilo.

Os planos da empresa eram arrojados: ganhar uma fatia de 10% do mercado de carne bovina. Para tanto seriam necessários mil reprodutores para, em tempo hábil, gerar a produção necessária para corresponder a esta expectativa de vendas. Lucros viriam igualmente da venda de subprodutos da ave. Além disso, para segurança do investimento e transparência de operações, os promotores informavam que cada ave teria um *chip* nela implantado, permitindo a completa identificação do animal. O segundo elemento constitutivo de um Esquema Ponzi vinha com a garantia por parte da empresa de que compraria filhotes de 20 meses por 500 libras.

Em julho de 1995, a empresa, que tratava diretamente com a fazenda na Bélgica interpôs uma companhia *offshore*, registrada em Delaware, nos Estados Unidos, entre ela e os belgas, denominada *Wallstreet Corporation*. A *offshore* atuava como ponte para a lavagem de dinheiro e evasão de divisas, transacionando com bancos situados em paraísos fiscais como as Ilhas Cayman e a Ilha do Homem.

> *Delaware, o Primeiro Estado: Tendo sido o primeiro Estado norte-americano a assinar a constituição dos Estados Unidos em 7 de dezembro em 1787, o Delaware tem as leis mais amigáveis para a constituição de uma empresa naquele país, fazendo da jurisdição um verdadeiro paraíso fiscal.*
>
> *As vantagens de constituir uma empresa no Delaware derivam da flexibilidade, do baixo custo e da corte de justiça separada. A legislação permite a escrituração de diferentes tipos de negócios em um único registro, a participação de acionistas sem requerer sua presença física, a participação de não acionistas no conselho da empresa, a dispensa da guarda de documentos, a isenção de imposto de renda para empresas que não fazem negócios no próprio Estado, além de inexistirem impostos sobre venda de imóveis e cobrar baixas taxas de registro de empresa. Por esse motivo, esse é o local da sede de mais da metade das 500 maiores empresas industriais, listadas pela revista Fortune e um terço das empresas negociadas na Bolsa de Valores de Nova York (NYSE).*

Esquema Ponzi: como tirar dinheiro dos incautos

Ocorre que a Ostrich Farming Company não tinha aves na quantidade equivalente ao número de aves negociadas. A diferença em avestruzes na criação era disfarçada exibindo os *chip*s e grande capacidade de controlá-los criando uma distração com listas e números de série. Do total de 3.456 aves contratadas, mais que um quarto, 925 animais, faltava na fazenda de criação. A investigação revelou também que 420 filhotes estavam sendo contabilizados como reprodutores adultos, aves de maior valor de mercado. No começo de 1996, órgãos do governo inglês, responsáveis pela regulação e supervisão do mercado, tomaram interesse pelo negócio. O *Department of Trade and Industry* manifestou seu interesse em olhar mais de perto as operações da empresa, fazendo com que o Serious Fraud Office iniciasse um trabalho de investigação que revelou que os promotores estavam esvaziando a empresa, desviando parte considerável de seu capital, pelo sumidouro proporcionado pela *Wallstreet Corporation*. Jack Bennett desempenhava as funções de presidente da empresa. Ele era auxiliado por Brian P. Ketchell e Allan W. Walker. Os três foram acusados de ter, entre dezembro de 1994 e abril de 1996, conspirado para fraudar o público, tendo desonestamente representado que a empresa intencionava verdadeiramente entregar as aves prometidas e desviado recursos necessários para honrar as promessas com os investidores em benefício próprio.

Em junho de 1998, Ketchell foi sentenciado a três anos e meio de prisão, Walker foi sentenciado a uma pena de dois anos e dez meses. Bennett, que controlava a *Wallstreet Corporation*, além de operar as contas nos outros paraísos fiscais, foi, por esse motivo, considerado o maior responsável pelo desvio dos fundos e recebeu a condenação a quatro anos de prisão. Os três foram proibidos de atuar na administração de qualquer empresa por dez anos. Os irmãos Kevin e Russell Jones, vendedores do esquema, também receberam penas de prisão.

Camarão Ponzi

Em 2007, mais de mil pessoas caíram no golpe da criação de camarão. Depois dos rombos deixados no mercado pelas Fazendas Reunidas Boi Gordo e pela Avestruz Master, um novo golpe surgiu ainda no Estado de

Goiás. A promessa de enriquecimento rápido desta vez tem como ativo-objeto a criação e engorda de camarões da Malásia, em contratos oferecidos pela empresa *Acquajoin* Camarões do Brasil, com sede em Caldas Novas, de propriedade de Eduardo Mesquita Cauduro e Cristiane Fernandes Costa. Os Contratos de Investimento Coletivo eram negociados com a garantia de ganho de 10% ao mês.

A colocação desses instrumentos financeiros não estava autorizada pelos órgãos competentes e, consequentemente, a oferta não estava registrada. A procuradora da República Mariane Guimarães de Mello Oliveira, temendo ver o caso se transformar em um "Camarão Master", abriu ação civil pública contra a empresa, alegando danos aos investidores e crime contra a economia popular. Responsável pela regulação e fiscalização do mercado de capitais brasileiro, a Comissão de Valores Mobiliários, órgão ao qual caberia dar autorização para a *Acquajoin* operar, abriu um processo administrativo e determinou que os sócios da empresa pagassem multa diária de 500 reais até que todas as irregularidades fossem sanadas.

Os contratos para engorda de camarão eram ofertados via Internet, no *website* de relacionamentos Orkut e pelo *website* da empresa. As vendas continuaram, por algum tempo ainda, a todo vapor, independentemente da Deliberação 516, baixada pela CVM em fevereiro de 2007, pedindo a imediata suspensão dos negócios, principalmente depois de constatar que nenhum dos investidores estava recebendo os rendimentos prometidos pela empresa previstos em contrato. Segundo a procuradora, diante da possibilidade de se deixar um rastro de prejuízos no mercado, o Ministério Público pediu à Justiça a imediata suspensão das atividades da *Acquajoin*. A empresa sustentava que a parceria na produção do camarão da Malásia era um negócio altamente rentável, podendo render aproximadamente 50% do valor a cada ciclo.

Formiga Afrodisíaca

O Esquema de Charles Ponzi foi aplicado, em 2007, na China. Desta vez o ativo-objeto era uma formiga cuja variedade serviria para a produção de um tônico afrodisíaco, e a fraude foi operada pelo *Tianxi Group Yilishen*,

Esquema Ponzi: como tirar dinheiro dos incautos

empresa estabelecida em 1999 por Wang Fengyou. A empresa vendia produtos da medicina tradicional chinesa, em sua maioria, fabricados com formigas. Prometendo fabricar um tônico afrodisíaco, uma versão chinesa do Viagra, a empresa começou a oferecer um retorno significativo para quem comprasse caixas de formigas da variedade Montanhas Negras e as criassem por três meses.

Os compradores eram majoritariamente trabalhadores da fábrica local, desempregados ou camponeses. Eles foram instruídos a alimentar as formigas com água açucarada, gema de ovo e bolo, com a promessa de que, findo o período contratado, eles poderiam vendê-las de volta para a empresa, em uma transação que dava um retorno entre 30% e 60%. Naturalmente, muitos investidores usaram os lucros para comprar mais formigas. A empresa teria amealhado mais de 10 bilhões de yuans.

Em maio de 2007, o negócio começou a oscilar e a empresa passou a utilizar o dinheiro dos investidores como a renda. Em outubro daquele ano, a empresa atrasou duas vezes o pagamento dos dividendos. Temendo que o *Tianxi Group Yilishen* estivesse falido ou que o governo tivesse congelado seu patrimônio, 200 mil investidores se mobilizaram para pedir intervenção governamental. Com os protestos, Wang Fengyou foi preso por perturbação da ordem pública. A companhia entrou em liquidação. Muitos dos investidores perderam a poupança de uma vida, muitos se suicidaram. Um homem ateou fogo a si mesmo na Praça da Paz Celestial.

Em fevereiro de 2008, outro operador de Esquema Ponzi foi condenado à morte na mesma província, por ter defraudado investidores em 3 bilhões de yuans, também em um esquema de criação de formigas.

Queijos Mágicos

Em 2007, Ponzi foi também ao Chile, onde milhares de chilenos foram enganados em um esquema que tinha queijos como ativo-objeto. Bastava despejar o conteúdo de um sachê em um litro de leite e deixar fermentar por duas semanas, é o que diziam os operadores do Esquema Ponzi, os chilenos Victor Jara Mella e Fernando Jara e a francesa Gilbertte Erpe-Van.

A fraude afetou 5.500 pessoas e alcançou um valor estimado em mais de 4 milhões de dólares. Trata-se de um esquema com as mesmas características de outro que teria sido operado dois anos antes no Peru. A fraude começou a ser trabalhada em 2006, quando a empresa *Fermex-Chile* passou a cobrar um investimento inicial de 460 dólares por um envelope com bactérias cristalizadas, a que deram o nome de *Yo Flex*. As bactérias teriam de ser cultivadas por duas semanas em um litro de leite. Depois desse tempo, a mistura seria congelada, transformando-se em pequenos queijos, os quais seriam recomprados pela empresa, que os exportaria para França, onde, supostamente, seriam utilizados na fabricação de cosméticos. O valor da recompra era alto o suficiente para que os investidores dobrassem seu capital em três meses. O negócio cresceu lentamente, mas a ambição era mais forte e se espalhou para um ponto que alterou a tranquilidade da cidade de Colton, a 120 quilômetros ao sul de Santiago, onde o esquema foi operado. Muitos dos investidores investiram suas economias da vida inteira ou se endividaram para investir no esquema.

Enquanto o esquema estava em operação no Chile, 200 cidadãos participaram de um jantar em homenagem à fraudadora francesa Gilbertte Erpe-Van, que era também conhecida como Madame Gil. Ela foi descrita pelo proprietário do restaurante como uma mulher alta e loira que usava vestidos caros e joias e que falava com um forte sotaque francês. De acordo com o jornal local *Las Ultimas Noticias*, ela aparece em um vídeo dizendo para as pessoas da cidade: "Devemos trabalhar juntos, somos todos parte de uma corrente, e eu não sou ninguém sem a sua ajuda."

CAPÍTULO XIII

PONZI E INSTABILIDADE FINANCEIRA

Se você deve 100 dólares ao banco, é um problema seu. Se você deve 100 milhões de dólares ao banco, isso é problema do banco. (J. Paul Getty)

Naquele ano de 1920, seis bancos foram fechados em Boston. Depois do desarranjo provocado por Ponzi no *Hanover Trust Bank*, o sistema entrou em crise de credibilidade, com a ocorrência de inúmeras corridas aos bancos para retiradas. Em seguida, caiu o *Prudential* Trust Company. Em setembro daquele ano, semanas após a prisão de Charles Ponzi, foi a vez de o *Cosmopolitan Trust Company* ser fechado pelo comissário dos bancos, Joseph C. Allen. O banco, fundado em 1912, já havia experimentado um *boom* de retiradas em 30 de junho, dia no qual foram retirados mais de 4 milhões de dólares. Assim como no caso do *Hanover*, o Estado de Massachusetts mantinha fundos tanto no *Prudential* quanto no *Cosmopolitan*, 500 mil dólares neste último. O comissário dos bancos minimizou o contágio resultante das operações do mago das finanças, afirmando tratar-se de uma política gradual de encerrar as atividades de algumas poucas instituições que vinham experimentando redução de depósitos indicando que estas instituições não tinham credibilidade suficiente que as garantisse continuar operando. O fechamento do *Cosmopolitan* resultou em uma corrida bancária a outra instituição, o *Tremont Trust Company*, que, antevendo a movimentação, habilitou caixas extras para transferir os fundos à multidão de forma rápida e precisa, logo acalmando os ânimos e dissipando os temores.

Naquele dia, Ponzi estava em trânsito, atendendo as autoridades no intrincado esforço de desvendar o paradeiro de suas contas e seus ativos, e acabou por testemunhar a colocação da nota de fechamento nas portas do *Cosmopolitan*. Perguntado sobre o que ele achava do fato, Ponzi teria dito "Eu sabia que eles iam fechar esse banco já há uma semana e eu também sei o próximo banco a ser fechado. Esses sujeitos estão por aí, mas eu sigo lá em East Cambridge". Ponzi se referia a seu encarceramento, pois East Cambridge é o bairro de Cambridge, próximo a Boston, onde ficava a penitenciária. Na nota que traz essas informações, o *New York Times* já havia rebaixado Ponzi, referindo-se a ele como o "ex-mago financeiro".

A quebra de um primeiro banco foi epicentro da instabilidade, de uma onda de desconfiança, que não poupou os demais bancos de experimentar uma corrida para retiradas de depósitos. Reagindo a rumores, ora verdadeiros, ora infundados, de que esta ou aquela instituição caminharia também para a falência, os correntistas correram para tentar resgatar seus valores. Um único esquema Ponzi pode desestabilizar a economia local ou nacional, dependendo de suas proporções, da eficiência dos mecanismos de supervisão bancária e do grau de alavancagem das instituições financeiras e não financeiras. O modelo de produção capitalista apresenta uma estrutura financeira que organiza o casamento dos fluxos de caixa de famílias, empresas, governos e instituições financeiras, fluxos estes que resultam da distribuição de recursos obtidos com atividades produtivas, com remuneração de empréstimos e com o cumprimento de obrigações contratuais, confirmando a noção de o sistema econômico procurar um ponto de equilíbrio. Quando, por algum motivo, esse equilíbrio é perdido, dá-se uma crise econômica que para ser ultrapassada exige a reconciliação dos fluxos de caixa. O problema reside nas escolhas e nos resultados decorrentes desses esforços de reconciliação, os quais podem ser caóticos e incoerentes, causando prejuízos para os agentes econômicos, detentores de direitos sobre os fluxos de caixa a serem reequilibrados.

MINSKY concentrou seu trabalho na compreensão e explicação das características das crises financeiras, as quais na sua visão decorrem de oscilações em um sistema financeiro potencialmente frágil. Estudando a estrutura de obrigações de um sistema econômico, ele definiu três tipos de unidades econômicas com base nas relações entre receitas e despesas: Cobertura de Riscos, Especulativa e Ponzi. As primeiras, unidades econômicas com cobertura de riscos, dispõem de fluxo de caixa suficiente para pagar suas despesas e obrigações e para pagar suas dívidas, tanto os juros quanto o principal. Já as unidades econômicas do segundo tipo, as unidades econômicas especulativas, são aquelas que dispõem de fluxo de caixa positivo em volume suficiente para cobrir as despesas de juros, mas insuficientes para amortizar o principal de suas dívidas. Por fim, as unidades econômicas Ponzi se caracterizam por ter um fluxo de caixa inadequado para pagar até mesmo os juros incorridos. A estas unidades restam a opção de seguir ampliando seu endividamento ou de interromper o pagamento das obrigações, tornando-se inadimplente. O nome escolhido por MINSKY para unidades econômicas que necessitam rolar suas dívidas, isto é, contrair novas dívidas para pagar as dívidas anteriores, não poderia ser mais apropriado e remonta, obviamente, a Charles Ponzi. O modo como se relacionam esses três tipos de unidades econômicas e os riscos oferecidos por elas à estabilidade financeira de uma economia completam a contribuição de MINSKY, que relaciona o número de unidades econômicas Ponzi com o grau de risco de insolvência e sujeição a crises de uma economia.

Ponzi também se faz ao caminhar

Nem todo esquema Ponzi é fraudulento na sua origem, isto é, há exemplos de investimentos legítimos que acabam tornando-se Esquemas Ponzi conforme o andar dos negócios e a sucessão de eventos. Quando as condições da economia mudam radicalmente, algumas empresas sofrem perdas significativas nas margens de lucro, jogando-as para uma situação de quase insolvência. Para recuperar o equilíbrio de contas, essas empresas recorrem a empréstimos muito além da sua capacidade de pagamento. O efeito resultante é que cada novo cliente estará entregando fundos que permitirão que a empresa satisfaça as suas obrigações com os clientes já existentes, em um processo semelhante a uma bola de neve. Ao vender para um novo cliente para poder entregar o produto ou serviço a outro cliente anteriormente contratado, essas empresas entram em sintonia com a máxima de Ponzi: tomar de Pedro para pagar Paulo. Alterações sistemáticas, como o aumento das taxas de juros e a redução do crescimento da economia, são, em regra, altamente correlacionadas com a transformação de negócios saudáveis e legítimos em unidades econômicas Ponzi, na definição de MINSKY. A incapacidade dos administradores em manterem suas empresas em boas condições quaisquer que sejam os ciclos econômicos consiste também em explicação plausível para a geração de Esquemas Ponzi não intencionais em sua origem. Por fim, há ainda a situação em que esses administradores, reconhecendo que as chances de recuperação do negócio são baixas, decidem esclarecidamente pela transformação, lesando clientes e fornecedores, além de deixarem de recolher os impostos e taxas.

Ponzi na Construção Civil

A construtora Encol entrou com um pedido de concordata em 1998, quando deixou mais de 600 prédios inacabados e uma dívida de 1,46 bilhão de reais. Um total de 42 mil famílias em mais de 65 cidades tiveram perdas com a decretação da falência em 1999. Compradores de aproximadamente 500 prédios formaram grupos de interesse para retomar os esqueletos dos prédios deixados pela empresa e assim concluir as obras abandonadas. Diante da derrota financeira, psicológica e moral, a solução adotada foi terminar a obra com dinheiro do próprio bolso, para não ver o dinheiro já investido voar pelos ares. O investimento adicional de cada comprador dependeu do padrão do imóvel, do estágio em que as obras foram abandonadas e das condições de conservação desde a falência até a retomada das obras. Grosso modo, os compradores pagaram duas vezes pelo mesmo apartamento.

Esquema Ponzi: como tirar dinheiro dos incautos

Muitos compradores foram arrastados pela empresa para participar desse Esquema Ponzi. Nos meses próximos à concordata, o avanço da construção era lento, incompatível com os lançamentos de imóveis que se davam em grandes eventos, com muita publicidade e veiculação na mídia, sendo oferecidas recepções onde se servia champanhe e camarões, além de outros mimos; tudo funcionando de isca para atrair Pedro e, com seu dinheiro, poder pagar Paulo.

Em uma análise superficial, pode-se concluir que o caso da Encol representa uma transformação de MINSKY, resultante da alteração das condições macroeconômicas. A empresa fazia inúmeros lançamentos simultâneos e estava capacitada para produzir um grande número de unidades imobiliárias, correspondente a 12 milhões de metros quadrados por ano. Seu modelo de negócios parecia valer-se do rendimento financeiro produzido pelo conjunto da poupança captada dos adquirentes para continuar a manter o ritmo crescente das obras. O giro financeiro sempre favorável minimizava o interesse da empresa em ter retorno adequado em cada empreendimento, que se limitava a observar o movimento global dos negócios. As altas taxas de inflação dificultavam a apuração de resultados individuais. Em compensação, o rendimento decorrente da movimentação financeira dos ativos arrecadados a tudo justificava, pelo vultoso retorno que proporcionava. Sem as restrições impostas às instituições financeiras, esses vultosos recursos representavam um convite à sonegação e à evasão de divisas. Com o advento do Plano Real, as taxas de inflação foram reduzidas. A inflação foi menor que 5% em 1997, provocando uma substancial perda de receita para a empresa. Cientes de que os valores financiados aos adquirentes sabidamente seriam insuficientes para suportar a continuação de todas as construções em andamento, os administradores puderam antever a insolvência da empresa, decidindo por continuar a fazer novos lançamentos no melhor estilo Ponzi.

Pedro Paulo de Souza, o responsável pela empresa, porém, já tinha uma estratégia de saída preparada muito antes que qualquer plano de estabilização econômica viesse desestabilizar a ciranda financeira em que a empresa se transformaria. Desde 1992, a empresa vinha registrando os ativos financeiros transacionados pela Encol Internacional no balanço consolidado da Encol no Brasil, mas, a partir de 1993, esses registros deixaram de ser feitos, criando um canal de fuga de fundos provenientes de transações ilegais. Já naquele ano, a empresa teria sido acusada de negociar com notas fiscais falsas, de praticar fraude contábil e de sonegar impostos.

Uma investigação que durou um ano e oito meses, realizada após a falência, revelou oito contas de ex-diretores em agências do *Citibank* e do *Bank Trust Company*, em Nova York, além de 10 milhões de dólares em uma agência do Banespa, em Londres. Também foram apuradas remessas de dinheiro para as empresas *San Remo* e *Stick*, nas Ilhas Virgens Britânicas. O montante de dinheiro enviado para esse paraíso fiscal, somente em 1993, foi de 1,5 milhão de dólares, recursos obtidos com vendas de imóveis e máquinas da empresa. Vários imóveis da construtora foram entregues a pessoas e empresas no período da concordata e após ter sido decretada a falência. Um grupo de advogados teria recebido 19 milhões de reais em apartamentos, outro grupo teria recebido salas no *Shopping Bougainville*, de Goiânia. Sérvio Túlio Caetano Costa, síndico da massa falida, aponta Pedro Paulo de Souza como o maior beneficiário das fraudes. Nas palavras do síndico, a empresa teria falido por má gestão, que se tornou temerária, grandes fraudes, que dilapidaram a empresa, transferência ilegal de patrimônio durante uma concordata fraudulenta e burla da clientela, restando para fornecedores, funcionários, instituições financeiras, seguridade social e clientes a conta de cerca de 2,5 bilhões de reais.

Enron não é Ponzi

A empresa de energia Enron, que chegou a ser a sétima maior empresa dos Estados Unidos, quebrou em dezembro de 2001. Com isso, o valor de mercado de suas ações, da ordem de 68 bilhões de dólares, foi totalmente perdido. Perderam-se 800 milhões de dólares em pensões de seus mais de 5 mil funcionários, além de seus empregos. A quebra financeira representou um dos maiores desastres da história econômica dos Estados Unidos e envolveu uma série de atividades ilegais, manipulações contábeis para as quais a empresa contou com a condescendência dos auditores independentes, a Andersen Auditores Independentes, interessada na farta conta de serviços de consultoria prestados à Enron. Segundo afirmou o promotor de Justiça John Hueston, no julgamento de Ken Lay e Jeffrey Skilling, dirigentes da Enron, a empresa era uma bomba-relógio. Em sua peça de acusação, Hueston destaca que Lay e Skilling criaram um intrincado arranjo financeiro para ocultar dívidas, manter abertas as linhas de crédito e manter valorizadas as ações da empresa, garantindo o recebimento de altos honorários por seus serviços. Ainda para Hueston, não havia por que discutir contabilidade, pois o caso era "sobre mentiras e escolhas".

Ken Lay mantinha estreita relação profissional e pessoal com a família Bush desde os anos 80, tendo trabalhado na arrecadação de fundos para a campanha presidencial de George Bush em 1988. Foi designado para missões oficiais e organizou a Convenção Nacional do Partido Republicano em 1992. Quando George Bush perdeu a reeleição, Lay contratou alguns dos membros do governo anterior como consultores da Enron. Seu apoio passou então ao presidente George W. Bush.

Em 1999, a Enron era um dos principais contribuintes na campanha de George W. Bush. A longa e profunda relação de Lay com o poder poderia levar à suposição de que uma cobertura de perdas seria passível de acontecer. Entretanto os Estados Unidos demonstraram a força das instituições. Inegavelmente, os americanos construíram uma verdadeira economia de mercado. Com o colapso da Enron, Bush se desfez rapidamente da amizade com Lay afirmando oficialmente que "os executivos empresariais são responsáveis perante seus acionistas de respeitar as normas, e os que não respeitam a confiança do público devem prestar contas".

Muitos textos, artigos e reportagens traçaram um paralelismo entre os casos da Enron e de Charles Ponzi. Essa comparação é, entretanto, inadequada. É certo que tanto Charles Ponzi quanto Ken Lay e Jeffrey Skilling, embora estivessem sentados em bombas-relógios, pretendiam seguir adiante com suas atividades e demonstraram dificuldades em admitir seu fracasso. Quando os administradores da Enron descobriram que não poderiam negociar contratos de água ou de acesso banda larga à Internet nos moldes que faziam com contratos de petróleo e gás natural, a empresa tirou da cartola instituições parceiras, as quais eram usadas para manter os prejuízos fora das demonstrações contábeis.

O prejuízo das áreas de negócios era creditado às contas dessas empresas parceiras, sendo o investimento nesses negócios classificado como empréstimos, entrando depois como lucro no balanço patrimonial da Enron. Em resumo, a empresa promovia um reposicionamento contábil entre dívida e participação acionária que lhe permitia tomar emprestado de si mesma para cobrir prejuízos. Apesar do embuste contábil, a Enron não foi um Esquema Ponzi.

Bancos, Unidades Econômicas Especiais

Crises bancárias se iniciam com problemas em um número limitado de bancos, espalhando-se por contágio para todo o sistema bancário. As razões mais intuitivas que explicam a quebra de uma instituição financeira apontam para erros de administração e o uso de bancos como veículos de fraudes, como ocorreu com o *Hanover Trust Bank*.

Nessas condições, uma análise *ex-post* revelará as falhas na regulamentação e na fiscalização que permitiram que a crise eclodisse, favorecendo o estabelecimento de mecanismos para detecção e prevenção de administração temerária por parte dos gestores de bancos tomados individualmente. Muitos dos problemas enfrentados por bancos são devidos a decisões ruins tomadas pelos banqueiros. A estrutura e o modo de operação dão aos bancos uma série de características que os fazem um importante elo no funcionamento de uma economia.

Em primeiro lugar, bancos são unidades econômicas alavancadas, o que cria um problema de incentivo, pois bancos colocam em risco o dinheiro dos outros. A dimensão que essa alavancagem se dá em bancos faz com que o colchão de liquidez seja relativamente pouco espesso, o que faz com que pequenos choques adversos os possam levar à insolvência. Depois, alavancagem combinada com a responsabilidade ilimitada dos acionistas cria incentivos para que seus gestores ajam racionalmente, em favor dos acionistas, mantendo uma carteira de risco, isto é, se o dinheiro é dos outros, faz sentido assumir mais riscos.

Isso é racional para eles, pois os grandes lucros vão para os acionistas e as grandes perdas para os depositantes. Em geral, o valor do capital próprio de bancos equivale a cerca de um décimo do valor do seu débito, o que evidencia o grau de alavancagem dessas instituições financeiras. Mais ainda, bancos não dispõem de liquidez, uma vez que organizam o descasamento de ativos e passivos financeiros, ao aceitar depósitos de curto prazo e manter posições credoras em empréstimos de longo prazo. Com isso, um sistema bancário carece de liquidez. Qualquer tentativa de rapidamente liquidar a carteira de negócios reduz acentuadamente o valor dos ativos dessa carteira.

Outro aspecto que faz de bancos unidades econômicas especiais encontra-se no fato de que eles são intermediários financeiros com a função de lidar com problemas de informação, no que deixam depositantes e supervisores em desvantagem. Depositantes não conseguem monitorar os gestores bancários e supervisores têm uma visão limitada da informação disponível para os bancos. O sinal emitido pela liquidez dos credores sobre a solvência geral da economia será captado por cada banco individualmente e dependerá das condições do mercado como um todo.

Quando a disponibilidade de crédito é alta, um credor pode pagar um empréstimo em um banco com os recursos obtidos em um empréstimo com outro banco. Se houver condições para os credores rolarem a dívida, isto é, tomar de um banco para pagar outro banco, em um exemplo de financiamento Ponzi, a liquidez enviará um sinal inadequado a respeito da qualidade do crédito em uma economia, sendo que, se a economia estiver passando por uma expansão, unidades econômicas especulativas e unidades econômicas Ponzi, na classificação de MINSKY, parecerão líquidas e serão tomadas como solventes.

A inerente falta de liquidez de bancos força-os, em caso de choques adversos, a reduzir o valor de seus próprios ativos, ao tomar e liquidar os ativos dos credores rapidamente, criando uma espiral descendente que pode levar à deterioração de seus balanços contábeis. Por esse motivo, problemas de liquidez bancária podem levar à insolvência, que, por sua vez, pode gerar corrida de depositantes para resgatar seus recursos, levando-os para outro banco mais seguro, se houver, ou para debaixo do colchão em suas casas, como se viu no *Hanover, Cosmopolitan, Tremont, Prudential* e em outros, para deixar a ilustração dentro da história de Charles Ponzi. De fato, ao escrever sobre o fechamento do *Cosmopolitan Trust Company*, o *New York Times* conta a história de um depositante que correu ao *Tremont Trust Company*. Apesar de ter tido a sorte de conseguir retirar todos os seus 3 mil dólares, o depositante estava já arrependido, pois desafortunadamente perdeu a carteira ao entrar no bonde ou ela lhe teria sido furtada por um batedor de carteiras.

Na situação de contágio, um banco ficará incapacitado de cumprir com suas obrigações, transmitindo aos demais bancos, mesmo àqueles em condições de solvência, a mesma inabilidade, tendo como consequência um efeito cascata de interrupções nos pagamentos.

> *Crise Bancária de 2008: A crise do mercado imobiliário nos Estados Unidos foi detonada em 2007, como consequência do elevado número de instrumentos hipotecários de alto risco, cuja capacidade de adimplemento era quase nula ou mesmo totalmente nula. A alta contínua dos preços dos imóveis permitia aos mutuários obter novos empréstimos, cada vez maiores, que eram usados para liquidar os anteriores. Quando os juros voltaram a subir no país e o preço das residências começou a desabar, a bolha estourou. As prestações saltaram e houve inadimplência em massa, com milhões de famílias devendo mais aos bancos do que valiam seus imóveis.*
>
> *Em 2008, no rastro da crise imobiliária, o banco Lehman Brothers quebrou. O governo norte-americano escolheu a política de não cobrir os prejuízos, salvando o banco. Estando diretamente envolvidas no mercado imobiliário, as empresas refinanciadoras de hipotecas Fannie Mae e Freddie Mac também quebraram, mas estas foram amparadas pelo governo dos Estados Unidos, que escolheu desembolsar 180 bilhões de dólares na operação. A seguradora American International*

Group (AIG) também foi socorrida pelo Banco Central dos Estados Unidos, que emprestou 85 bilhões de dólares, tendo como colateral 80% do controle da empresa.

Fora esses três casos, o que se verificou foi uma quebradeira geral de bancos. Nos três primeiros anos depois do estopim da crise, 380 bancos comerciais deixaram de funcionar. Os reflexos da crise foram devastadores, sendo que ainda outros 100 bancos fecharam nos anos seguintes.

CAPÍTULO XIV

PONZI E FINANÇAS PÚBLICAS

Dívida faz parte da condição humana, e a civilização é baseada em trocas, em presentes, em transações e em empréstimos, além das vinganças e dos insultos que vêm quando os primeiros não são pagos. (Margaret Atwood)

Um Esquema Ponzi representa uma inversão no risco de crédito, ameaçando a saúde financeira dos agentes econômicos, por vezes, até daqueles não envolvidos diretamente no esquema. Quando na qualidade de investidores, as pessoas devem estar atentas aos muitos tipos de fraude, mas também como consumidores em geral e como usuários do sistema bancário, as pessoas também se sujeitam a perdas decorrentes de fraudes intermediárias e de quebras de instituições bancárias. Ser vítima de fraudes financeiras pode ser evitado por uma postura diligente, demonstrando-se firmeza para não se deixar levar pelas ilusões apresentadas nas promessas de enriquecer rapidamente. As pessoas pouco podem fazer quando a perpetuação da fraude as afeta de maneira diferenciada. Fraude intermediária e quebras de bancos representam

Esquema Ponzi: como tirar dinheiro dos incautos

exemplos em que a assimetria de informação consiste no elemento central da correspondência financeira. Infelizmente, há ainda outras situações nas quais um Esquema Ponzi pode ser aplicado, não restando aos indivíduos o que fazer para evitá-lo. Exemplos dessas condições são os casos da moeda fiduciária e da previdência social, nos quais o setor público conduz um esquema de tomar de Pedro para pagar Paulo legal e instituído. Há ainda um terceiro exemplo que relaciona Ponzi e investidores, embora nessa situação haja uma escolha a ser feita pelos investidores. Esse terceiro exemplo trata da política de dívida pública.

Previdência Social

Programas de Seguridade Social enfrentam em todo o mundo problemas crescentes com relação à insuficiência de receitas para cobrir os benefícios programáticos, de onde resulta sua direta caracterização como um Esquema Ponzi, com o diferencial de que, nesse caso, seu promotor é o setor público. Os contribuintes que há muito fazem parte do sistema de seguridade social, estando já prestes a se aposentar ou já aposentados, receberão benefícios muitas vezes maiores que suas contribuições. Além disso, a Seguridade Social é administrada temerariamente pela classe política. Em um dado momento, uma determinada geração se tornará elegível para a aposentadoria, mas não haverá um número suficientemente grande de pessoas trabalhando, isto é, contribuindo para o esquema, fazendo com que a bolha, ou melhor, o Esquema Ponzi colida. Como a participação nos programas de seguridade social é obrigatória, não há escolha para os cidadãos, fazendo de todos os contribuintes investidores de um grande Esquema Ponzi oficial, promovido pelo Governo.

> *Três ganhadores de Nobel de Economia: A associação da previdência social com um Esquema Ponzi ganhou, com ressalvas, a chancela de três ganhadores do prêmio. Primeiro, foi Paul Samuelson (Nobel em 1970) que, em 1967, escreveu "logo ficou claro que o sistema não poderia contar com ondas de jovens ou crescimento da produtividade rápida para gerar o robusto retorno que fez o programa tão popular nos primeiros anos", indicando que se podia esperar o colapso do*

sistema, dado que a taxa de oferta de novos entrantes não era sustentável. Depois Milton Friedman (Nobel em 1976) escreveu um artigo, em 1999, sobre a previdência social ao qual deu simplesmente o título de "O Maior Esquema Ponzi na Terra". Por fim, Paul Krugman (Nobel em 2008) teria escrito, em 1997, "Seguridade Social é estruturada a partir do ponto de vista dos beneficiários como se fosse um plano de aposentadoria comum: o que as pessoas recebem depende de o que elas colocam. Então não parece um esquema de redistribuição. Na prática, se revelou fortemente o contrário desse parecer, mas só por causa de seu aspecto de jogo de Ponzi, no qual cada geração leva mais do que coloca. Bem, o jogo de Ponzi vai acabar em breve; graças à demografia, a alteração será de que o destinatário típico daqui em diante terá somente aproximadamente tanto quanto ele colocou (e os jovens de hoje podem vir a receber menos do que eles colocaram no sistema)".

Previdência Social no Brasil

A Previdência Social no Brasil apoiou-se na Lei Elói Chaves, de 1923, que representou o primeiro marco legal, criando as primeiras Caixas de Aposentadorias e Pensões, para amparar, inicialmente, os funcionários das empresas ferroviárias e, posteriormente, mais de uma centena de outras categorias profissionais. As características desse período eram vinculação dos filiados por empresa, multiplicidade de instituições e fundos de volume financeiro limitado. Na década seguinte, surgiram os Institutos de Aposentadorias e Pensões. O sistema prosseguiu com a criação do Instituto Nacional de Previdência Social e o desmembramento em entidades exclusivas para pagar benefícios previdenciários e assistenciais, para recolher e administrar os recursos e para administrar o sistema de saúde.

Em seus primeiros passos, o sistema previdenciário brasileiro foi constituído como um sistema de capitalização, um arranjo "não Ponzi", o qual consiste em determinar as contribuições necessárias e suficientes a serem arrecadadas ao longo do período em que o segurado trabalhava, para custear a sua própria aposentadoria. Entretanto, ao longo dos

Esquema Ponzi: como tirar dinheiro dos incautos

primeiros anos de implantação do sistema previdenciário, para fazer frente à necessidade de arrecadar mais fundos, deu-se a adoção do regime de repartição, um arranjo potencialmente Ponzi, no qual os segurados contribuem solidariamente, uns para os benefícios de outros. No regime de repartição, os segurados em atividade pagam os benefícios dos segurados inativos na esperança de que uma nova geração, constituída pelos trabalhadores que virão ingressar no mercado de trabalho, lhes paguem os benefícios quando os primeiros vierem a se aposentar, em um esquema claramente semelhante ao de Charles Ponzi, onde se toma de Pedro para pagar a Paulo e se espera que o processo se repita infinitamente.

O risco desse regime é grande, dado que sua sustentação depende, principalmente, das características demográficas, como natalidade e longevidade, e do crescimento do emprego formal. Porém a impossibilidade da entrada crescente de contribuintes para sustentar o aumento dos benefícios a serem pagos a cada geração, devido à elevação da taxa de longevidade, representa risco ao sistema. Mais ainda, o envelhecimento gradativo da população, a queda no crescimento populacional e a rigidez da legislação previdenciária contribuem para aprofundar o *déficit* previdenciário. A situação se agrava ainda mais, ao relacionar o valor dos benefícios pagos aos segurados ao valor do salário mínimo, resultando em ampliação do *déficit* previdenciário a cada unidade de acréscimo do salário mínimo. Por um lado, o crescimento da massa salarial, decorrente de aumentos reais de salário e de criação de empregos, impulsiona a receita previdenciária e tende a reduzir o *déficit* previdenciário, dado que a receita será aumentada.

Entretanto, como em Ponzi, surgirão novos investidores para resgatarem no futuro seu capital inicial acrescido dos juros prometidos ou, em outras palavras, novos segurados para resgatarem no futuro os benefícios previdenciários prometidos. De outro lado, o pagamento de benefícios constitui fonte de renda relevante para aproximadamente milhões de pessoas, algo em torno da metade da população brasileira, dado que cada benefício alcança, aproximadamente, quatro pessoas de uma mesma família. Mais de dois terços desses benefícios têm um valor de salário mínimo, o que evidencia o significativo poder de distribuição de renda desses pagamentos, permitindo avaliar o impacto potencial com a falência do Esquema Ponzi, caso o *déficit* deixe de ser financiado por outras fontes.

A Previdência Social tem esse papel de instrumento de inclusão social, levando parcelas significativas para acima da linha da pobreza. Porém assusta a série de déficits constantes e crescentes, em continuidade à trajetória de piora registrada pelas contas nos últimos anos.

O ano de 1994 foi um ano de resultado superavitário, mas nos anos seguintes se deu a deterioração dos resultados para algo em torno de 2% do Produto Interno Bruto, uma magnitude administrável, segundo economistas especializados nessas contas públicas, os quais ainda apontam a necessidade de mudanças estruturais, como a adoção de regras mais rigorosas nas concessões de benefícios e o aumento da idade mínima para a aposentadoria.

A combinação do aumento médio da expectativa de vida com o recuo da taxa de natalidade põe em risco o esquema de financiamento da Previdência Social. A parcela da população brasileira com 60 anos ou mais cresceu de 9% para 12%, entre 2001 e 2011, representando uma adição de cerca de 8 milhões de idosos, portanto, aposentados, beneficiários do sistema previdenciário. Estima-se que em 2050 a parcela da população com mais de 60 anos será de 29%, um grande desafio para o Esquema Ponzi em andamento.

Segundo pesquisadores do Instituto de Pesquisa Econômica Aplicada, a rapidez com que vem acontecendo a inversão da pirâmide demográfica torna o fenômeno brasileiro mais complexo, já que a renda *per capita* não acompanha o ritmo do avanço da idade da população, diferentemente de países da União Europeia, como Itália, Holanda e França, países que precisaram de mais de quatro décadas para que suas populações com 60 anos ou mais passassem de 10% a 20% da população total, dando tempo para que a tendência fosse acomodada no sistema previdenciário.

Outros estudiosos entendem que será necessário aumentar a participação dos trabalhadores mais velhos no mercado de trabalho, seja na oferta de

Esquema Ponzi: como tirar dinheiro dos incautos

mão de obra ou no sistema previdenciário, com o fim de obter mecanismos para aposentadoria prematura, antes do cumprimento do período de contribuição, em uma demonstração clara da falência do Esquema Ponzi que não mais pode cumprir a promessa inicial.

> *O rombo de 2013: No ano de 2013 observou-se um déficit de 51,3 bilhões de reais, uma alta de 14,8% sobre o rombo registrado no ano anterior, resultado de uma receita previdenciária de 313,7 bilhões de reais e uma despesa com benefícios somando 3649 bilhões de reais. Entre os principais fatores que contribuíram para o aumento da despesa estão os reajustes dos benefícios, o crescimento natural do estoque e, principalmente, o pagamento de passivos judiciais e revisões administrativas.*

Financiamento Ponzi da Dívida Pública

A dívida bruta do Brasil recuou, em 2012, de 58,8% para 57,2% do Produto Interno Bruto. Nesse conceito, denominado de Dívida Bruta do Governo Geral, estão incluídas as obrigações de Governo Central, Estados e Municípios. Embora os dados para 2012 representem um aumento no endividamento, que em 2010 era de 53,4% do Produto Interno Bruto, consistem em mais um ponto na caminhada de redução do endividamento e na garantia da sustentabilidade da dívida bruta do país, uma trajetória impressionante na qual a estatística já havia sido de 62,9% em 2002 e de 60,9% em 2009 e que aponta para valores muito mais modestos da ordem de 45% para os anos de 2015 e 2016.

A relevância desta estatística nunca pode ser acessada de maneira isolada e dependerá, entre outras variáveis, da conjuntura econômica, da estrutura econômica, das exportações, do histórico de calotes *(defaults)*, dos níveis de inflação, da qualidade das relações entre governo e setores econômicos chave, além de outros fatores como governança e transparência do setor público. A título de ilustração, outras economias trabalham com níveis de endividamento superiores ao observado para o Brasil, sem que se questione a sua capacidade de pagamentos do serviço de juros. Alemanha, Estados Unidos, Espanha, França e Reino Unido tinham, em 2012, uma dívida bruta de 81,9%, 102,7%, 85,9%, 90,3% e 88,8% do Produto Interno Bruto, respectivamente; um endividamento que, considerando as taxas de juros em que foram contratados, resultava em uma conta de juros entre 2,2% a 2,5% do Produto Interno Bruto. Esses países desenvolvidos têm uma capacidade de recuperação muito alta. Para crescerem a uma taxa de 2% ao ano, eles teriam de fazer um esforço fiscal moderado, passível de ser realizado sem muito sofrimento social.

Já Portugal, Itália, Irlanda e Grécia, países mais afetados com a crise de credibilidade das dívidas públicas, deflagrada em 2008, tinham, em 2012, respectivamente, dívidas brutas de 123,8%, 126,9%, 117,4% e 156,9% do Produto Interno Bruto, um endividamento muito mais severo; tão severo que implicava serviços de pagamentos de juros entre 3% e 5,2% do Produto Interno Bruto. Essas diferenças evidenciam o nível de risco de cada dívida soberana.

A conta de juros do setor público no Brasil é também em torno de 5% do Produto Interno Bruto, como nos demais países europeus dos quais a capacidade de honrar os compromissos se encontra abalada. Percebe-se que esses países, assim como o Brasil, têm de fazer *superávit* e crescer seus produtos internos além do crescimento de seus estoques de dívida. A questão final reside no fato de ser necessário poder avaliar quando um determinado tomador de recursos o faz de forma responsável e sustentável, isto é, de um modo não Ponzi. Daí resulta a necessidade de realizar resultado primário superavitário. O resultado primário é definido pela diferença entre receitas e despesas do governo, excluindo-se da conta receitas e despesas com juros. Caso essa diferença seja positiva, tem-se um *superávit* primário; caso seja negativa, tem-se um *déficit* primário. O *superávit* primário é uma indicação de quanto o governo economizou ao longo de um período de tempo com vistas ao pagamento de juros sobre a sua dívida. Essa receita, prescrita pelo Fundo Monetário Internacional há mais de uma década, sinaliza que está em curso uma política de austeridade fiscal na qual o governo nunca pode gastar mais do que arrecada. Essencialmente, essa é uma indicação simples, mas eficaz, de que o credor não está operando um Esquema Ponzi, utilizando novas dívidas para pagar dívidas mais antigas, em uma rolagem constante.

Esquema Ponzi: como tirar dinheiro dos incautos

Dívida Ponzi: Especialmente nos anos 80, a dívida externa do Brasil se comportou como um Esquema Ponzi ou, como se diz em economia, se sustentou graças a um financiamento Ponzi. Naquele momento, o país mantinha o mecanismo de pagar os encargos do estoque da dívida externa, aumentando este estoque com endividamento adicional, isto é, tomando novos empréstimos para pagar os juros dos empréstimos mais antigos. Credores internacionais, temerosos dos eventuais efeitos em cadeia da moratória mexicana, que ocorrera em 1982, reduziram seus novos empréstimos para o país, inviabilizando a rolagem Ponzi, levando o sistema a uma longa crise, somente superada em 1994, quando o Plano Brady estabeleceu um novo acordo para o pagamento da dívida externa.

Nada há de errado em ser credor. De fato, quando governos enfrentam uma necessidade de investimento alta, seja para a realização de uma obra de vulto ou para atender a condições extraordinárias, como campanhas militares, por exemplo, faz sentido que este se endivide para permitir que os esforços necessários sejam distribuídos ao longo de várias gerações ou, em outras palavras, para que as gerações que virão a se beneficiar com a medida ou investimento contribuam para o seu custeio. Um exemplo mais facilmente compreendido considera a construção de uma escola a partir do projeto. O lançamento de instrumentos de dívida para financiar a construção deixaria que os alunos dessa escola viessem a contribuir, no futuro, com a amortização de parcelas desse financiamento. Outro exemplo seria aquele do governo que tivesse uma expectativa favorável com relação às suas receitas no longo prazo, mas que, no curto prazo, estivesse enfrentando dificuldades de obter recursos. Nessa situação, tomar emprestado poderia ser a melhor escolha. Entretanto, se esse governo não pode no momento cumprir suas obrigações, seus credores mais antigos não se satisfarão em esperar para receber seu capital. Nessa situação, o governo passa a jogar um jogo de financiamento Ponzi, que pode ser a melhor solução do que assumir o *default* da dívida. É o que se dá com as dívidas de alguns países, quando a maior parte ou a totalidade dos pagamentos feitos aos credores existentes se originam nos recursos obtidos junto a novos credores. Países emergentes apresentam mais frequentemente essa condição, pois suas dívidas possuem significativa parcela de títulos de curto prazo, tornando impraticável repagar as dívidas sem tomar novos empréstimos. A esse financiamento Ponzi dá-se o nome, no jargão da dívida pública, de rolagem da dívida. O ponto crítico aqui relaciona um título de dívida e a probabilidade de calote. Em muitas situações, o calote é, basicamente, determinado pelas condições de solvência do devedor, e a sua probabilidade de ocorrência dependerá de sua capacidade de rolar a dívida ou não. Um ponto-chave consiste no fato de que um devedor não pode tomar emprestado quanto e quando quiser. Sua atuação, nesse sentido, será limitada pelo número de credores entrando em um mercado em um determinado tempo. O devedor pode usar o dinheiro recebido dos novos emprestadores para repagar os emprestadores originais ou mais antigos, realizando um financiamento Ponzi. Nessa situação, emprestar e tomar emprestado têm impacto na probabilidade de que o devedor sobreviverá ou estenderá sua expectativa de vida. Um efeito importante nesse financiamento Ponzi consiste em uma externalidade positiva, determinada pelo fato de que um investidor, ao comprar um título com vencimento em uma determinada data, reduz a probabilidade de calote antes dessa data, o que faz consequentemente que os juros exigidos pelos investidores futuros sejam reduzidos.

> *Crise de Credibilidade de Dívidas Públicas: Em 2010, a revista The Economist apontou que o endividamento tinha sido a resposta para todos os problemas econômicos nos últimos 25 anos, mas que agora a dívida se tornara o problema em si, ao constatar que a dívida total média, incluindo o setor público e privado combinado, em dez países desenvolvidos, cresceu de 200% do Produto Interno Bruto em 1995 para 300% em 2008. Maior crescimento ainda se deu na Islândia e na Irlanda, com 1.200% e 700% do Produto Interno Bruto, respectivamente. Já em 2007, havia sinais de que as economias estavam atingindo o limite da sua capacidade para absorver mais empréstimos. E o texto continua: "O aumento da dívida do governo é um esquema Ponzi que requer uma população crescente para assumir o encargo, a menos que algo inesperado, como um avanço tecnológico, impulsione o crescimento."*

CAPÍTULO XV

EVITANDO FRAUDES

O fracasso é simplesmente a oportunidade de recomeçar, desta vez de forma mais inteligente.
(Henry Ford)

A teoria econômica é tida como insuficiente para explicar fraudes financeiras e, também, para apontar soluções para esse problema. Entre suas várias vertentes, a teoria neoclássica entende que esse é um problema de informação assimétrica, derivando desse fato uma única solução, a qual consiste no aumento da quantidade de informação disponível para investidores e potenciais investidores, de modo a permitir que esses também possam assumir decisões de investimento racionalmente. No dia a dia, uma solução como essa não funciona. Novamente, a literatura de psicologia empírica pode ajudar a entender por que mais informação não é a solução. É claro que mais informações podem auxiliar a tomada de decisão, porém elas devem ser recepcionadas corretamente, sem vieses, e, principalmente, devem ser interpretadas e usadas de forma inteligente. Muitos estudos psicológicos concluíram que as decisões, em regra, não melhoram à medida que mais informações se façam disponíveis.

EVITANDO FRAUDES

KAHNEMAN e TVERSKY constataram que o conhecimento de estatística não reduz os vieses em decisões. A maioria das fraudes contém sinais de aviso que são involuntariamente emitidos e que deveriam ser óbvios para aqueles que são enganados. Nelas muitos dos investidores vacilam em perceber tais sinais claramente dispostos a sua frente. Isso é válido nos casos de Charles Ponzi, da Filantropia da Nova Era, da herança de Francis Drake e em muitos outros.

Quando a teoria neoclássica recomenda que investidores sejam favorecidos com mais informações, ela está a recomendar que o jogo da sobrevivência financeira do mais apto seja validado. Assim, aqueles que são sortudos ou espertos o suficiente para evitar fraudes são protegidos, enquanto a pessoa de conhecimentos medianos é enganada com certa regularidade. Como solução, esse resultado é inaceitável, dado que leva à insatisfação com o sistema no longo prazo. Quando inúmeros esquemas fraudulentos são colocados em funcionamento, a relutância em investir pode prejudicar o correto funcionamento da economia.

Embora a solução da teoria neoclássica não resolva o problema, ela, seguramente, pode contribuir para o entendimento de fraudes. Uma das lições mais importantes ensinadas pela economia é o significado de incentivos, o que se relaciona com fraudes, em que o ganho potencial é enorme. Quando alguém toma dinheiro de outra pessoa, o utiliza em apostas e ganha, essa pessoa ganha um monte de dinheiro e suas ações não são descobertas por ninguém. Se, por sua vez, a aposta feita é perdida, a pessoa ainda pode viver extremamente bem, como se viu em Ponzi, prosperando por algum tempo, com o dinheiro entregue pelos investidores. Quando descoberto, as penalidades previstas para os promotores são relativamente leves em comparação com o ganho potencial, contando ainda com a possibilidade de nunca serem pegos. Apesar de John Bennett ter sido obrigado a devolver 1,2 milhão de dólares para redistribuição entre as organizações sem fins lucrativos, ele ainda pode ter ficado com outros 3 milhões, conforme estimou a Securities and Exchange Commission. A menos que as penalidades sejam substancialmente ampliadas em comparação com a recompensa, pouco será visto em relação à diminuição do número de fraudes.

No lado da demanda por oportunidades de investimento há, naturalmente, investidores buscando ofertas de investimento assim como há investidores buscando uma maneira de enriquecer rapidamente. Aqui há o que se fazer para criar melhorias, embora a ação seja dificultada pela contribuição da natureza humana e sua tendência a ser excessivamente otimista. A literatura psicológica, entretanto, aponta alguns caminhos. Primeiro, consiste na constatação de que informar as pessoas sobre os riscos envolvidos em determinada oferta de investimento em termos concretos as fazem perceber esses riscos como sendo muito próximos aos riscos efetivamente presentes na oferta em questão. Em muitas instâncias, exemplos concretos de desastres financeiros farão com que as pessoas exagerem o risco de que algo ruim também venha a acontecer com elas. Isso leva a uma importante conclusão: divulgar casos nos quais o investimento resultou em fraude faz mais sentido para proteger investidores, uma vez que investidores não são bons conhecedores de oportunidades de investimento, dispensando a necessidade de absorver mais informações para a tomada de decisão sobre um investimento em particular. Logo, a melhor solução consiste em manter na mente dos investidores os vários casos de fraude promovidos por Ponzis, Bennetts, Donas Brancas, Madoffs e todos os outros.

Avaliando Ofertas de Participação em Pirâmides

Potenciais investidores em Esquemas Ponzi apresentam a propensão a se tornarem também participantes em pirâmides financeiras ou em esquemas de *marketing* matricial. Enquanto pirâmides são sempre fraudulentas, esquemas de *marketing* matricial não são necessariamente sempre fraudulentos. Portanto, faz-se necessário saber diferenciar entre ofertas de investimento nessas modalidades. Em regra, os produtos distribuídos por meio de esquemas de *marketing* matricial são caros, têm qualidade questionável e podem até apresentar características prejudiciais à saúde dos usuários, em especial quando se destacam por conter ingredientes milagrosos, com os quais prometem curas e maravilhas cosméticas rápidas e indolores, as quais são sempre não comprovadas pelos institutos de aferição ou são comprovadas por meio de certificados de adequação falsificados. Nessas categorias se inclui a maioria das ofertas de investimento que oferecem programas de dieta, vitaminas e suplementos alimentares e cosméticos. Prospectivos participantes devem atentar à oportunidade de investimento que está sendo vendida adicionalmente ao produto, isto é, a oportunidade de se tornar um distribuidor do produto ou serviço. Isso se dá mediante o pagamento de determinada soma ou com o comprometimento de comprar uma quota previamente definida. Sendo distribuidor, ao participante é permitido incluir outros novos participantes abaixo dele, na matriz de *marketing*, ganhando assim o direito de receber comissões calculadas sobre o investimento inicial dos demais participantes que entrarem debaixo deles na matriz. Para evitar a participação em esquemas fraudulentos, com a consequente sujeição a obrigações financeiras e a espera de fartas comissões, os prospectivos participantes devem avaliar corretamente o plano de negócios da oferta em questão. Nessa avaliação, eles devem observar o histórico de vendas da empresa; a receptividade dos produtos no mercado; o comprometimento da empresa com ações de pós-venda, como garantias, trocas e reembolsos quando os produtos apresentam defeitos ou não desempenham os benefícios prometidos; além das obrigações de fazer algum tipo de investimento para participar no esquema e de manter um determinado nível de vendas por período. Mais importante ainda é o prospectivo participante avaliar se o seu sucesso no esquema dependerá do recrutamento de novos entrantes. Normalmente, as autoridades não estarão em condições de indicar se um esquema em particular é fraudulento ou legítimo, muito menos irão emitir qualquer tipo de parecer ou aconselhamento sobre a conveniência de participar em determinado esquema. Essa é uma decisão que compete unicamente ao prospectivo participante, daí a necessidade de avaliar com cuidado uma oferta antes de entrar como membro de um desses negócios de *marketing* matricial. Bom senso deve ser utilizado na decisão de participar, mas, como regra para se manterem afastados de fraudes, prospectivos participantes devem evitar esquemas que ofereçam comissão por recrutamento de novos entrantes e que exijam a compra de estoques de produtos ou material de apoio a vendas, cuja porção maior do retorno ao participante dependa do número de participantes situados abaixo dele, e que tenham como objeto produtos milagrosos e inovações que sem quaisquer motivos sejam vendidos apenas dentro do esquema, nunca sendo distribuídos nos canais de vendas de varejo, e que ofereçam alta rentabilidade, incomparável com a rentabilidade das demais oportunidades no comércio ou no mercado de capitais. O prospectivo participante nunca deve se comprometer com o negócio se estiver sendo pressionado para uma decisão, evitando assinar contratos sem antes discutir com seus familiares, colegas e profissionais habilitados como advogados e contadores. Fraudes no formato de esquemas de pirâmides tendem a surgir em ondas de três a seis anos, crescendo significativamente em períodos de grande expansão econômica, aproveitando a ambição e a inveja daqueles que, percebendo o crescimento da riqueza, tornam-se mais propensos a participar desse tipo de aventura.

Evitando Programas de Marketing Multinível fraudulentos: Há programas legítimos de marketing multinível. Porém há outros que são fraudulentos, organizados como uma pirâmide, na qual os participantes lucram quase exclusivamente por meio do recrutamento de outras pessoas para o esquema. Ao avaliar a oportunidade de participação em um programa de marketing multinível, um prospectivo participante deve atentar para os casos em que:

1. *Não há produto ou serviço genuíno* – o interessado deve evitar participar se não houver nenhum produto ou serviço a ser vendido para outros ou mesmo se o que estiver sendo vendido tiver um preço exageradamente alto.

2. *Há promessas de retornos elevados em um curto período de tempo* – o interessado deve suspeitar de grandes retornos exponenciais e, ainda, suspeitar ao ouvir a frase "enriqueça rapidamente"; retornos elevados e dinheiro rápido em um programa desses sugere que as comissões estão sendo pagas com o dinheiro de novos recrutas, em vez de serem pagas com a receita gerada pela venda de produtos.

3. *Houver dinheiro fácil ou renda passiva* – o interessado deve desconfiar se a oferta representar uma compensação em troca de pouco trabalho, tais como a realização de pagamentos, recrutamento de outras pessoas e colocação de anúncios.

4. *Houver relatórios de vendas* – o interessado deve pedir para ver as demonstrações financeiras auditadas por um contador público certificado, mostrando, sobretudo, que a receita provém da venda de seus produtos ou serviços para as pessoas de fora do programa.

5. *Existir pagamento de joia, prêmio ou título* – um programa de marketing multinível existe para vender produtos; o interessado deve suspeitar se for obrigado a pagar para participar do programa.

6. *Há estrutura de comissões complexa* – o interessado deve suspeitar caso não entenda como sua comissão será calculada.

7. *Há ênfase no recrutamento* – se um programa se concentra principalmente no recrutamento de outras pessoas para participar do programa, provavelmente se trata de uma pirâmide financeira; o interessado deve suspeitar se receber mais pelo recrutamento de novos participantes do que pela venda de produtos.

8. *As pirâmides financeiras não são sustentáveis* – o interessado deve proteger seu dinheiro, pedindo orientação aos órgãos de fiscalização.

Identificando e Evitando Esquemas Ponzi

Qualquer pessoa está sujeita a tornar-se vítima de um Esquema Ponzi se não atentar para as pistas deixadas por seus operadores, as quais individualmente ou em conjunto podem dizer muito da qualidade do negócio sendo oferecido. Identificar essas pistas não é um trabalho difícil, bastando ao interessado olhar aspectos externos do negócio, comparando com oportunidades de investimento reais. Promotores de fraudes apresentam seus negócios com excessivo profissionalismo, têm respostas prontas para os mais variados questionamentos, minimizam ou negam os riscos do negócio, preparam documentos e folhetos de excelente qualidade, quando usam a Internet, põem no ar páginas bem desenhadas, escolhem nomes atrativos cuja associação como sucesso é direta, contam histórias persuasivas com o jargão apropriado e citam nomes de pessoas conhecidas como uma forma de construir a credibilidade. Em muitos Esquemas Ponzi, a ponta compradora está no exterior, escolhida para trabalhar a imaginação dos investidores e convencê-los de que alguém com usos e costumes diferentes, por vezes, exóticos, seria mesmo capaz de se interessar pelo inusitado produto ou serviço, objeto do esquema. Outro aspecto sempre presente em Esquemas Ponzi consiste na oferta do negócio no formato de parceria, uma distinção que os promotores fazem para se aproximarem dos investidores, nos quais imputam a satisfatória sensação de propriedade de uma máquina de fazer dinheiro. Portanto, o interessado deve avaliar o negócio sendo oferecido com bom senso. Como regra geral, para manter-se afastado de fraudes, prospectivos participantes devem evitar esquemas que apresentem:

1. Retornos extraordinários em curto período: Fraudes financeiras envolvem o investidor com ofertas irrecusáveis, oferecendo lucros, juros, dividendos, enfim, uma rentabilidade superior àquela encontrada em investimentos reais, sejam estes investimentos em ações, fundos, títulos públicos, certificados de depósito bancário, fundos de investimento de renda variável, de renda fixa ou de derivativos. O investidor deve comparar o retorno sendo oferecido com os retornos dos investimentos tradicionais. Por outro lado, como medida de precaução para manter-se afastado de casos de fraude intermediária, o investidor deve evitar trabalhar com bancos, mesmo que conhecidos e tradicionais, que estejam pagando taxas acima do mercado de forma consistente, porque esse adicional de rentabilidade sinaliza que a instituição pode estar passando por uma condição de dificuldade financeira. Nesse caso, por alto retorno se entende poucos pontos percentuais acima daquilo que o investidor conseguiria em investimentos reais de instituições estabelecidas, tradicionais e em boas condições financeiras.

2. Menos riscos e esforços que investimentos reais: Faz parte do discurso de operadores de fraudes financeiras afirmarem categoricamente que o resultado é garantido e que não há como o negócio dar errado. A garantia de sucesso financeiro e afirmação de que inexistem riscos confundem o investidor. Este esquece que todas as atividades econômicas estão sujeitas a algum tipo de risco. Na verdade, a dimensão do risco tomado mantém uma relação diretamente proporcional com a rentabilidade esperada de um investimento, logo, não é consistente um investimento com alta rentabilidade e sem risco. Um investimento sem risco significa o maior risco possível, o da perda da totalidade do capital inicial investido. Alcançar a riqueza desejada demanda planejamento, trabalho árduo, coragem e ainda um pouco de sorte. Mesmo profissionais e investidores preparados cometem erros em suas decisões e estão, como todas as pessoas, sujeitos a grandes variações de preço, de demanda e de oferta de mercados, além de verdadeiros *tsunamis* representados por choques adversos que vez ou outra prevalecem em uma economia. Risco é, portanto, um fato da vida. Cada 1% a mais de rentabilidade representa maior risco. A menos que fique claro no que consistem esses riscos, o prospectivo investidor não deve investir. Se ele não conseguir compreender os riscos do negócio, simplesmente deve esquecer a oferta de investimento e não entrar no negócio. Os documentos do negócio devem indicar os possíveis riscos. Se não for possível obter uma noção de riscos nos documentos, o interessado deve evitar tomar parte no investimento: ou a informação contida nele é propositalmente distorcida ou o negócio é muito complexo para a educação financeira do interessado. Deve-se sempre investir em um nível de risco adequado a seu perfil, no qual o investidor se sinta confortável, especialmente se pretende tomar recursos emprestados ou vender ativos, como automóveis e imóveis, para investir.

3. Exclusividade que investimentos reais não têm: Por vezes, fraudes financeiras se recobrem de um manto de exclusividade, estando disponível apenas para uns poucos investidores, nas palavras dos operadores desses esquemas. Assim é quando são oferecidos, como uma oferta secreta de investimento, uma informação privilegiada ou mesmo

um produto ou serviço cuja essência contenha uma nova e revolucionária técnica, capaz de alterar a ordem estabelecida, uma verdadeira quebra de paradigmas. Operadores de negócios fraudulentos sabem que investidores valorizam a diferenciação sobre os demais, incluindo uma característica com essa capacidade em seu programa de investimento. Mas ocorre que a vantagem oferecida não se verifica. Do contrário, por que a estariam dividindo com investidores?

4. Necessidade de ação imediata: Promotores de esquemas fraudulentos emprestam aos investimentos oferecidos um caráter de urgência para fazer balançar o investidor em sua decisão de investir. Em seus discursos, a necessidade de ação imediata é premente, pois há sempre o risco de perder a oportunidade. Essa argumentação retira do investidor a ponderação sobre as demais características do negócio, fazendo-o decidir em favor do investimento para não pagar o preço de perder uma "oportunidade de ouro". Em comparação com investimentos reais, negócios fraudulentos são muito mais urgentes, podendo ser identificados quando as frases: "não perca a oportunidade", "aja rapidamente" e "mexa-se antes que seja tarde demais" estão presentes no discurso dos promotores ou nas peças publicitárias. É aconselhável evitar investimentos oferecidos por pessoas de vendas que falem muito rápido e abundantemente, com argumentação previamente preparada, principalmente se o investidor nunca antes tiver tratado com esses vendedores.

5. Promotores desconhecidos: Muitos esquemas fraudulentos são operados por pessoas desconhecidas, surgidas não se sabe de onde, uma desvantagem por eles compensada pela citação de pessoas conhecidas do ciclo social dos interessados ou conhecidas em um conceito mais amplo. Esses mestres da persuasão necessitam apenas de uma cabeça de ponte, uma única referência em um grupo de afinidade, para que rapidamente alcancem todo o grupo. Não é por outro motivo que fraudadores são denominados, em inglês, de *confident artists* (artistas de confiança), capazes de explorar com maestria características básicas da psicologia como desonestidade, honestidade, vaidade, compaixão, credulidade, ingenuidade e ganância. Além disso, se apresentam como tendo grande

capacitação no setor em que atuam, dominam o jargão e se mostram atualizados sobre os demais aspectos envolvendo o investimento. Por vezes, apresentam comprovação de formação, origem e recomendação, em sua maioria, documentos falsificados ou adulterados. Convém aos prospectivos investidores investigar junto aos órgãos reguladores e supervisores. A história mostra, como no caso da Filantropia da Nova Era, que essa investigação pode resultar sem efeito, entretanto, ainda assim, é aconselhável que seja feita. O resultado esperado dessa investigação é o de que nada seja revelado, pois a constante movimentação de promotores de fraudes dificulta que se chegue a conhecer verdadeiramente a vida pregressa deles.

Regra de Ouro

As agências de proteção aos consumidores e de proteção aos investidores de todos os países recomendam a regra de ouro para a identificação de esquemas de investimento fraudulentos: "Se o negócio parece bom demais para ser verdade, provavelmente não é." É preciso ter em mente que não há oportunidades de lucros extraordinários sem riscos. O investidor deve entender que se, de fato, o promotor dispusesse de uma oportunidade de investimento com expectativa de retorno elevado, ele não teria incentivos para dividir parte dessa rentabilidade com investidores. Por fim, sempre que forem usadas frases como "alta rentabilidade e nenhum risco", "a oportunidade de sua vida", ou mesmo "enriqueça rapidamente", os prospectivos investidores devem desconfiar da oferta de investimento.

Evitando problemas com Investimentos

Além desses indicadores de fraude, há outras regras a serem seguidas antes de efetivamente entrar no negócio. A primeira consiste em obter um prospecto do investimento, entendendo de forma consistente do que se trata esse investimento. O promotor é legalmente responsável pelas declarações constantes do prospecto, podendo ser processado judicialmente caso haja declarações falsas ou enganosas. Esse direito legal do investidor tende a evitar que promotores superestimem os ganhos

Esquema Ponzi: como tirar dinheiro dos incautos

esperados com o negócio. Embora, em casos de fraudes sérias, como Esquemas Ponzi, o promotor pouco se importe com esse direito dos investidores, já que pretende sumir com os fundos que lhe forem entregues, a atenção aos prospectos do negócio pode indicar desvios de conduta, sinalizando que há problemas com o investimento. A segunda regra recomenda investir apenas com agentes licenciados pelos órgãos de supervisão e fiscalização do setor no qual se insere a oportunidade de investimento. Para tanto, os investidores devem procurar obter referências sobre o investimento e seu promotor escrevendo ou telefonando para esses órgãos, consultando profissionais especializados como contadores, advogados e analistas financeiros, além de pesquisar em jornais e realizar uma busca na Internet. Agentes oferecendo aconselhamento sobre investimentos devem ser licenciados e capacitados para indicar o tipo de investimento adequado às necessidades pessoais do prospectivo investidor, conforme seu perfil de aversão a risco, suas disponibilidade e necessidade futuras de recursos. Somente depois de estudar as circunstâncias pessoais do investidor é que um determinado tipo de investimento pode ser recomendado. A terceira regra aconselha o prospectivo investidor a lidar com escrituração e guarda de documentos. Contratos, balanços, extratos, recibos e os prospectos da oferta de investimento devem ser completamente verificados para a certificação de que os detalhes do investimento estão devidamente registrados e depois mantidos para consulta e comprovação, caso necessário. Negligência com a guarda de documentos e desconhecimento da plenitude de contratos são determinantes em muitos casos de fraude.

O trato adequado com a papelada relacionada com o negócio pode ajudar, facilitando a identificação de irregularidades em extratos e balanços, o que permite ao investidor perceber se o andamento do negócio é satisfatório. Ainda, no âmbito dessa regra, investidores devem ser capazes de entender por si mesmos o significado dos números e das contas expressas na documentação. Como quarta e última regra para evitar aborrecimentos, investidores nunca devem participar de atividades ilegais ou em atividades nas quais possam ser apontadas irregularidades como sonegação de impostos e de recolhimentos de contribuições sociais, correndo o risco de se tornarem reféns de chantagistas, o que coloca investidores entre ter de pagar pelo silêncio ou enfrentar as penalidades previstas na legislação, uma situação incômoda que pode perdurar por muito tempo.

Os interessados em uma oportunidade de investimento podem evitar cometer erros que vão lhes custar muito dinheiro e lhes trazer muitos aborrecimentos. Basta decidir tomarem conta de suas vidas financeiras. Sempre que se depararem com alguma oferta de investimento que não entendam, devem fazer perguntas até estarem bem informados sobre o assunto.

Seminários de Investimento

Não raro se ouve afirmações como "torne-se um milionário em poucos anos", "investimentos tradicionais levam muito tempo para maturar e não têm graça nenhuma investir neles", "você pode transformar seus sonhos financeiros em realidade" ou "essa é uma estratégia fabulosa e inacreditável para juntar grande riqueza". Afirmações como estas são ouvidas em seminários deliberadamente orientados para vender algum produto, por vezes, imóveis, ou mesmo para oferecer oportunidades de investimento em ativos questionáveis. Normalmente, há um brinde ou gratuidade sendo oferecidos para levá-lo ao seminário, direto para área de atuação de vendedores profissionais.

Esses agentes sabem como criar as condições necessárias para que suas vítimas ajam. Normalmente, forçam a decisão se valendo de uma série de técnicas psicológicas.

Caso prospectivos investidores pretendam ir a um desses seminários, seja para conhecer melhor o que está sendo oferecido ou por simples curiosidade, devem prometer a si mesmo que não tomarão decisões precipitadas, definindo que apenas tomarão uma decisão depois que o seminário tiver acabado ou depois de decorrido um determinado tempo preestabelecido, não se importando com a cessação de existência da propalada oportunidade de investimento.

Esquema Ponzi: como tirar dinheiro dos incautos

Não há exigência de registro nos órgãos fiscalizadores e supervisores para oferecer cursos e seminários em mercado de capitais. Por esse motivo, seminários são utilizados por pessoas que não têm autorização para atuar na intermediação financeira, de modo a se aproximarem do público e poderem oferecer seus serviços. Por esse motivo, muitos desses seminários representam riscos para sua saúde financeira.

Ontem, hoje, aqui e ali

No Brasil, o Conselho de Controle de Atividades Financeiras, órgão governamental responsável por prevenir lavagem de dinheiro e financiamento do terrorismo, ao tratar de prática de fraudes conhecidas como pirâmides (Esquemas Ponzi incluídos), identificou a atividade de 1.637 pessoas, responsáveis pela movimentação financeira de aproximadamente 12 bilhões de reais, entre 2012 e 2013, algumas em empresas cujas atividades estariam baseadas em estratégias de *marketing* multinível.

Esquemas Ponzi são operados também na Austrália, no Chile, no Peru, na China, em Portugal, no Reino Unido, na Albânia, Romênia, Espanha e, obviamente, nos Estados Unidos, em uma lista restrita aos casos relatados neste livro. Ocorrem em todos os países. Esquemas Ponzi podem estar sendo operados agora mesmo, em quaisquer localidades. Ocorreram no passado, ocorrem no presente e não há por que acreditar que não venham ocorrer no futuro. Boa sorte e bons investimentos!

REFERÊNCIAS BIBLIOGRÁFICAS

Abreu, D.; Brunnermeier, M. K.; "Bubbles and Crashes"; Econometrica; 2003.

Adams, J.; Revell, B. J.; "Ostrich Farming: A Review and Feasibility Study of Opportunities in the EU"; Harper Adams University College, Reino Unido; 2006.

Aldrighi, D. M.; Milanez, D. Y.; "Finança Comportamental e a Hipótese dos Mercados Eficientes". Revista de Economia Contemporânea; Jan-Abr/2005.

Alvarez, R. I.; Astarita, M. J.; "Introduction to the Blue Sky Laws"; Nov 16, 2005.

American Heritage; "Dictionary of the English Language"; Houghton Mifflin Company; 2005-2013.

Andrade, E. S.; "Cabo Verde: do seu achamento à independência nacional"; Instituto das Comunidades; 2005.

Australian Competition and Consumer Commission (ACCC); "Court finds against Giraffe World and its Health mat"; Aug 27, 1999. "ACCC Update"; Jan 12, 2003. "Ex-Parte injunctions against pyramid selling scheme"; May 7, 1998. "No rewards for pyramid selling"; Nov 6, 2003.

Australian Securities and Investments Commission (ASIC); "Financial Information Delivered Online"; 2006.

Bainbridge, S. M.; "Bubble Laws"; Mar/2004.

Baker, W. E.; Faulkner, R. R.; "Diffusion of Fraud: Intermediate Economic Crime and Investor Dynamics; Criminology"; Volume 41, Number 4; 2003.

Bhattacharya, U.; "On the Possibility of Ponzi Schemes in Transition Economies.

Beyond Transition"; World Bank Group; Jan-Fev/2000. *"The Optimal Design of Ponzi Schemes in Finite Economies"; Journal of Financial Intermediation;* 2003.

Blanchard, O.; Weil, P.; *"Dynamic Efficiency, the Riskless Rate and Debt Ponzi Games under Uncertainty";* Working Paper 1-41; Massachusetts Institute of Technology. Nov/2001.

Blog: Ecoesfera Portuguesa. BlogSpot, *"A Fotografia de Luiz Carvalho",* 2013.

Boston Post; *"Shall we Protect our Savings";* Aug 2, 1920.

Center for History and New Media; *"Magic, Illusion, and Detection";* George Mason University; 2005.

Chicago Tribune; *"GOP party official admits $4 million Ponzi scheme";* Jul 27, 2005.

Christianity Today; *"New Era: Prudential Settles New Era Suit Investors Eye Larger Payback";* Vol. 49; Jun 6, 1997. *"The Fraudbuster";* Vol. 49; Jan/2005.

Comissão de Valores Mobiliários (CVM); *"Carta Resposta ao BASA";* 20/Nov/2004. *"CVM esclarece informações divulgadas pela Avestruz Master";* 05/Abr/2005. *"Comissão de Valores Mobiliários; Avestruz: Nova informação ao público";* 30/Mar/2005. *"CVM alerta investidores quanto aos riscos de investimento no mercado Forex";* 31/Ago/2005. *"CVM suspende operações de intermediação da Intrade Informações, empresa que atua no mercado de Forex";* 19/Out/2005. *"Registro de Ofertas Públicas";* 18/Nov/2005. *"Rombo de R$ 600 milhões";* 18/Nov/2005. *"Clientes se unem";* 18/Nov/2005. *"Avestruz Master tem nova gestão";* 16/Nov/2005. *"Nota de Esclarecimento sobre Avestruz Master Agro-Comercial Importação e Exportação Ltda";* 04/Nov/2005. *"Alerta Avestruz";* 02/Dez/2004.

Conselho de Controle de Atividades Financeiras (COAF); *"Relatório de Atividades (2013)";* 2014.

Consumer Online; *"Ostrich Scamster at it again";* Aug 5, 2002.

Correio Brasiliense; *"Fraude na construtora é superior a R$ 2,5 bi";* 22/Fev/2003. *"Investidores do Avestruz Master temem perda de dinheiro";* 07/Nov/2005. *"Donos da Avestruz Master se apresentam à PF";* 22/Nov/2005. *"Avestruz*

REFERÊNCIAS BIBLIOGRÁFICAS

Master pede tempo"; 19/Nov/2005. "Planos, Muitos Planos"; 28/Jan/2007. "Crise abala Avestruz Master"; 05/Nov/2005. "Tensão e arrependimento"; 05/Nov/2005. "Boi Gordo faliu em 2004"; 05/Nov/2005. "Justiça bloqueia bens da Avestruz"; 06/Nov/2005. "Crise deixa Bela Vista órfã"; 06/Nov/2005.

Cuddington, J. T.; "Analysing the Sustainability of Fiscal Deficits in Developing Countries"; Working Paper; Georgetown University; Set 3, 1999.

Diário de Pernambuco; "PF e Justiça sequestram bens da Avestruz Master"; 08/Nov/2005. "Clima no escritório fica mais tranquilo"; 08/Nov/2005. "MP pode instaurar processo contra empresa"; 04/Nov/2005. "Investidores da Avestruz Master temem falência"; 04/Nov/2005.

Dunn, D.; "Ponzi: The Incredible True Story of the King of Financial Cons", Broadway Books; 2004.

Economist; "Repent at leisure"; Jun 24, 2010.

Elias, M.; "A autoconfiança e os impactos no desempenho das aplicações"; Valor Econômico. 26/Jan/2006.

Estado de S. Paulo; "Filho de dono da Avestruz Master apresenta-se à PF"; 11/Nov/2005.

Federal Reserve Bank of Minneapolis; "Consumer Price Index", 1913-2013.

Federal Trade Commission (FTC); "FTC Shuts Down Internet Pyramid Scheme"; Jul 6, 2000. "Lotions and Potions: The Bottom Line about Multilevel Marketing Plans"; 2005. Multilevel Marketing Plans. 2005.

Folha de S. Paulo; "Em 1997, crise foi ao auge e virou caso de polícia". 01/Fev/2006. "Ex-diretoria do BB é condenada no caso Encol"; 01/Fev/2006.

Folha Online; "Ministério Público investiga a contabilidade da Avestruz Master"; 07/Nov/2005.

G1; "Órgão dos EUA acusa mais um investidor de montar esquema fraudulento"; 17/Fev/2009.

Gabinete Civil do Governo do Estado de Goiás; "Lei Nº 14.928"; 13/Set/2004.

Gavin, M.; Hausmann, R.; "The Roots of Banking Crises: The Macroeconomic Context"; Inter-American Development Bank; Jan 27, 1998.

Gazeta do Povo; "Medo de calote leva oito para hospital"; 22/Mar/2006. "Vereador some e população teme calote milionário"; 21/Mar/2006.

Gazeta Mercantil; "Ministério Público investiga Master Avestruz"; 08/Nov/2005. "Palmeira real, o boi gordo da vez". 01/Dez/2005. "Promotores afirmam que a Enron era uma bomba-relógio"; 01/Fev/2006. "Rombo da Previdência deve ir a R$ 50 bi"; 25/Jan/2006.

Gazeta, A; "Criadores de avestruz são suspeitos de dar calote em mais de mil investidores"; 06/Nov/2005.

Glaeser, E. L.; "Psicology and the Market"; NBER Working Paper 10203; Dec/2003.

Goiás Agora; "Procon autua a empresa Avestruz Master"; 25/Mar/2004.

Garber, P. M.; "Famous First Bubbles"; The Journal of Economic Perspectives; Vol. 4, Nr. 2; 1990.

Gross, D.; "Too much confidence: Is Robbing Peter to pay Paul ever a wise investment strategy?"; Attaché online, U.S. Airways; Jun/2005.

Guimarães, B.; "Good Ponzi schemes and the price of debt"; London School of Economics; Mar/2005.

Harris, R.; "The Bubble Act: Its Passage and Its Effects on Business Organization"; The Journal of Economic History; Vol. 54, Nr. 3; 1994.

Invertia; "Avestruz master deve dar calote de 97% em investidores"; 2006.

Jornal da Globo; "A dívida da Encol"; 13/Out/2005. "Empresa que cria avestruzes dá golpe na praça"; 04/Nov/2005.

Kleer, R.; "Riding a wave"; University of Regina; 2011.

Knutson, M. C.; "The Remarkable Criminal Financial Career of Charles K. Ponzi"; 2003.

Washington Monthly; "Riches to rags: how legendary fraud Charles Ponzi's

REFERÊNCIAS BIBLIOGRÁFICAS

schemes crumbled"; Mar/2005.

Las Vegas Weekly; "Worming for Dollars"; Jul 17, 2003.

Lima, F.; "Psicologia e Finanças: união de forças pode ajudá-lo na hora de investir"; InfoMoney; 23/Nov/2005. "Emoções e investimento: uma combinação perigosa"; InfoMoney; 31/Out/2005.

Malkiel, B. G.; "A Random Walk Down Wall Street"; W. W. Norton & Co.; 1996.

Marchese, G.; "Art. N. 125, I collegamenti aeri com il Sud América", 24/Ago/2005.

Merrian-Webster; "Online Dictionary"; 2005-2013.

Milanez, D. Y.; "Finanças Comportamentais no Brasil"; Universidade de São Paulo. 2005.

Minsky, H. P.; "The Capital Development of the Economy and The structure of Financial Institutions", Working Paper 72, American Economic Association, Jan/1992.

Mullainathan, S.; Shleifer, A.; "Persuasion in Finance"; Harvard University; Third Draft, Oct/2005.

Nery, M. A. C.; Silva, E. A.; "Ouro: Balanço Mineral Brasileiro 2001", Departamento Nacional de Produção Mineral, 2001.

New York Times; "A Man Who Gave His Name to a Way to Cheat Investors"; Mar 16, 2005. "A Scheme with no off button"; Mar 12, 2009. "Accused of robbing Chicago 'Ponzi"; Sep 12, 1922. "Admits Owing $4,500,000"; Feb 12, 1922. "Another act opens in the Florida drama"; Nov 8, 1925. "Another day's run sees Ponzi Smiling"; Aug 4, 1920. "Arrest Ponzi's Boston Aid"; Jan 15, 1926. "Austria is Shaken by Big Bank Crash"; Sep 30, 1924. "Bank Loses in Ponzi Case"; Jun 6, 1924. "Big Run on Ponzi, But All Get Cash"; Aug 3, 1920. "Canada Unlikely to Admit Ponzi"; Nov 30, 1924. "Charles Ponzi: A Pyramid of Postage"; Dec 7, 1986. "Consults lanzing on Ponzi's business"; Aug 7, 1920. "Coolidge Confers with Boston Banks"; Sep 27, 1920. "Coolidge to Ignore Ponzi Appeal"; Jul 5, 1926. "Declares Ponzi Insolvent"; Oct 16, 1920. "Didn't keep a cent, declares Ponzi"; Nov 28, 1922. "Dispose of Ponzi Mansion"; Jun 11, 1921.

Esquema Ponzi: como tirar dinheiro dos incautos

"Even Winners May Lose With Madoff"; Dec 18, 2008. "Exchange 'Wizard' is Paying Claims"; Jul 28, 1920. "Exchange 'Wizard' to Fight Bankers"; Jul 29, 1920. "Expect Ponzi to Pay but Half his Debts"; Aug 25, 1920. "Federal Officials Begin Ponzi Inquiry"; Jul 31, 1920. "Financial Wizard of Brazil missing"; Aug 15, 1952. "Four New Yorkers ask Ponzi backing" Aug 6, 1920. "Fuller Wires 'Hold Ponzi"; Jan 19, 1927. "Go to Texas for Ponzi"; Sep 21, 1926. "Grants Ponzi Extradition"; Aug 3, 1926. "Jersey City 'Ponzi' has $300, he says"; Mar 3, 1926. "Judge Says Ponzi Will Fleece People Again"; Sep 25, 1924. ''Ma' Ferguson Halts Extradition of Ponzi"; Jul 11, 1926. "Made Millions by Trick in Exchange"; Jul 27, 1920. "Marcino Writes, Hinting Suicide"; Feb 23, 1923. "May Save $500,000 from Bischoff Wreck"; Feb 13, 1922. "Must Repay Ponzi Funds"; Dec 10, 1925. "Nab Montgomery, Headed for Orient"; Feb 6, 1923. "Orders Ponzi Extradited"; Oct 28, 1926. "Police Watch for Ponzi"; Jun 13, 1926. "Ponzi Accuses Allen"; Jul 31, 1921. "Ponzi Again Arraigned"; May 4, 1921. "Ponzi Again Surrenders"; Feb 26; 1926. "Ponzi and Wife Are Indicted in Florida With Two Others in New Land Syndicate"; Feb 9, 1926. "Ponzi apologizes, accepts sentence"; Feb 16, 1927. "Ponzi Argues his Case"; Feb 25, 1925. "Ponzi Arraigned, Assails Banker"; Aug 20, 1920. "Ponzi arrested"; Aug 13, 1920. "Ponzi Asks Date for Trial"; Jul 9; 1922. "Ponzi Assails Appraisers"; Dec 8, 1920. "Ponzi Assets $1,593,834"; Dec 7, 1920. "Ponzi Bankrupt, Receivers Named"; Aug 21, 1920. "Ponzi can pay 33 per cent"; Oct 6, 1920. "Ponzi confesses record in prisons; Pieads for chance"; Aug 12, 1920. "Ponzi creditors clamor for money"; Aug 15, 1920. "Ponzi Creditors Get $456,146"; Jul 12, 1924. "Ponzi Denies Eastern Aid"; Nov 19, 1925. "Ponzi dies in Rio in charity ward"; Jan 19, 1949. "Ponzi Dividend; Total 35 per Cent"; Mar 3, 1927. "Ponzi Ends Federal Term"; Aug 7, 1924. "Ponzi Faces another Trial"; Jun 24, 1924. "Ponzi Faces Trial Dec. 10"; Dec 2, 1924. "Ponzi Gets until Monday"; Jun 3, 1926. "Ponzi Gets Year's Term"; Apr 22, 1926. "Ponzi Gives Aid to Federal Agents"; Aug 1, 1920. "Ponzi goes to jail"; Aug 14, 1920. "Ponzi Goes to Trial"; May 27, 1921. "Ponzi Hearing Set for April 1"; Feb 24, 1926. "Ponzi His Own Lawyer"; Nov 12, 1924. "Ponzi in Florida to recoup"; Nov 8, 1925. "Ponzi Investigation Goes on Day and Night"; Aug 2, 1920. "Ponzi investors sued"; Mar 8, 1925. "Ponzi is acquitted in Florida Land Case"; Mar 18, 1926. "Ponzi is acquitted of larceny charge"; Dec 2, 1922. "Ponzi is Again on Trial"; Feb 19, 1925. "Ponzi is arrested on alien status"; Nov 30, 1924. "Ponzi is found Guilty",

REFERÊNCIAS BIBLIOGRÁFICAS

Apr 3, 1926. "Ponzi is found Guilty"; Feb 27, 1925. "Ponzi is indicted by a Federal Jury"; Oct 2, 1920. "Ponzi is Sentenced as a 'Common Thief'"; Jul 12, 1925. "Ponzi Jury Disagrees; New Trial on Monday"; Nov 13, 1924. "Ponzi Jury Hearing Asked by Counsel"; Aug 24, 1920. "Ponzi Makes Tour in Hunt for Assets"; Aug 28, 1920. "Ponzi May Now Be Deported as Being an Undesirable"; Nov 29, 1924. "Ponzi of Brazil May Avoid Trial"; Sep 1, 1952. "Ponzi on Trial Again"; Nov 6, 1924. "Ponzi Refuses Inquiry to Show His Assets"; Aug 5, 1920. "Ponzi Relief Refused"; Sep 24, 1926. "Ponzi Says he Lost Heavily by Forgery"; Aug 18, 1920. "Ponzi Seeks a Pardon"; Dec 5, 1923. "Ponzi seeks freedom"; Feb 28, 1923. "Ponzi Sees Lawyer as Search Goes on"; Feb 10, 1926. "Ponzi Sentenced to 5 Years in Jail"; Dec 1, 1920. "Ponzi Sought as Fugitive"; Jun 23, 1926. "Ponzi Sought Control of Hanover Trust"; Sep 1, 1920. "Ponzi Starts for Prison"; Feb 13, 1927. "Ponzi Surrenders $1,000,000 Assets"; Aug 22, 1920. "Ponzi tells managers to reopen tomorrow"; Aug 8, 1920. "Ponzi to Answer Larceny Charges"; Aug 23, 1920. "Ponzi to be Freed, But Faces Rearrest"; Aug 16, 1920. "Ponzi to refuse money in his new venture"; Aug 9, 1920. "Ponzi to Start 'Bank' in New York"; Jul 30, 1920. "Ponzi's arrested, Go Free on Bond"; Feb 11, 1926. "Ponzi's Agent Sent to Prison"; Jan 27, 1926. "Ponzi's Furnishings Sold"; Oct 27, 1921. "Ponzi's talk leaves club still puzzled"; Aug 11, 1920. "Refused Ponzi account"; Aug 14, 1920. "Rejects Plea of Ponzi against Extradition"; Aug 6, 1926. "Reports Ponzi in Flight at Sea"; Jun 27, 1926. "Says Ponzi Made $45"; Nov 8, 1924. "Seek Men Higher up as Ponzi Dummies"; Aug 26, 1920. "Seek Second 'Ponzi' Accused in Chicago"; Feb 14, 1922. "Seeks Rome Aid for Ponzi"; Sep 1, 1926. "Sentence Mrs. Kraus for big note swindle"; Dec 21, 1922. "Sixth Bank in Year Closed in Boston"; Sep 26, 1920. "Stop Ponzi checks; say he's bankrupt"; Aug 10, 1920. "Supreme Court Grants Ponzi Review"; Mar 6, 1923. "Syndicate will get Castiglioni's art"; Aug 12, 1925. "Texas to Hold Hearing on Ponzi"; Jul 7, 1926. "To Help Ponzi Creditors"; Dec 2, 1921. "Trace Ponzi Funds; He Stays in Jail"; Aug 17, 1920. "Traces Ponzi's Business"; Nov 7, 1922. "Truth kept from Mrs. Ponzi"; Aug 14, 1920. "Two Grand Juries for Bucket Shops"; Feb 12, 1922. "Will Get a Ponzi Dividend"; Dec 22, 1921. "Winners Must Return Cash in Ponzi Scheme"; Feb 2, 1924. "Woman, 63, accused of $300,000 swindle"; Oct 1, 1922.

Office of NYS Attorney General Eliot Spitzer; "Affinity Fraud"; Jan 24, 2003.

Oklahoma Securities Commission; "Enforcement Actions. Plaintiff's Application for Temporary Restraining Order, Asset Freeze, and Brief in Support"; Apr 17, 2003.

Popular, O; "Aves da Avestruz Master serão contadas na 2ª-feira"; 05/Nov/2005. "Clientes da Avestruz Master conseguem vitória parcial". 5/Nov/2005. "Avestruz Master não abre e juiz bloqueia as contas"; 05/Nov/2005. "Avestruz Master diz que vai honrar compromissos"; 06/Nov/2005. "Avestruz Master preocupa investidores em Uberlândia"; 04/Nov/2005. "Avestruz Master, A história de um negócio milionário"; 13/Nov/2005. "PF apreende dinheiro na casa de sócios da Avestruz Master"; 08/Nov/2005. "Procon Goiás e MP discutem o caso Avestruz Master". 04/Nov/2005. "Trânsito continua interditado em frente a Avestruz Master"; 04/Nov/2005.

Pressman, S.; "On financial frauds and their causes: investor overconfidence - Special Invited Issue: Money, Trust, Speculation and Social Justice - Part 1: Trust, Confidence, and Crime"; American Journal of Economics and Sociology; Oct/1998.

Proximal Consulting; "The old ones are always the best"; Newsletter; Set/2002.

Pulitzer Board; "The Pulitzer Prize Winners 1921"; 2005.

Revista Consultor Jurídico; "Carne de sola"; 20/Mai/2004.

Revista Isto É; "A mala da Encol"; 30/Jun/1999. "O buraco da Encol"; 23/Abr/1997. "Base Aérea Brasil"; 01/07/1998.

Richard K.; "South Sea Bubble"; The Literary Encyclopedia; University of Regina. Nov 9, 2004.

Rogoff, K. S.; "Moral Hazard in IMF Loans. How Big a Concern?"; Finance and Development; Fundo Monetário Internacional; Number 3, Volume 39; Sep/2002.

Rosenberg & Associados; "Plano de Negócios: Global Brasil S/A"; 11/Set/2002.

Russel, F.; "Bubble, bubble no toil, no trouble"; American Herigate Magazine; Issue 2, Volume 24; Fev/1973.

Sales, A. S.; "Modelos de Duração para Explicar Falências Bancárias no Brasil

REFERÊNCIAS BIBLIOGRÁFICAS

(1994-1998): Fragilidade Financeira e Contágio"; Banco Central do Brasil; Relatório de Estabilidade Financeira. Volume 4, Número 2. Nov/2005.

Sandroni, P.; "Dicionário de Economia do Século XXI", 2005.

Schechtman, R.; "Uma investigação sobre Requerimentos de Capital de Risco de Crédito no Brasil por Meio de um Procedimento de Reamostragem"; Banco Central do Brasil; Relatório de Estabilidade Financeira; Volume 4, Número 2; Nov/2005.

Schmidt, F.; "Albanian Government Cracks Down On Opposition after Demonstrations Against Pyramid Schemes"; Jan 24, 1997.

Securities and Exchange Commission (SEC); "Ponzi Schemes"; 2005. "Pyramid Schemes"; 2005. "The Investor's Advocate: How the SEC Protects Investors and Maintains Market Integrity"; 2005. "Beware of Pyramid Schemes Posing as Multi-Level Marketing Programs"; 2013.

Serious Fraud Office (SFO); "Ostrich farming fraud, Jack Bennett"; Nov 1, 2000. "Over £1 million stolen in options trading deception"; Nov 10, 2004.

Shiller, R. J.; "Irrational Exuberance: Has the stock market become a "natural Ponzi" scheme?"; Princeton University; 2005.

Smant, D. J. C.; "Famous First Bubbles? South Sea Bubble"; Erasmus School of Economics; 2006.

Smith, P.; "The Literature of Fraud and Swindling"; 2005.

Souza, A. C. G.; "Fragilidade Financeira e o Acordo da Basiléia"; 2005.

Sucesso, O; "Avestruz: investimento ou arapuca?"; 12/Mar/2004. "Golpe do avestruz"; 12/Nov/2005. "Avestruz não traz grandes lucros"; 09/Abr/2004. "Jogada ridícula"; 08/Abr/2004.

Symes, P.; "The MMM Corporation"; Fev/2003.

Time Newsfeed; "Graffiti Artist Set to Make $200 Million in Facebook IPO"; Fev 2, 2012.

Tribuna do Norte; "Natal na Segunda Guerra Mundial, Fascículo 11, Aviação e

2ª Guerra"; 2005.

Trumbore, B.;" Charles Ponzi"; StockandNews.com; 2013.

U.S. Postal Inspection Service; "The Ostrich Group"; Oct/2003.

Valor Econômico; "Associação de credores pede falência da Avestruz Master"; 10/Jul/2006. "Boi Gordo: mais perto do fim"; 30/Mar/2006. "Cilada emocional"; 20/Jun/2006. "Empresa admite que há mais de oito mil aplicadores"; 23/Nov/2005. "Entenda como funciona o comportamento dos investidores"; 23/Ago/2006. "Justiça de Goiânia afasta sócios do controle da empresa"; 24/Fev/2006. "Previdência conta com PIB maior para conter déficit"; 29/Dez/2005. "Problema é estrutural, dizem analistas"; 29/Dez/2005. "Afaste o prejuízo"; 06/Dez/2005. "Expectativa de ganhos altos no curto prazo ilude investidores"; 06/Dez/2005. "Empresa deve R$ 1,7 bilhão para mais de 49 mil investidores em todo o país"; 20/Nov/2005. "Relação divulgada pela Justiça tem 53 mil credores, mas pode crescer"; 19/Jan/2006. "Vítimas de Madoff processam a SEC"; 15/Out/2009.

Valor Online; "Deu zebra no avestruz"; 07/Nov/2005.

Vara Única da Comarca de Comodoro/MT; "Edital de Concordata Preventiva Fazendas Reunidas Bois Gordo S.A."; Juiz Titular Edson Pereira da Costa; 16/Out/2001.

Veronesi, L. B.; "Aposentadoria: Brasil terá que diminuir benefício para se sustentar no futuro"; Infomoney.com; 24/Out/2013.

Wall Street Journal; "Ponzi Arrested by Federal Authorities"; Aug. 13, 1920. "Ponzi Fund Distribution"; Jul 12, 1924. "Reply Coupons Issued Totaled $1,349,235 in Thirteen Years"; Aug. 13, 1920. "Three More 'Exchange' Men Arrested"; Aug. 14, 1920. "U.S. Largest Reply Coupon User"; Aug. 14, 1920. "A Public Service"; Aug 23, 1920. "A Valentine for Ponzi?"; Jan 20, 1934. "After Ponzi - the Deluge"; Sep 13, 1921. "Alleged Preferred Creditors in Court"; Apr 16, 1921. "Allows Ponzi Trustees To Prove Claims", Jun 6, 1924. "An Echo"; Sep 23, 1924. "An Echo"; Sep 24, 1924. "Big Run on Ponzi Company"; Aug 4, 1920. "Boston small trust companies upset about over"; Sep 28, 1920. "British Ponzis"; Oct 5, 1923. "C. W. Barron skeptical about 'Exchange

REFERÊNCIAS BIBLIOGRÁFICAS

Wizard'"; Jul 30, 1920. "Coolidge Orders Inquiry into Ponzi's Plan"; Aug 30, 1920. "Few reply coupons issued last year"; Aug 4,1920. "Former Boston Official of Standard & Poor's Is Charged With Fraud Indictment"; May 27, 1964. "Former Ponzi Agent Arrested"; Aug 19, 1920. "Hanover Trust Liquidation"; Oct 22, 1920. "Hanover Trust of Boston Taken Over"; Aug 12, 1920. "Hundreds of Ponzi Depositors in Line"; Aug 3, 1920. "Judge rules against trustees in Ponzi case"; Nov 17, 1922. "Many States Worry About Using Worms to Lure Investors"; Jun 5, 1978. "Ponzi Appears for Trial on Swindling Charges"; Oct 25, 1922. "Ponzi Claims"; Aug 23, 1920. "Ponzi Creditors Get Final Payment"; Dec 24, 1930. "Ponzi Fights Deportation"; Jul 11, 1934. "Ponzi Indictments Upheld"; May 17, 1921. "Ponzi insolvent from start, says accountant"; Nov 1, 1922. "Ponzi Issues and Retracts Statements"; Aug 12, 1920. "Ponzi Jury Disagrees", Nov 13, 1924. "Ponzi May Prove Bolshevist Propaganda"; Aug 6, 1920. "Ponzi not the only Raider on Investors"; Aug 23, 1920. "Ponzi objects to being tried also as accessory"; Nov 23, 1922. "Ponzi Petition Turned Down"; Jul 13, 1934. "Ponzi Played Lone Hand"; Nov 13, 1920. "Ponzi Rearrested when Bondsman Withdraws Bonds"; Aug 14, 1920. "Ponzi Received in Cash about $10,000,000"; Aug 27, 1920. "Ponzi Reveals Profits are 3,200%, not 400%"; Aug 6, 1920. "Ponzi Seeks Release"; May 25, 1932. "Ponzi Sentenced to Five Years"; Dec 1, 1920. "Ponzi Sidelights"; Aug 19, 1920. "Ponzi suits"; Dec 7, 1921. "Ponzi Will Be Extradited"; Oct 28, 1926. "Ponzi's affairs steadily settling"; Feb 25, 1924. "Ponzi's assets"; Oct 6; 1920. "Ponzi's Liabilities $2,621,000"; Aug 17, 1920. "Ponzi's Scheme was to Expose 'High Finance'"; Aug 28, 1920. "Ponzi's Secretary Testifies to Dummy Accounts"; Oct 27, 1922. "Ponzi's Suit against C. W. Barron"; Oct 7, 1920. "Some Rotten Apples in New England Orchard"; Aug 14, 1920. "State Authorities Stop Payment on Ponzi Checks", Aug 10, 1920. "Supreme Court Decisions"; Apr 28, 1925. "The Ponzi Principle"; Jun 28, 1973. "The Ponzi Trial"; Nov 4, 1922. "To get 30c on the dollar"; Dec 8, 1920. "Trade in International Reply Coupons Small"; Aug 11, 1920. "Where does Ponzi stand today? Article I, How the fake financier fooled thousands"; Aug 22, 1922. "Where does Ponzi stand today? Article II, Whom and what he owed"; Aug 23, 1922. Where does Ponzi stand today? Article III, His legal entanglements and the lesson to be derived from the whole affair"; Aug 24, 1922. "Who Finds the Funds?"; Aug 17, 1920. "Why not stop the farce?"; Aug 6, 1920. "Worm World is Sued by Minnesota"; Aug 3, 1978.

Washington Post; "Huge Stock Fraud by French 'Ponzi' Results in Arrest"; Mar 27, 1927. "D.C. Realty Man Termed 'Ponzi' By Prosecutor"; Oct 29, 1937. "Wizard Ponzi Now in Charity Ward", May 2, 1948. "Ponzi dies At 71 in Charity Ward", Jan 19, 1949. "Man Pleads Guilty to Money Laundering". Aug 22, 1998.

Wikipedia; "Charles Ponzi"; 2005-2013. "MMM (pyramid)"; 2005-2013. "Stock Generation"; 2005-2013.

Wired Maganize; "Money for Nothing"; Issue 8; Sep 9, 2000.

Zuckoff, M.; "Ponzi's Scheme: The True Story of a Financial Legend", Random House; 2005.

SOBRE O AUTOR

Fabio Cres, autor de livros de finanças, matemática financeira e administração, com experiências em análise de investimento e de desenvolvimento de novos negócios; e professor de finanças e de métodos quantitativos aplicados a finanças.

O *imprint* Riscografia considera livros tratando da análise de risco, retorno e outros assuntos envolvidos em finanças corporativas. Pretende falar de risco, de retorno, de erros, de estratégias, de programas de investimento, de fraudes, de psicologia do investidor e de análise de investimento. O nome deriva de: -logia (grego lógos, -ou, palavra, discurso, linguagem, estudo, teoria + -ia), sufixo, Elemento que exprime a noção de estudo (ex.: morfologia) mais -grafia (grego grafé, -ês, escrita + -ia), elemento de composição, Exprime a noção de escrita (ex.: ortografia), de .registro (ex.: tomografia) ou de estudo (ex.: etnografia). Logo, como em "discografia", um conjunto de obras fonográficas, "riscografia", um conjunto de obras sobre risco.

LEIA, COMENTE. AVALIE E INDIQUE

Vieses da Classificação de Risco de Crédito. Fabio Cres. Série Riscografia. Armada Press. 2013;

Relatório Desfocado: de que vale o Relatório de Mercado Focus?. Fabio Cres. Série Riscografia. Armada Press. 2013.

Print-On-Demand
disponível para distribuição global
Armada Press
2014

www.ingramcontent.com/pod-product-compliance
Lightning Source LLC
Chambersburg PA
CBHW051635170526
45167CB00001B/202